IMPACTO

SIR RONALD COHEN

IMPACTO

**UM NOVO MODELO
DE CAPITALISMO PARA
GERAR MUDANÇAS
VERDADEIRAS NO MUNDO**

© 2022 - Sir Ronald Cohen
Direitos em língua portuguesa para o Brasil:
Matrix Editora
www.matrixeditora.com.br

/MatrixEditora | @matrixeditora | /matrixeditora

© Publicado sob licença de The Blair Partnership LLP – Londres.

Diretor editorial
Paulo Tadeu

Capa, projeto gráfico e diagramação
Patricia Delgado da Costa

Tradução
Daniela Belmiro

Revisão
Silvia Parollo
Adriana Wrege

A Matrix Editora agradece a Luiz Lara, Celia Cruz e Beto Scretas.

CIP-BRASIL - CATALOGAÇÃO NA PUBLICAÇÃO
SINDICATO NACIONAL DOS EDITORES DE LIVROS, RJ

Cohen, Sir Ronald

Impacto / Sir Ronald Cohen. - 1. ed. - São Paulo: Matrix, 2022.
224 p.; 23 cm.

ISBN 978-65-5616-209-6

1. Capitalismo. I. Título.

22-76278   CDD: 330.122
                                                                                CDU: 330.141.23

Meri Gleice Rodrigues de Souza - Bibliotecária - CRB-7/6439

Este livro é dedicado aos meus mais estimados parceiros nesta revolução: minha esposa, Sharon, nossa filha e nosso genro, Tamara e Or, e nosso filho Jonny.

Deixo meus calorosos agradecimentos aos meus colegas de pioneirismo na Força-Tarefa para Investimentos Sociais (2000-2010), no Bridges Fund Management (2002 em diante), na Comissão sobre Ativos Não Reclamados (2005-2007), nas iniciativas de Finanças Sociais por todo o mundo (2007 em diante), no Big Society Capital (2012-2019), na Força-Tarefa de Investimento de Impacto Social do G8 (2013-2014), no Grupo Global de Gestão de Investimento de Impacto Social (2015 em diante), no Impact Management Project (2016 em diante) e na Impact-Weighted Accounts Initiative (2019 em diante). Todos vocês têm sido bravos companheiros de luta. E é graças à guiança, visão e esforços de vocês que a Revolução do Impacto já é uma realidade.

Eu também agradeço calorosamente à minha colega mais próxima no trabalho de pesquisa feito para este livro, Yaelle Ester Ben-David. Obrigado por sua determinação inabalável e pelo apoio constante.

Caro leitor:

Este livro está sendo enviado para o prelo num momento em que nossas economias enfrentam um *lockdown* em razão da pandemia do coronavírus. Setores inteiros dessas economias foram paralisados abruptamente, os índices de desemprego estão chegando a patamares não vistos desde a Grande Depressão e houve quebras nas Bolsas de Valores. É provável que os *strains* sobre os nossos sistemas financeiros e econômicos alcancem uma magnitude mais expressiva do que os que vivemos durante o *crash* de 2008.

No mundo todo, mais uma vez, as pessoas mais atingidas serão as que fazem parte das camadas mais vulneráveis de nossas sociedades.

Eu espero que o novo modelo de pensamento apresentado nestas páginas leve nossos governos a direcionarem suas massivas medidas econômicas de uma maneira que criem o máximo impacto social positivo possível. A justiça social deve estar na base da nossa reação econômica a essa crise tão grave, para que ao emergirmos dela não tenhamos um mundo ainda mais repleto de sofrimento, desigualdade e rebeliões violentas contra a inequidade do nosso sistema.

SUMÁRIO

Introdução..11

1. A revolução do impacto: risco-retorno-impacto.....................21

2. A era do empreendedorismo de impacto.............................41

3. O investimento de impacto fundamenta o novo normal..............67

4. Incorporando o impacto nos negócios................................89

5. O despontar da filantropia de impacto.............................119

6. Governos: solucionando problemas maiores mais depressa.......151

7. O coração invisível do capitalismo de impacto....................175

Glossário..189

Notas...199

Índice remissivo..215

INTRODUÇÃO

Há quase vinte anos, eu fui convidado a discursar durante a comemoração do trigésimo aniversário da Apax Partners, uma firma de capital de risco e *private equity* da qual fui cofundador e presidente por muitos anos. Na ocasião, eu fiz um alerta de que, se não tratássemos com mais eficácia das necessidades das parcelas desfavorecidas da população, logo teríamos uma "cortina de fogo" separando os ricos dos pobres nas nossas cidades, países e continentes. Nós vimos recentemente essa cortina de fogo irromper em países como França, Líbano e Chile, sacudidos por violentos protestos, ao passo que no Reino Unido a desigualdade social crescente foi um fator decisivo para a resolução que levou o país a se desligar da União Europeia, por meio do referendo de junho de 2016.

Hoje, a lacuna entre ricos e pobres está tremendamente maior. As desigualdades têm impulsionado a imensa onda migratória de países mais pobres, sobretudo no continente africano, em direção a países mais ricos da Europa, levando pessoas a se arriscarem em travessias marítimas feitas em botes de borracha precários atrás de melhores condições de vida. E os desafios lançados pela necessidade de integração desses imigrantes vêm exacerbando as desigualdades que já existem nos países que os recebem.

Eu estou escrevendo este livro porque vislumbro uma solução para esse problema, que está ao nosso alcance, e que chamei de Revolução do Impacto. Alimentada pelo investimento de impacto, ela vai nos permitir mitigar os perigos da desigualdade e da degradação do nosso planeta e vai nos conduzir a um mundo novo e melhor.

A jornada até a escrita deste livro teve início em 1998, quando decidi que sete anos mais tarde, quando completasse 60 anos, eu deixaria a liderança da Apax para me dedicar ao trabalho com as questões sociais e contribuir para tentar resolver os conflitos no Oriente Médio. Eu não queria que meu epitáfio fosse algo como: "Criou investimentos com retorno de 30% anuais". Sempre tive a consciência de que era preciso que a vida tivesse um propósito maior.

Aos 11 anos de idade, fui forçado a deixar o Egito com minha família, e felizmente tivemos a sorte de ser aceitos como refugiados no Reino Unido. Chegamos ao país com apenas uma mala por pessoa, eu desesperadamente agarrado à coleção de selos que levava embaixo do braço, com medo de que fosse tirada de mim à força. Depois de acolhidos em nossa nova casa, começamos a reconstruir nossas vidas em Londres.

Eu tive várias boas oportunidades na vida, que incluíram uma educação de primeira linha em Oxford e mais tarde em Harvard, onde descobri o mundo então apenas incipiente do capital de risco. Recebi uma bolsa Henry Fellowship, que cobriu meu primeiro ano na Harvard Business School, mas exigia que em troca eu entregasse algo que gerasse valor para o Reino Unido depois que concluísse meus estudos. Acabei entregando o capital de risco, pelo que fui nomeado "Sir" no ano 2001.

O conceito de retribuição é uma parte importante do meu sistema de valores. Da mesma forma que recebi ajuda em momentos de necessidade, eu quero ajudar outras pessoas. Parte do motivo que me levou a atuar como investidor de capital de risco foi saber que isso me possibilitaria criar postos de trabalho em um momento em que o desemprego estava acentuado. À medida que via os problemas sociais se alastrarem ao longo das décadas de 1980 e 1990, eu continuei motivado a fazer a diferença nesse cenário. Minha esperança era que, ao deixar a Apax no meu aniversário de 60 anos, eu teria a chance de dedicar vinte anos de vida a essas questões e realmente conseguir fazer a diferença em relação a elas.

Eu fui um dos cofundadores da Apax, quando tinha 26 anos, e a transformei numa empresa global de *private equity* com escritórios espalhados por todo o mundo e um capital que hoje passa dos $ 50 bilhões.

Ao longo da minha carreira, desempenhei diversos papéis: fui empreendedor, investidor, filantropo e consultor para diferentes governantes. Cada um desses papéis me deu a chance de enxergar o mundo sob uma perspectiva diferente. Foram experiências que levaram à compreensão de que o capitalismo não supre mais as necessidades do nosso planeta, e que existe um novo caminho para seguirmos adiante. Neste livro, eu lanço a proposta de uma solução nova, que pode ser posta em prática por cada um de nós.

As coisas não podem continuar como estão. À medida que a desigualdade dispara, tanto em países desenvolvidos quanto naqueles em desenvolvimento, temos visto um aumento das tensões sociais e a sensação, por parte dos desfavorecidos, de que eles estão presos para sempre na situação em que se encontram. O nosso sistema não parece justo aos olhos dessas pessoas, e, portanto, elas se insurgem contra ele.

Ao mesmo tempo, temos enfrentado desafios ambientais que ameaçam abalar a qualidade de vida no planeta e possivelmente a própria existência dele. O sistema econômico vigente não tem meios para neutralizar essa ameaça: os governos não dispõem de recursos para lidar com os problemas sociais e ambientais que foram criados pela humanidade, e também não estão na posição mais favorável para criar abordagens inovadoras para lidarmos com eles, já que esse processo envolve inevitavelmente investimentos de risco, experimentação e a possibilidade de fracassos ao longo do caminho.

Os governos dos países-membros da Organização para a Cooperação e Desenvolvimento Econômico (OCDE) já gastam mais de $ 10 trilhões em saúde e educação todos os anos; isso equivale a 20% do PIB desses países, o dobro do que era gasto há 60 anos. Devido a limitações orçamentárias, os governos não veem maneiras de aumentar esse investimento, portanto o montante investido continua não sendo suficiente. A contribuição da filantropia para ajudar os governos a vencerem esse desafio também tem um limite: as doações de entidades filantrópicas perfazem um total mundial de $ 150 bilhões anuais, número ainda pequeno se comparado aos gastos governamentais[1].

Existe, portanto, a necessidade óbvia de um novo sistema, necessidade essa que já foi admitida publicamente por lideranças do mundo empresarial e financeiro. Até o momento, entretanto, nós temos empregado tempo demais para diagnosticar os problemas do sistema vigente e um tempo preciosamente reduzido para propor alternativas viáveis ao capitalismo, deixando como saldo a sensação de que estamos presos num beco sem saída.

A humanidade conquistou, sem dúvida, progressos notáveis. Nós somos capazes de encontrar respostas acertadas, de fazer a transição para um novo sistema, que promova uma distribuição mais equânime de oportunidades e resultados e que proponha soluções eficazes para os nossos imensos desafios. Precisamos de um novo sistema em que, tanto por razões morais quanto por uma questão de prudência, o senso de propósito esteja à frente dos interesses individuais; em que a noção de contribuição goze de um *status* mais elevado do que o consumo por si mesmo; em que empresas que comprovem integridade social e ambiental sejam mais bem-sucedidas do que aquelas simplesmente voltadas para o lucro; e em que indivíduos e organizações sejam estimulados a encontrar realização fazendo parte de algo que seja maior do que eles próprios, em vez de simplesmente se esforçarem para ganhar dinheiro.

Esse novo sistema é o capitalismo de impacto. Ele promove um alinhamento entre os setores privado e o público, levando os dois a trabalharem em harmonia e não em oposição, mobilizando capital e potencial inovador para a solução de questões sociais e ambientais.

Ele atrai capital dos mercados de investimentos, basicamente da mesma forma como o capital privado financiou os empreendedores que ajudaram a criar a revolução tecnológica que temos visto nas últimas quatro décadas.

Ao promover o casamento entre o impacto social, ambiental e o lucro, ele derruba a tirania absoluta deste último e posiciona firmemente o impacto ao seu lado na escala de importância, mantendo-o sob controle. Essa transição já está evidente nas mudanças das nossas preferências de consumo: cada vez mais, temos escolhido comprar produtos de empresas que tenham valores semelhantes aos nossos; temos escolhido investir em companhias que não poluem o ambiente e não recorrem à exploração do trabalho infantil; e estamos cada vez mais buscando empregos em companhias que tenham metas sociais e ambientais inspiradoras.

O combustível do sistema capitalista é o capital. Portanto, não é surpresa que o investimento de impacto seja uma das manifestações do novo sistema. Da mesma forma que o capital de risco foi a resposta para as necessidades de investimento dos empreendedores da tecnologia, o investimento de impacto é a resposta para as necessidades dos empreendedores e negócios de impacto que desejam melhorar as vidas das pessoas e ajudar o planeta.

A Revolução do Impacto já está transformando a maneira como pensamos em responsabilidade social, modelos de negócio e investimento. Ela está começando a modificar nossas economias, transformando-as em motores poderosos capazes de fazer o capital alcançar lucro juntamente com impacto. Nós já temos visto a marca que ela está deixando no século XXI, da mesma forma que a revolução tecnológica marcou o século XX.

O investimento de impacto tem a ver com a criação de uma reação em cadeia. Uma reação em cadeia capaz de levar a inovação às cinco partes envolvidas que examinaremos em diferentes capítulos deste livro, cujo engajamento é crucial para que seja possível enfrentar imensos desafios sociais e ambientais numa escala condizente. Uma reação em cadeia que modifique a mentalidade e o comportamento de investidores, filantropos, empreendedores, organizações sociais, grandes empresas, governos e a opinião pública em geral, e que posicione o impacto no centro das nossas tomadas de decisão.

Boa parte da motivação que me levou a desenvolver o conceito do investimento de impacto nasceu do trabalho da Força-Tarefa do Investimento Social (SITF), que eu estabeleci no ano 2000 no Reino Unido, a pedido do Tesouro britânico.

Ao final de 2013, à luz dos progressos que vinham sendo feitos, o primeiro-ministro britânico David Cameron me convidou a liderar a Força-Tarefa de Investimento Social de Impacto do G8 (G8T), para que fosse "catalisado um mercado global do investimento de impacto social". Depois do desligamento da Rússia do G8 em 2014, o escopo geográfico da força-tarefa incluía os Estados Unidos, Reino Unido, Japão, França, Itália, Alemanha e Canadá, aos quais nós acrescentamos a Austrália e a União Europeia como observadores. Mais de 200 pessoas desses países foram organizadas em oito painéis consultivos nacionais e quatro grupos de trabalho.

Nosso trabalho nos levou a uma conclusão impressionante: percebemos que havia uma mudança profunda em curso, à medida que o mundo passava de um contexto em que decisões eram tomadas a partir de avaliações de risco e retorno para um cenário em que o impacto configurava uma terceira dimensão essencial ao processo decisório. O Título de Impacto Social (SIB) – uma nova modalidade de investimento que "se dava bem" na mesma medida que "fazia o bem" – representou a primeira expressão dessa mudança tão fundamental.

As nossas descobertas foram organizadas em um relatório chamado "Impact Investment: The Invisible Heart of Markets", publicado em setembro de 2014. O documento foi endossado por expoentes mundiais tão diversos quanto o papa Francisco, que fez um apelo para que os governos mundiais "se comprometam a fomentar um mercado de investimentos de alto impacto, combatendo assim uma economia que funcione com base na exclusão e no descarte"; o ex-secretário do Tesouro norte-americano Larry Summers, que se referiu a ele como "o marco zero de um grande negócio"[2]. Esse relatório foi o pontapé inicial de um movimento para espalhar a ideia pelo mundo.

Pouco depois de o relatório ser publicado, o governo britânico me pediu que liderasse o esforço para disseminar globalmente o trabalho da G8T. E foi assim que, em agosto de 2015, eu fui o cofundador do Grupo Conselheiro Global de Investimento em Impacto (GSG) e assumi a presidência com o compromisso de continuar o trabalho iniciado pela G8T. O GSG recrutou a maior parte dos membros do comitê da G8T e tratou de incorporar rapidamente cinco novos países: Brasil, México, Índia, Israel e Portugal.

Sob a liderança de Amit Bhatia, seu CEO inaugural, o GSG expandiu sua atuação para 32 países, engajando mais de 500 lideranças de impacto para os seus painéis consultivos nacionais. Trabalhando para simultaneamente "inovar, provocar e orquestrar"[3], ele se tornou uma iniciativa pioneira no fomento do progresso do investimento de impacto em escala mundial.

Em 2007, eu sentia que havia uma mudança importante acontecendo no mundo. De alguma forma, eu sabia que o investimento social seria a nova onda do momento, e escrevi sobre isso no meu primeiro livro, *O Segundo Quique da Bola*. Hoje, mais de uma década depois, eu acredito que a mentalidade focada no impacto deverá provocar uma mudança tão drástica quanto a promovida pela revolução tecnológica.

Uma mentalidade focada no impacto quer dizer mudar o nosso comportamento sobre investimento, da mesma forma que o pensamento inovador sobre a mensuração de riscos fez há 50 anos. A mentalidade voltada para o risco levou à criação de portfólios cujo risco é diversificado por diversas categorias de ativos, permitindo que eles aproveitem o retorno elevado de investimentos mais ousados, como o capital de risco e as apostas em mercados emergentes. Agora, o pensamento de impacto deverá transformar as nossas economias e remodelar o mundo.

A meu ver, a guinada promovida pelo pensamento de impacto começou a acontecer em setembro de 2010, quando nós conectamos pela primeira vez a mensuração de impactos sociais ao retorno financeiro. O primeiro Título de Impacto Social, o Peterborough SIB, estava ligado à taxa de reincidência criminal de jovens do sexo masculino libertados do Presídio de Peterborough, no Reino Unido. Até o advento desses títulos, o senso comum afirmava que nada na arena social era passível de mensuração. Como se poderia mensurar a melhoria na vida de um ex-presidiário que tivesse evitado voltar a ser preso? Com 192 Títulos de Impacto Social e DIBs (Obrigações de Impacto no Desenvolvimento, a versão dos Títulos de Impacto Social voltada para os desafios específicos de países em desenvolvimento) direcionados à solução de mais de uma dúzia de questões sociais em 32 países, está claro que, conectando as melhorias nos resultados sociais e ambientais a retorno financeiro, nós abrimos as portas do mercado de investimentos para os líderes das instituições beneficentes. E, fazendo isso, nós garantimos aos empreendedores sociais a liberdade financeira que lhes faltava para poderem desenvolver soluções inovadoras para os nossos maiores desafios sociais.

A criação dos Títulos de Impacto Social foi o prenúncio da inovação do impacto que está ocorrendo hoje. Da mesma forma que as empresas de *software* e de *hardware* das décadas de 1980 e 1990, as inovadoras organizações pautadas no impacto, tanto aquelas sociais e sem fins lucrativos quanto as "empresas com propósito", estão levando uma disruptura criativa aos modelos existentes de empreendedorismo, investimento, grandes negócios, filantropia e mesmo de governo.

Este livro apresenta uma nova teoria sobre como a Revolução do Impacto permitirá que alcancemos melhorias sociais e ambientais sistêmicas e põe em perspectiva os avanços já feitos por ela. Ele examina as tendências que afetam diferentes grupos da nossa sociedade e como esses grupos influenciam uns aos outros, impulsionando mudanças no sistema como um todo.

O capítulo 1 faz uma apresentação da Revolução do Impacto e do modelo inovador de pensamento que a alimenta tão poderosamente: a hélice tripla do risco-retorno-impacto. Ele demonstra também as semelhanças entre a Revolução do Impacto e a revolução tecnológica que a precedeu.

O capítulo 2 faz uma análise do empreendedorismo de impacto e examina como jovens empreendedores estão redefinindo modelos de negócio disruptivos que melhoram a vida no planeta, além de gerarem retorno financeiro.

O capítulo 3 aborda o papel dos investidores, que já estão direcionando os negócios a integrarem o impacto no seu rol de produtos e operações.

O capítulo 4 está voltado para os efeitos da Revolução do Impacto nas grandes corporações. Influenciadas pela mudança nas preferências de consumidores, colaboradores e investidores, e algumas vezes pelos modelos de negócio de concorrentes menores (abordados no capítulo 2), as grandes empresas estão começando a incorporar o conceito do impacto a algumas de suas atividades e linhas de produtos.

O capítulo 5 aborda o novo modelo de filantropia que está surgindo, em resposta ao pensamento voltado para o impacto e às inovadoras ferramentas de impacto. Nós faremos uma análise do uso da filantropia baseada em resultados e das doações feitas por fundações para maximizar as melhorias nas vidas das pessoas e no meio ambiente.

O capítulo 6 considera como abordagens centradas no impacto e as ferramentas de impacto podem ajudar os governos a solucionar problemas maiores e fazer isso mais depressa.

Por fim, o capítulo 7 mapeia o caminho que teremos pela frente. Nós não podemos persistir num sistema que não busca ativamente criar um impacto positivo e que, ao mesmo tempo, gera consequências negativas – que os governos gastam fortunas tentando reparar. Nossas economias precisam ser transformadas de modo que passem a gerar soluções em vez de problemas. E o que está em jogo é monumental – as vidas de bilhões de pessoas dependem do sucesso da Revolução do Impacto. Nunca houve uma oportunidade mais tangível de fazer uma diferença tão transformadora, e cada um de nós tem um papel significativo a desempenhar para que ela possa acontecer.

O economista Adam Smith apresentou a sua famosa noção de "a mão invisível do mercado" no seu tratado *A Riqueza das Nações,* do final do século XVIII, com o intuito de descrever de que modo ter todas as pessoas buscando o lucro atenderia aos melhores interesses de todos. O seu primeiro livro, *Teoria dos Sentimentos Morais,* falava sobre a capacidade humana de agir a partir da empatia e do altruísmo. Caso ele soubesse que nós, do século XXI, estaríamos trabalhando para mensurar impacto, talvez Smith tivesse combinado esses dois livros em um só e tivesse descrito o impacto como o *coração* invisível do mercado a guiar as ações da sua mão invisível.

CAPÍTULO 1

A REVOLUÇÃO DO IMPACTO: RISCO-RETORNO-IMPACTO

Nós precisamos empurrar o conceito do impacto para o centro do nosso pensamento

Nós não conseguiremos mudar o mundo jogando mais dinheiro em conceitos antigos e que não funcionam mais – precisamos ter novos conceitos e novas abordagens. Novos termos são cunhados para captar o sentido de novas ideias, e isso vale tanto para a economia quanto para o universo das descobertas científicas.

O que significa impacto? Foi em 2007, num encontro promovido pela Fundação Rockefeller, no seu Bellagio Center, na Itália, que o termo "investimento de impacto" foi cunhado como substituto de "investimento social". Na sua acepção mais simples, impacto é a medida do benefício criado por uma determinada ação para as pessoas e para o planeta. Ele vai além de minimizar os resultados nocivos, para de fato gerar ativamente boas práticas sob a forma de criação de impacto positivo – sempre nas dimensões social e ambiental.

Impacto social se refere às melhorias no bem-estar de indivíduos e comunidades e ao aumento da sua capacidade de levarem vidas produtivas[1]. Ele representa um progresso social genuíno: educação para os mais jovens, alimento para os famintos, tratamento médico para os doentes, criação de empregos e meios de subsistência para os mais pobres.

Impacto ambiental é exatamente o que o termo diz: as consequências positivas que atividades de negócios e investimentos podem gerar para o nosso planeta. Para dizer de uma forma mais simples, será que nós estamos preservando o planeta que deixaremos para as gerações futuras, para que elas possam se beneficiar dele e agir da mesma maneira?

O impacto precisa ser trazido para o cerne da nossa sociedade e assumir seu lugar no centro do nosso sistema econômico. O sistema que temos até agora encoraja decisões baseadas em como criar o máximo de dinheiro possível com o mínimo de risco; nós precisamos mudar para um sistema que encoraje a criar o máximo de dinheiro possível, mas de uma maneira que seja consistente para alcançar o maior impacto com o mínimo de risco.

O impacto precisa ser incorporado ao DNA da nossa sociedade como parte de uma hélice tripla formada por risco-retorno-impacto, que influencie todas as nossas decisões relacionadas a consumo, emprego, negócios e investimento. Ele precisa se tornar uma das forças motrizes da nossa economia.

Quando seguimos esse novo modelo, os benefícios sociais e ambientais das nossas decisões passam a ocupar o centro do nosso pensamento, em vez de aparecerem apenas como reflexões feitas *a posteriori*. Mas, para que esse novo modelo de pensamento seja de fato revertido em melhorias sociais e ambientais, nós precisamos dispor de métodos fiáveis para mensurar o impacto.

Embora possamos recorrer ao modelo vigente de risco x retorno sem pensar duas vezes, nem sempre ele foi o modelo dominante. Até os primeiros anos do século XX, donos de negócios e investidores calculavam apenas quanto dinheiro poderiam criar para decidir de que maneiras alocar o seu capital. Foi apenas a partir da década de 1950 que a mensuração de "riscos" passou a fazer parte formalmente das decisões de negócios, sendo algo natural quantificar o risco envolvido e analisar a sua relação com a previsão de retorno.

O risco é definido como a probabilidade de resultados adversos que representem custos financeiros para os investidores. Isso pode soar como um conceito um tanto indefinível, e de fato ele costumava ser considerado impossível de mensurar, mas a comunidade acadêmica acabou encontrando maneiras de padronizar a sua mensuração para todas as formas de investimento – ao final do século XX, todos já usavam os mesmos parâmetros para falar da mensuração de riscos.

O advento da mensuração de riscos teve implicações profundas para a comunidade de investimentos. Ela trouxe teorias novas, como diversificação de portfólios, que abriram caminho para novas categorias de ativos que traziam um nível de risco mais elevado, mas também retornos desproporcionalmente aumentados. Essas novas categorias incluíam o capital de risco, que pavimentou a revolução tecnológica, o *private equity* e os fundos de cobertura. Ela permitiu também o estabelecimento de novos temas de investimento, como, por exemplo, o investimento em mercados emergentes, que pavimentou o caminho para a globalização.

Se avançarmos na linha do tempo para os dias atuais, veremos que a mesma revolução promovida pelo conceito de risco está sendo criada novamente pela introdução do impacto. Os investimentos têm sido cada vez mais avaliados em termos do seu impacto positivo e negativo, e investidores e negócios têm se mostrado cada vez mais interessados em fatorar o impacto em seus processos decisórios. E o impacto, é mais difícil de mensurar que o risco? De maneira nenhuma – pode-se dizer, aliás, que chega a ser mais fácil. No mundo inteiro, já há pessoas trabalhando para desenvolver métodos para mensurá-lo.

A Revolução do Impacto promete ser tão transformadora para o mundo quanto a Revolução Industrial, ou, mais recentemente, a revolução dos meios tecnológicos. Ela é um movimento pacífico iniciado por jovens consumidores e empreendedores que vêm abalando mais uma vez os modelos de negócio estabelecidos, só que agora com o propósito de melhorar vidas, reduzir as desigualdades e gerar melhorias para o planeta.

A revolução tecnológica

É impressionante acompanhar a maneira como, ao longo de apenas algumas décadas, novas empresas de tecnologia tomaram o lugar de gigantes que dominavam havia tempos esse setor. Nomes que começaram como startups obscuras, como Amazon, Apple, Google e Facebook, dispararam para o topo da lista das 30 empresas mais valiosas do mundo num espaço de apenas 30 anos2. Todos nós conhecemos as histórias de empreendedores que, com seu talento e iniciativa, criaram novas soluções para problemas antigos, introduziram valiosas tecnologias inovadoras e transformaram o nosso mundo moderno.

Avanços desse porte, é claro, não brotam do nada; um dos fatores cruciais que impulsionaram o crescimento e a velocidade da revolução tecnológica foi o influxo imediato de investimentos em capital de risco, hoje um setor que vale $ 1 trilhão. Se 50 anos atrás você dissesse a alguém que trabalha com "capital de risco", a pessoa provavelmente não iria saber do que se tratava.

Surgido após a Segunda Guerra Mundial, o capital de risco se firmou no Vale do Silício nas décadas de 1970 e 1980 e se alastrou pelo mundo à medida que a ideia de investir em pequenas empresas de tecnologia e com alto potencial de crescimento decolava. Para além de suas habilidades com a tecnologia em si, esses primeiros empreendedores do setor contavam com a capacidade de convencer os investidores de que haveria lucro certo para quem trouxesse para a realidade as suas ideias futuristas. Investidores medem as chances de sucesso com base no lucro, pondo na balança os possíveis riscos e o potencial de retorno. Quando decidiram investir nessa leva incipiente de empresas de tecnologia, eles estavam dando um salto no escuro.

No início dos anos 1980, eu fui um desses investidores. A empresa que ajudei a fundar, a Apax Partners, investiu em quase 500 dessas *startups* precursoras, cada uma delas determinada a revolucionar o seu setor de atuação. Nossa carteira de investimentos incluía a Apple, a AOL e a PPL Therapeutics, empresa responsável pela primeira ovelha clonada do mundo, a Dolly.

Uma das principais razões que me levaram a abraçar o capital de risco foi a sensação de que ele me daria meios para criar um impacto positivo na sociedade, além de retorno financeiro. A Apax Partners apoiou centenas de empreendedores que enriqueceram – eles e também seus colaboradores e comunidades. Empreendedores que criaram milhares de empregos em novas áreas, que iam desde a inovação tecnológica até bens de consumo e veículos de mídia. E eu acreditava que a criação de novas fontes de renda e de empregos que melhorassem a vida das pessoas seria um ganho para a sociedade como um todo.

Entretanto, com o passar dos anos, eu percebi que a distância entre ricos e pobres estava aumentando. Algumas dessas companhias acabaram prejudicando mais do que trazendo melhorias, e muitas pessoas na base da pirâmide social viram suas condições de vida piorarem em vez de melhorarem. No Reino Unido, mesmo havendo a rede de segurança criada pela abrangência do estado de bem-estar social, a pobreza continua sendo uma questão grave. O Reino Unido não tem conseguido expandir de forma significativa as oportunidades econômicas para os mais necessitados. No resto do mundo, vemos situações semelhantes. Embora 60 milhões de empregos tenham sido criados no novo mercado de tecnologia nos Estados Unidos, as desigualdades sociais e econômicas continuaram a aumentar.

Parte do problema estava ligada à questão da oferta e da procura. As novas competências necessárias para preencher as vagas na área tecnológica dependiam de um nível de instrução elevado, portanto a oferta de candidatos era menor. A disputa das empresas pelos profissionais disponíveis empurrou os salários para cima no setor, na mesma medida em que a remuneração encolhia nos setores mais desacelerados da economia. A confluência entre a globalização, o advento de novas tecnologias que substituíam a mão de obra humana e o influxo de capital acionário e títulos de dívida alavancou o retorno financeiro para 1% do topo da pirâmide, ao passo que a disputa por profissionais qualificados contribuiu para criar a receita exata que tornaria os ricos ainda mais ricos e os pobres ainda mais pobres.

No ano 2000, estava claro que esse modelo estava afundando a sociedade. A revolução tecnológica havia criado um volume incrível de riqueza e inúmeros benefícios sociais, mas os nossos imensos problemas sociais e ambientais continuavam fustigando o planeta, alguns deles tendo se tornado ainda piores. O consumo desenfreado de recursos naturais levou à elevação das temperaturas mundiais, o que por sua vez provocou sofrimento da fauna nativa, incêndios mortíferos, enchentes e destruição da biodiversidade – da qual a nossa existência como humanidade depende.

Se não corrigirmos esses problemas, o resultado poderá ser catastrófico. Nós precisamos, portanto, de uma nova revolução na nossa maneira de pensar o mundo. Precisamos de novas soluções voltadas tanto para os nossos desafios sociais quanto para os ambientais – dois problemas que no momento estão em rota de convergência, uma vez que vemos as mudanças climáticas provocarem ondas de migração forçada. Mas de onde virão as soluções ousadas de que necessitamos? Se nem os governos e o setor privado foram capazes de promover melhorias urgentes numa escala significativa, talvez a resposta esteja numa modificação do nosso sistema econômico.

O nascimento do impacto

Eu comecei a me dar conta de que era preciso haver um sistema que alinhasse os interesses de negócios, investidores e empreendedores aos dos governos, organizações sem fins lucrativos, filantropos e empreendedores focados no impacto, levando todos a trabalharem juntos para melhorar a vida das pessoas e o meio ambiente. Mas que sistema seria esse? A resposta era bastante simples: as iniciativas sociais precisavam estar ligadas de alguma forma ao mercado de investimentos, o que permitiria que empreendedores financiassem negócios com propósito e instituições beneficentes. Dessa forma, nós conseguiríamos canalizar o talento empreendedor e potencial de inovação para criar novas abordagens para problemas antigos.

Da mesma forma que os empreendedores da área tecnológica haviam criado grandes mudanças alavancados pelos capitais de investimento, os empreendedores focados no impacto podem criar progresso na superação das questões mais prementes da nossa época. Diante dos imensos desafios sociais e ambientais que temos, será preciso ajustar a maneira como tratamos o conceito de investimento para lidar com eles. O investimento é o combustível do nosso sistema econômico, e, se queremos atrair os investidores, enxergar o mundo da forma como eles enxergam pode ser um bom ponto de partida. Isso quer dizer voltar o foco para o lucro e o impacto e avaliar o sucesso com base em resultados mensuráveis.

Redefinir a noção de desafio social como uma oportunidade de investir nas nossas comunidades é mais do que uma metáfora conveniente; ela pode criar retornos financeiros atraentes e captar o interesse de grupos que de outra forma talvez fossem escolher empregar seu talento e investimentos apenas para ganhar dinheiro.

Em 2002, junto com meu antigo colega da Apax Philip Newborough e com Michelle Giddens, meu braço direito na Força-Tarefa para Investimentos Sociais, eu fui cofundador do Bridges Fund Management, voltado para canalizar capital de risco para as regiões mais pobres do Reino Unido. A ideia era simples: nós daríamos suporte a negócios que abrissem as portas em localidades britânicas classificadas entre as 25% mais pobres do país, para que eles pudessem melhorar a vida das camadas mais vulneráveis da população. Nós queríamos gerar impacto por meio de investimento e, portanto, adotamos a mentalidade de investidores e buscamos formas de criar um impacto que fosse mensurável, juntamente com um retorno financeiro anual entre 10% e 12%.

Dezoito anos mais tarde, o Bridges levantou mais de 1 bilhão de libras e gerou um retorno anual médio de 17%. E, não menos importante, isso foi obtido juntamente com um impacto significativo: somente em 2017, ele entregou 1,3 milhão de horas de atendimento de qualidade, garantiu o acesso de 40 mil pessoas a serviços de saúde, evitou mais de 30 mil toneladas de emissões de carbono, deu apoio direto a mais de 2.600 postos de trabalho e ajudou mais de 2.600 crianças a obterem melhores resultados educacionais[3]. Por intermédio de nossos investimentos, nós ajudamos a alavancar alguns dos melhores negócios de impacto do país.

O governo britânico apoiou o primeiro fundo Bridges com um investimento de £ 20 milhões (US$ 26,6 milhões), facilitando a tarefa de atrair investimentos do setor privado. Em 2008, ele também ajudou com outra importante iniciativa social, seguindo recomendações da Comissão sobre Ativos Não Reclamados, que eu havia estabelecido três anos antes. O governo do Partido Trabalhista havia criado uma lei para direcionar quantias de dinheiro não reclamadas de contas bancárias[4] para três propósitos sociais: o estabelecimento de um banco de investimentos sociais, como havia sido preconizado pela Força-Tarefa para Investimentos Sociais no ano 2000, e a inclusão juvenil e financeira.

Quatro anos mais tarde, uma parcela de £ 400 milhões (US$ 532 milhões) desse dinheiro, suplementada por um adicional de £ 200 milhões (US$ 266 milhões) injetados pelos quatro maiores bancos britânicos, foi usada para estabelecer o Big Society Capital (BSC): o primeiro "banco de investimentos sociais" do mundo. O BSC foi lançado por David Cameron na Bolsa de Valores de Londres em abril de 2012. Desde então, ele alavancou significativamente os investimentos em instituições beneficentes, transformando a sua escala de atuação e capacidade de inovação.

Impacto em ação

Encorajado pelos sucessos anteriores, em 2007 eu criei a primeira firma de consultoria para investimento social do Reino Unido, a Social Finance, com ajuda dos filantropos David Blood, Lord (Stanley) Fink, Sigrid Rausing e Philip Hulme. A nossa missão principal era criar maneiras de conectar empreendedores sociais ao capital de investimento.

Nós começamos a recrutar talentos jovens dos setores financeiro e social, e ao fim de três anos nosso time contava com 18 pessoas trabalhando sob a presidência de Bernard Horn (ex-diretor do NatWest Bank) e tendo como CEO David Hutchison (antigo diretor de investimentos bancários da Dresdner Kleinwort, no Reino Unido).

No final de 2009, dois membros dessa equipe, Toby Eccles e Emily Bolton, foram ao meu escritório conversar sobre ferramentas para reduzir a reincidência criminal de ex-presidiários. Pelo mundo todo, as estatísticas eram estarrecedoras: um total de 60% dos ex-presidiários voltavam à prisão nos primeiros 18 meses da vida em liberdade[5]. Essa estatística gerava um efeito cascata de consequências negativas. Imagine quanto sofrimento poderia ser evitado, quantas famílias seriam reunidas e quanta redução na criminalidade poderia ser conseguida se nós pudéssemos baixar esse percentual de alguma maneira, sem falar na economia que representaria para os governos.

Toby e Emily sugeriram que nós vinculássemos a redução da taxa de reincidência ao retorno financeiro para os investidores, pagando dividendos de acordo com o sucesso social obtido. Em termos bem simples, os investidores seriam pagos pelo aumento no número de prisioneiros que não reincidissem no crime. Era uma ideia revolucionária.

A minha inspiração foi a maneira como o capital de risco havia levado os investidores a financiarem o crescimento das *startups*. Trabalhando com Toby, Emily e David Hutchison, nós projetamos o *bond* de impacto social como um instrumento financeiro capaz de atrair investimentos para organizações beneficentes.

Munidos da nossa proposta, que estabeleceu as bases para o funcionamento dos Títulos de Impacto Social, nos encontramos com o secretário de Estado para a Justiça Jack Straw. Nós nos oferecemos para angariar milhões de libras de investidores para financiar organizações beneficentes que já estivessem ajudando prisioneiros, caso o Ministério da Justiça concordasse em ressarcir os investidores proporcionalmente ao número de prisioneiros que não voltassem para a cadeia. O objetivo era direcionar a engenhosidade voltada para o lucro dos empreendedores sociais e o capital dos investidores para solucionar um problema social persistente.

Assim que ouviu a ideia, Jack Straw bateu na mesa, sorriu e disse aos seus funcionários: "Eu sei que nós não devemos ser precursores de coisa alguma, mas *isso* nós vamos apoiar!". Mas como atuar na prevenção do crime poderia se configurar como um bom investimento? Bem, a criminalidade é extraordinariamente dispendiosa – os governos gastam milhões todos os anos no combate a ela e para confinar pessoas na cadeia, sem falar nos gastos com acomodação e alimentação dos prisioneiros nos presídios. Se a nossa iniciativa ajudasse o governo a economizar, tanto os investidores quanto as organizações financiadas por eles poderiam embolsar uma parte desse dinheiro economizado. Haveria melhorias na vida das pessoas, os governos economizariam dinheiro e os investidores conseguiriam um lucro razoável – definitivamente, uma situação com ganhos para todos.

Enxergar os desafios sociais pela perspectiva tanto das organizações assistenciais quanto dos investidores nos levou a criar os Títulos de Impacto Social, uma ferramenta que ajuda os empreendedores sociais a acelerarem o progresso social por meio do uso de investimentos.

Uma das primeiras pessoas a se darem conta da importância da criação dos Títulos de Impacto Social foi o príncipe Charles. Pouco depois do anúncio da criação do Peterborough SIB, eu recebi uma carta escrita por ele de próprio punho, saudando a chegada dos nossos títulos e exaltando o seu potencial para financiar organizações beneficentes que tratavam das questões sociais que lhe eram mais caras. Vindas de um filantropo tão dedicado quanto Charles, essas palavras serviram de grande incentivo para a nossa empreitada.

Títulos de Impacto Social

Os Títulos de Impacto Social envolvem três agentes principais: os pagadores de resultados, as organizações que fornecem o serviço (que em geral são entidades sem fins lucrativos, mas também podem ser empresas de propósito) e os investidores. Uma firma de consultoria financeira como a Social Finance pode ajudar a organizar e implementar as transações com Títulos de Impacto Social, e um avaliador independente se encarrega de verificar os resultados obtidos, da forma como um auditor faria.

Os Títulos de Impacto Social, conhecidos como PFS ou Pague pelo Sucesso nos Estados Unidos, SBB ou *Bonds* de Benefício Social na Austrália e Contratos de Impacto Social na França, não são "bonds" no sentido tradicional do termo. Em essência, um Título de Impacto Social é um contrato baseado em resultados realizado por um "pagador de resultados" que contrata os serviços de uma organização de entrega focada em propósito, para que ela alcance um resultado social específico. Um investidor inspirado por motivações sociais fornece então o financiamento para que o serviço seja entregue, eliminando assim o risco financeiro para a parte contratante.

Se os resultados não alcançarem as metas estabelecidas em contrato, o investidor perde seu dinheiro, tendo, para todos os efeitos, realizado uma doação filantrópica. Se, por outro lado, as metas forem atingidas, o investidor recupera o montante investido, com um percentual de retorno que aumenta de acordo com a abrangência dos resultados atingidos.

O "pagador de resultados" ou "funder" é a parte encarregada de ressarcir os investidores caso tenha alcançado a melhoria social pretendida pelo contrato. Geralmente representado por um governo, mas algumas vezes por uma organização humanitária oficial ou uma fundação filantrópica, esse *funder* trabalhará com o intermediário financeiro ou diretamente com a organização de entrega para estabelecer os objetivos, prazos e patamares de pagamento, e só pagará os investidores quando os resultados positivos preestabelecidos tiverem sido atingidos.

Esse sistema tem diversas vantagens para os provedores do serviço – instituições sem fins lucrativos ou empresas de propósito que se comprometem a entregar o serviço social ou intervenção pretendida. Ele os fortalece com uma quantidade inicial de recursos financeiros maior e lhes garante flexibilidade para conduzirem suas intervenções de acordo com o que vai gerar resultados melhores, permitindo que façam experimentações e testem táticas inovadoras.

Historicamente, os provedores de serviços financiados por recursos filantrópicos são avaliados com parâmetros centrados nas suas atividades. Para medir o sucesso da iniciativa, os filantropos podem avaliar as atividades, como o número de adesões de presidiários a um programa de reabilitação, ou insumos, como as horas empregadas na educação dos presidiários.

Um sistema focado em resultados, por outro lado, analisaria a redução nas taxas de reincidência criminal, um número em última instância mais relevante do que saber quantos presidiários aderiram ao programa. Essa mudança nos parâmetros de avaliação motiva os provedores de serviços a concentrarem esforços nos objetivos essenciais e a colaborarem de maneiras novas e eficazes, de modo a alcançá-los.

Quando nós, da Social Finance, assumimos a empreitada de reduzir as taxas de reincidência criminal no Reino Unido, criamos para isso os Títulos de Impacto Social já descritos. Os nossos investidores eram 17 fundações beneficentes, incluindo a Fundação britânica Esmée Fairbairn e a Fundação americana Rockefeller.

Nós nos reunimos com autoridades governamentais britânicas e traçamos os termos do acordo: nos comprometeríamos a angariar £ 5 milhões (US$ 6,7 milhões) para financiar provedores de serviços beneficentes que já estavam trabalhando com os internos do Presídio de Peterborough. Se depois de um período de cinco a sete anos não conseguíssemos uma redução de 7,5% na taxa de reincidência criminal relativa a um grupo de controle de presidiários libertados, os investidores não teriam o seu dinheiro ressarcido. Mas, se houvesse uma queda de 7,5% ou mais na reincidência, o governo restituiria o investimento inicial, acrescentado de um percentual de juros que cresceria de acordo com a redução alcançada. O ponto crucial do acordo era que sairiam dos cofres do governo apenas 30% a 50% do valor total economizado em processos judiciais e manutenção de presídios: mesmo depois de ressarcir os investidores, eles ainda permaneceriam abaixo do orçamento. Enquanto isso, as fundações investidoras poderiam reinvestir o dinheiro em outras iniciativas geradoras de impacto e os provedores de serviços beneficentes continuariam a receber financiamento para realizar seu trabalho.

O Peterborough SIB conseguiu uma redução de 9,7% nas novas condenações de ex-presidiários e pagou aos investidores 3,1% anuais sobre o seu capital investido inicialmente. Houve melhoria na vida das pessoas, o governo reduziu o fardo sobre tribunais e presídios e os investidores tiveram retorno – os Títulos de Impacto Social representavam uma nova maneira de pensar sobre o papel do mercado financeiro para os progressos sociais.

Há quem possa argumentar que a filantropia já vem financiando esse tipo de trabalho, mas esse argumento é parcialmente verdadeiro. Algumas das fundações beneficentes com quem trabalhamos já financiavam a reabilitação de presidiários, mas nós as agrupamos e injetamos o seu capital somado a uma iniciativa única e focada em alcançar um objetivo concreto e mensurável. Isso permitiu que mais dinheiro chegasse às mãos dos provedores de serviço que já realizavam um trabalho importante com os presidiários, mas não dispunham de recursos para operar numa escala maior.

O nosso trabalho também reuniu esses provedores de serviços sob uma mesma alçada, permitindo que eles coordenassem os seus esforços. A nossa conquista final foi ajudar as fundações beneficentes envolvidas, os nossos investidores, a recuperarem o dinheiro que elas haviam gasto, com algum lucro extra, para que ele pudesse ser reinvestido. Esse modelo, se adotado em escala mais ampla, oferece um imenso potencial para qualquer um que esteja buscando mitigar problemas sociais, sejam organizações do terceiro setor, empresas privadas ou governos.

Para o setor social, as implicações são monumentais. Somente no Reino Unido, o terceiro setor emprega entre 800 mil e 1 milhão de pessoas, ao passo que as fundações beneficentes do país detêm cerca de £ 100 bilhões (US$ 133 bilhões) em ativos[6]. Na Europa, são 11 milhões de pessoas trabalhando para organizações sem fins lucrativos. Nos Estados Unidos, entre 9 e 10 milhões de trabalhadores estão ligados a mais de 1,7 milhão de organizações beneficentes, enquanto as fundações norte-americanas detêm ativos de US$ 850 bilhões[7]. Mas, apesar desse montante significativo de recursos, é notório o fato de que as organizações beneficentes invariavelmente tendem a enfrentar problemas de falta de dinheiro, e poucas conseguem obter ganhos de escala.

Os Títulos de Impacto Social ganham o mundo

O sucesso do primeiro Título de Impacto Social demonstrou que era possível mobilizar investimentos privados para tratar até mesmo dos problemas sociais mais persistentes. Como o ex-primeiro-ministro britânico Gordon Brown declarou, o Peterborough SIB transformou-se num "farol que direcionou centenas de milhões de dólares em investimento para as reformas sociais"[8]. E, de fato, ele levou à implementação de Títulos de Impacto Social no mundo inteiro.

Nos Estados Unidos, a minha colega bem próxima Tracy Palandjian foi a responsável por disseminar o novo movimento. Eu tive um encontro breve com ela após a criação do Social Finance UK, em um evento que celebrava o centenário da Harvard Business School. Eu dividi o palco da cerimônia com o ex-secretário do Tesouro norte-americano Larry Summers e com o professor Michael Porter, num debate sobre o papel do investimento privado para mitigar problemas sociais.

Tracy, ela própria uma egressa da Harvard Business School, estava presente na plateia do debate, e nós tivemos a chance de discutir *insights* provocados por ele. Três anos mais tarde, depois que o Peterborough SIB havia sido lançado, eu estava determinado a expandir o Social Finance para os Estados Unidos, país onde as inovações financeiras têm a chance de se firmar mais depressa do que em outros lugares. Eu entrei em contato com Tracy e a convidei para que se unisse a David Blood e a mim para cofundarmos o Social Finance US, criado no início de 2011. Sob a gestão dela, os Estados Unidos se tornaram o país em que os Títulos de Impacto Social galgaram mais degraus, atraindo mais investimentos do que em qualquer outra parte do planeta.

A confiança no modelo do Título de Impacto Social continuou a crescer, e em 2016 o governo britânico deu mostras do seu comprometimento com ele ao lançar o primeiro financiamento público da história voltado para pagar os resultados gerados por Títulos de Impacto Social. Conhecido como Fundo de Resultados, o Life Chances Fund, ou LCF, no valor de £ 80 milhões (US$ 106,4 milhões), tem como meta auxiliar as camadas mais desfavorecidas da sociedade[9]. O LCF cobre cerca de 20% do montante total de reembolsos devidos, enquanto agências dos governos locais arcam com os outros 80%.

Mas o que é exatamente um Fundo de Resultados? Voltando ao exemplo do Peterborough SIB, o dinheiro que foi ressarcido aos investidores depois da intervenção bem-sucedida poderia ter sido pago por um Fundo de Resultados em vez de pelo Ministério da Justiça. Filantropos podem criar esses fundos ou adquirir participações em

Fundos de Resultados estabelecidos por outras pessoas, a fim de contribuir para capacitar as organizações que apoiam o cumprimento de missões específicas. O GSG, por exemplo, está mobilizando dois Fundos de Resultados voltados para a educação, de US$ 1 bilhão cada um, para melhorar resultados no rendimento escolar. Um deles está direcionado para a África e o Oriente Médio, numa parceria com o Comitê para a Educação liderado por Gordon Brown, e o outro para a Índia, onde atuará juntamente com um Fundo de Resultados menor lançado pelo British Asian Trust.

Hoje existem mais de 190 fundos de impacto sociais e de desenvolvimento atuando em 32 países, que juntos contribuem para sanar doze problemas sociais diferentes. Os DIBs, que concentram sua atuação em nações emergentes, são estruturados da mesma maneira que os Títulos de Impacto Social, mas, em geral, os investimentos neles são ressarcidos por uma combinação de recursos de governos, agências humanitárias e filantropos. Os Títulos de Impacto Social e DIBs são ferramentas poderosas por ressignificarem desafios sociais e ambientais ao transformá-los em oportunidades de investimento. Eles representam uma atraente nova categoria de ativos para os investidores, já que não têm flutuações nos retornos atreladas às Bolsas de Valores ou taxas de juros. Do ponto de vista dos pagadores de resultados, eles são contratos baseados em resultados que geram retornos melhores e oferecem mais transparência a respeito do que funciona ou não funciona do que contratos mais tradicionais que pagam por ações sociais.

Os Títulos de Impacto Social e DIBs são a expressão mais pura da tríade risco retorno-impacto em ação. Eles fazem parte de uma transformação mais abrangente e já em curso rumo a um sistema cujo modelo de tomada de decisões introduz essa nova mentalidade de risco-retorno-impacto no lugar daquela fundamentada apenas em risco e retorno. E eles também nos fazem perceber que os impactos das intervenções sociais de fato podem ser mensurados.

Essa percepção agora vem se alastrando para uma compreensão mais ampla de que o impacto pode ser medido e comparado no meio empresarial, transformando todos os processos de tomadas de decisão ligados a empresas. Esse tipo de comparação passará a motivar todas as nossas decisões ligadas a consumo, emprego e investimentos, direcionando os negócios a entregarem impacto positivo. Esse é o cerne da atuação da Revolução do Impacto.

Mensurando e valorando o impacto

A mensuração do impacto tem o poder de estimular a ação. Basta ver o que aconteceu em 2008, quando a Embaixada dos Estados Unidos em Pequim resolveu instalar sensores no teto do prédio para alertar seus funcionários quando o índice de poluição do ar estivesse alto demais e fosse aconselhável que eles permanecessem em locais fechados. Os sensores produziam *tweets* automáticos com informações atualizadas de hora em hora, o que pressionou o governo chinês, cujos dados divulgados oficialmente tendiam a minimizar os índices verdadeiros. Em 2013, o governo chinês reconheceu a gravidade da poluição do ar na capital do país e comprometeu-se a direcionar bilhões de dólares para reduzir o problema[10].

Para modificar o comportamento de investidores e das empresas, é essencial que sejam mensurados os impactos sociais e ambientais positivos e negativos de cada negócio, de maneira que sejam de fácil compreensão geral. O ex-vice-presidente americano Al Gore, entre outras lideranças, vem defendendo há várias décadas que sejam mensurados os "efeitos externos" criados pelas empresas como parte da sua luta contra as mudanças climáticas. A questão é que, até o momento, não surgiu nenhum método confiável para mensurar e integrar o impacto gerado pelas companhias.

Se enxergarmos o investimento de impacto como o foguete que nos conduzirá à transformação social, podemos dizer que a mensuração do impacto é o sistema de navegação desse foguete. É ele que levará à mudança e ao estabelecimento de novas normas. Mas, para conseguir que a mensuração do impacto seja amplamente utilizada, nós precisamos repensar completamente a maneira como encaramos o conceito do impacto em si – durante tempo demais, ele vem sendo avaliado por metodologias imprecisas e inconsistentes.

Existem no momento mais de 150 iniciativas diferentes de avaliação de impacto em todo o mundo[11], cada uma delas adotando uma abordagem diferente para a mensuração realizada. Até mesmo firmas tradicionais de auditoria financeira já começaram a prestar mais atenção às questões ligadas à sustentabilidade e ao que elas significam para os negócios. Existe uma necessidade real de criar métodos padronizados para definir, mensurar e valorar o impacto, de maneira semelhante à que fazemos com o lucro.

Um dos esforços mais promissores para alavancar esse tipo de abordagem da mensuração do impacto vem da Iniciativa por uma Contabilidade Ponderada pelo Impacto (IWAI). Trata-se de uma iniciativa que reúne o Grupo Conselheiro Global de Investimento em Impacto (GSG), motor principal do movimento mundial em prol do Impacto; o Projeto de Gestão de Impacto (IMP), composto por 2 mil especialistas, estabelecido pelo Bridges Fund Management em 2016 sob a liderança de Clara Barby, que vem trabalhando para que se chegue a um consenso sobre a mensuração do impacto; e a Harvard Business School.

O CEO da IWAI é George Serafeim, que mantém também uma atuação inspiradora na cadeira de Ciências Contábeis da Harvard Business School. Eu presido o conselho diretivo, com Clara Barby na vice-presidência. A IWAI reúne acadêmicos e expoentes dos meios empresarial, contabilístico e de investimentos. A sua abordagem inovadora inclui a proposta de integrar o impacto criado pelas empresas à sua contabilidade financeira regular, medida destinada a criar um regime em que o impacto criado pelo negócio afete diretamente o seu valor, da mesma maneira que a sua margem de lucro o faz. No capítulo 4 iremos explicar esmiuçar melhor como isso funciona.

Um dos benefícios importantes da mensuração do impacto é a prevenção do risco moral da chamada "lavagem de impacto", que se dá quando uma empresa alega falsamente estar engajada em ações de benefício social. Para certas empresas, hoje em dia esse tipo de alegação não passa de uma jogada de marketing. Para que o impacto seja integrado verdadeiramente nas tomadas de decisão de negócio e investimento, é preciso que existam meios confiáveis de mensuração do impacto.

O papel dos governos

Somente os governos têm poderes para exigir que negócios e investidores avaliem e emitam relatórios do impacto de suas atividades segundo métricas padronizadas. Na iniciativa de prevenção da reincidência de ex-presidiários discutida anteriormente neste capítulo, o governo britânico mensurou o sucesso do programa com base na redução dos gastos públicos.

Para ajudar a disseminar essa nova mentalidade, o governo do Reino Unido publicou em 2014 a sua Base de Dados Unificada de Custos, que estima quanto custam aos cofres do país mais de 600 questões sociais diferentes, como criminalidade, desemprego e percentual de sem-teto. Estimativas assim permitem uma quantificação confiável de pelo menos parte dos benefícios conquistados graças ao investimento de impacto, e elas são usadas por agências locais, organizações beneficentes e empreendimentos sociais para embasar os contratos baseados em resultados e os termos oferecidos pelos fundos de impacto social[12].

Já existem governos, como o de Portugal, por exemplo, seguindo o exemplo britânico, e iniciativas independentes vêm trabalhando paralelamente a eles para quantificar o custo das principais questões sociais numa escala mundial. Uma dessas iniciativas é a Global Value Exchange, uma base de dados provenientes de fontes públicas com mais de 30 mil métricas de impacto que oferece valorações de maneira semelhante à da Base Unificada britânica[13]. É possível determinar, por exemplo, o custo anual de um sem-teto para o governo do Reino Unido por meio de um cruzamento entre o total de benefícios sociais pagos a ele, o imposto de renda que deixa de ser pago, os custos para a previdência social e os resultados econômicos que ela deixa de produzir[14].

Neste momento, a nossa prioridade deveria ser trabalhar em prol da definição de métricas padronizadas para cada uma das áreas sociais, o que nos permitiria comparar o impacto de diferentes tipos de intervenções. A meta é irmos além da mensuração de um impacto isolado para sermos capazes de mensurar todos os impactos significativos criados pelas organizações e iniciativas.

Públicas ou privadas, todas as organizações geram impacto. Chegou a hora de mensurá-lo de forma confiável, criar um sistema claro de valoração e passarmos a exigir atitudes melhores dos tomadores de decisão espalhados por todo o planeta. Quando passarmos a mensurar e valorar apropriadamente o impacto, investidores e negócios o levarão em conta naturalmente em seus processos decisórios, fazendo com que, com o passar do tempo, todo investimento seja fundamentado no impacto.

O caminho à frente

A mudança rumo à otimização do modelo risco-retorno-impacto, liderada por empreendedores e investidores, provocará um efeito transformador e há muito necessário no fluxo do capital e nas nossas economias.

Não existe outra maneira de enfrentar o aumento e a severidade das questões sociais e ambientais que nos assolam, senão atrair capital de investimento dos US$ 200 trilhões em ativos disponíveis que existem no nosso sistema financeiro.

Evidências da Revolução do Impacto já podem ser vistas claramente na consciência cada vez maior entre clientes, colaboradores e investidores de que os negócios têm a obrigação de servir não apenas aos seus acionistas, mas também aos consumidores, funcionários, às comunidades onde operam e ao meio ambiente; o impacto precisa ser um componente crucial da missão de todos. O momento em que estamos é equivalente ao contexto em que a mentalidade do risco alavancou o capital de risco e o investimento nas empresas de tecnologia, mas, desta vez, é a mentalidade do impacto que vem alavancando o investimento de impacto e transformando o mundo dos investimentos.

Essa mudança já está refletida nos mais de 2.600 investidores de mais de 70 países[15] que destinaram cerca de US$ 90 trilhões em ativos para os Princípios para o Investimento Responsável (PRIs), que encoraja seus signatários a investirem de maneira responsável de modo a criar um sistema financeiro global mais sustentável. Signatários dos PRIs, estabelecidos em 2006 pelas Nações Unidas, concordam em incluir considerações sociais e ambientais entre os fatores relevantes para suas decisões relativas a investimentos. A mudança também se reflete nos US$ 31 trilhões que já se encontram investidos hoje em projetos de melhorias ambientais, sociais e de governança.

Isso está bem documentado na carta publicada em 2018 por Larry Fink, CEO da Blackrock, a maior firma de gestão de ativos do mundo. O texto de Fink afirma que "é uma exigência da sociedade que as empresas, tanto da esfera privada quanto do setor público, estejam comprometidas com um propósito social" e que, "para alcançar resultados prósperos, toda empresa precisa entregar não apenas uma boa *performance* financeira, mas também demonstrar de que maneira gera contribuições positivas para a sociedade"[16].

Essa transformação poderá ter consequências imensamente positivas na maneira como investimos, como fazemos negócios e como gastamos o nosso dinheiro. Ela modificará a nossa economia de modo a criar um impacto revolucionário em bilhões de vidas em todo o planeta. A Revolução do Impacto leva consumidores, empreendedores, investidores, negócios, filantropos e governos a criar impacto que seja tangível e mensurável. Ela posiciona o trinômio risco-retorno-impacto no centro das nossas tomadas de decisão, de modo a modificar todo o nosso sistema econômico.

O sistema que temos hoje gera impactos negativos e deixa nos ombros dos governos e entidades filantrópicas a incumbência de resolver os problemas criados por ele. É um sistema que já está vigente há mais de dois séculos. Se os nossos problemas mudaram, é preciso que a maneira de reagirmos a eles também mude.

Uma evolução na nossa mentalidade, que nos traz a hélice tripla risco-retorno-impacto, está criando – por intermédio do investimento de impacto – a revolução nos meios de que dispomos para lidar com os desafios que temos. Nos capítulos seguintes, examinaremos o que empreendedores, investidores, negócios, filantropos e governos já estão fazendo, e também o que eles precisarão fazer em seguida para acelerar os avanços da Revolução do Impacto.

CAPÍTULO 2

A ERA DO EMPREENDEDORISMO DE IMPACTO

É possível se dar bem e fazer o bem ao mesmo tempo

Você, provavelmente, já deve ter ouvido alguém defender que a melhor coisa a fazer é juntar o máximo de dinheiro possível sem se preocupar em fazer o bem. Assim, no futuro você pode se transformar num filantropo generoso e começar a doar grandes somas de dinheiro para boas causas. Durante muito tempo, esse foi o modelo tradicional. Mas o cenário está mudando – o empreendedorismo de impacto mostra que existe um modelo melhor para inspirar nossos caminhos de vida, além de comprovar que é possível existirem negócios que façam o bem e gerem dinheiro ao mesmo tempo. Mas que diferença isso tudo pode fazer para empreendedores iniciantes, que sonham criar um negócio que vá contribuir para fazer do mundo um lugar melhor, mas não sabem por onde começar?

Algumas das inovações sociais mais empolgantes que já tivemos nasceram de contextos em que havia mais interrogações do que respostas – questões como: "De que modo posso empregar meu conjunto de habilidades para gerar o bem?", "Como posso criar lucro e impacto ao mesmo tempo?", "Estou mesmo pronto para lançar meu próprio empreendimento?".

Eu tinha 26 anos quando iniciei a empresa que mais tarde se tornaria a Apax Partners. Quando amigos me sugeriam que talvez fosse mais prudente obter mais experiência primeiro, eu respondia: "Ninguém pode aprender a nadar ficando na areia". A melhor coisa a fazer naquele momento, no mundo emergente do capital de risco, era mergulhar de cabeça, aprender depressa e ganhar experiência à frente de outros empreendedores. O mesmo pode ser dito sobre os empreendimentos de impacto do momento atual.

Jovens empreendedores estão criando negócios orientados para o impacto que prestam melhores serviços aos consumidores, melhoram a vida das pessoas e ajudam a preservar o nosso planeta. Assim como aconteceu com a revolução tecnológica, são companhias jovens e ambiciosas que estão à frente nesse novo caminho. Inspirados pela hélice tripla do risco-retorno-impacto e tendo o respaldo de novos recursos de financiamento, os jovens de hoje – seja no dia a dia dos seus empregos, obtendo seus MBAs, seja trabalhando em laboratórios de pesquisa no Vale do Silício – estão rejeitando práticas prejudiciais adotadas por seus predecessores e abraçando o compromisso com o impacto. O sonho de criar uma empresa unicórnio – como são chamadas as *startups* que alcançam um valor de mais de US$ 1 bilhão – está sendo revisto. Em vez disso, por que esses jovens empreendedores não dirigem seus esforços para criar "unicórnios do impacto", negócios que sejam avaliados em US$ 1 bilhão, mas ao mesmo tempo melhorem as vidas de 1 bilhão de pessoas?

Existem muitas razões para o modelo de lucro com propósito dos empreendimentos de impacto estar se tornando uma decisão de negócio cada vez mais sensata, além de ser persuasiva do ponto de vista moral. A possibilidade de suprir populações desassistidas com produtos e serviços, por exemplo, é algo que abre as portas de uma enorme demanda potencial para as empresas, o que por sua vez cria para elas oportunidades de um crescimento mais veloz do que o alcançado por negócios que atuam em mercados tradicionais praticando preços mais altos.

Empresas socialmente conscientes também escapam do risco de arcar com taxações punitivas que talvez os governos venham a impor no futuro, incidindo, por exemplo, sobre as emissões de carbono. Além disso, consumidores, trabalhadores e investidores vêm cada vez mais procurando rejeitar empresas danosas e postam-se ao lado daquelas que fazem uma diferença positiva. Eu já ouvi de alguns grandes expoentes do mundo empresarial que não se pode servir a dois deuses, que é impossível gerar dinheiro e fazer o bem ao mesmo tempo. Os exemplos relatados neste capítulo demonstram que, na verdade, existem maneiras de aplacar esses dois deuses e conseguir se dar bem enquanto faz o bem. E que iniciar um empreendimento de impacto é uma maneira segura de ter sucesso nessa tarefa.

Conhecemos nomes de marcas que foram grandes pioneiras nas novas trilhas do impacto, como Patagonia, TOMS Calçados e Warby Parker. Neste capítulo, falaremos de outras empresas surgidas mais recentemente, com abordagens diferentes para as inovações ligadas ao impacto, em setores que vão desde a indústria de tecnologia até os cuidados com a saúde, passando pelo mercado agrícola e o de produtos de consumo. Muitas delas são auxiliadas por novas estruturas legais, organizações de certificação e mentoria que apoiam os seus esforços empreendedores orientados para o impacto por todo o planeta.

Analisados em conjunto, os empreendimentos a seguir demonstram como o impacto é capaz de transformar todos os setores da nossa economia. Eles comprovam que não é preciso haver um impasse entre o retorno social e o financeiro; esses negócios, aliás, muitas vezes obtêm retorno não apesar da mentalidade de impacto, mas por causa dela. Se você tem se perguntado como pode ser possível se dar bem e ao mesmo tempo fazer o bem, as histórias relatadas aqui podem servir de inspiração para começar imediatamente a sua jornada. Muitos dos negócios examinados começaram com um empreendedor que encontrou novos usos para as tecnologias mais recentes e maneiras de adaptá-las para atender às necessidades de pessoas desfavorecidas. Exatamente como a Zipline vem fazendo.

Drones salvadores prontos para o resgate

No dia 21 de dezembro de 2016, um pedido chegou a uma base de drones situada próxima a Kigali, em Ruanda. Assim que recebeu a mensagem, um dos técnicos prendeu a remessa a um dos drones e o preparou para o lançamento; poucos minutos mais tarde, ele já voava em direção ao seu destino, um hospital distrital localizado a seis minutos de voo dali.

Dentro do hospital jazia imóvel uma garotinha de 2 anos chamada Ghislane, acometida por uma forma aguda de malária. Minutos depois de ter sido acionado, o drone pairou próximo à porta de entrada do hospital e largou ali uma caixa vermelha contendo duas unidades de sangue refrigerado que flutuou até o chão sustentada por um paraquedas de papel. Um ano antes, o hospital teria precisado enviar um carro para buscar uma entrega em um banco de sangue localizado a três horas de distância, somando as viagens de ida e volta, um tempo que poderia ter custado a vida de Ghislane[1].

Essa história está ligada à do pessoal de Keller Rinaudo, um especialista em robótica e empreendedor que, depois de ter fundado uma fábrica de robôs de brinquedo aos 23 anos, abraçou o desafio de manter o foco dos seus negócios em "coisas que pudessem impactar profundamente a vida das pessoas"[2]. O desafio era que ele não tinha ideia de como faria isso, nem sabia que tipo de impacto deveria criar. "Foi uma trajetória difícil, em que muita gente chegou a questionar a minha sanidade", ele conta hoje[3].

Rinaudo e seus parceiros de negócios vasculharam o planeta atrás de problemas que eles achavam que poderiam ser solucionados com a ajuda de suas habilidades na área de robótica. "Pense em tedioso... em repetitivo. Nós fomos atrás de lugares em que havia quebras na logística, porque nos pareceram bons locais para começar", relata ele[4]. E a decisão acabou sendo trabalhar com a logística de entrega de produtos médicos essenciais, como, por exemplo, remessas de sangue para transfusão capazes de salvar vidas. O gerenciamento do armazenamento e dos estoques era uma parte complicada, que levava ao superabastecimento de algumas localidades e desabastecimento de outras, bem como ao desperdício de produtos com validade vencida.

Quando havia a necessidade de transfusão, cada minuto era essencial para o paciente. Rinaudo e sua equipe sabiam que seriam capazes de melhorar a eficiência das entregas e reduzir o desperdício usando a robótica: eles criariam um centro de distribuição onde o sangue ficaria armazenado e enviariam drones para fazer as entregas nos locais exatos onde houvesse necessidade.

O sustento da empresa viria da taxa cobrada em cada entrega.

Rinaudo batizou sua empresa de Zipline e escolheu Ruanda como localidade-piloto para a sua tecnologia e seu sistema de logística; a topografia montanhosa do país e suas estradas lamacentas muitas vezes impossibilitavam a circulação, e a falta de infraestrutura era notória. Mas o governo estava cheio de "pessoas jovens que tomavam decisões rápido e estavam dispostas a fazer apostas arriscadas"[5].

Segundo Rinaudo, a parceria com a Zipline resultou em economia financeira para o governo de Ruanda, poupou um tempo que era precioso e salvou vidas com isso – e os drones da empresa puderam atender 80% da população do país a partir de apenas dois centros de distribuição[6]. Ao final de 2018, a Zipline havia entregado 15 mil unidades de sangue e já estava com planos de expandir suas operações para a Tanzânia e os Estados Unidos e de trabalhar também com a entrega de outros suprimentos médicos, como vacinas para bebês e medicamentos de emergência.

Com um olhar voltado para o futuro, a empresa se dedica a ampliar a capacidade dos seus drones por meio de melhorias tecnológicas.

Em abril de 2018, a Zipline lançou um novo modelo de drone que "chega mais longe, mais depressa e levando mais carga do que era possível anteriormente – até mesmo em altitudes elevadas, enfrentando chuva ou vento forte"[7]. A missão de longo prazo da empresa é "implementar as entregas instantâneas por todo o planeta, permitindo a distribuição sob demanda de medicamentos e outros produtos a um custo reduzido e sem usar uma gota de gasolina"[8].

Em maio de 2019, a Zipline obteve US$ 190 milhões em financiamento de investidores de capital de risco americanos e alcançou uma valorização de US$ 1,2 bilhão[9]. A empresa anunciou a expansão de suas operações para outras partes da África, para o continente americano, para o Sul e o Sudeste Asiático, com o objetivo de atender

700 milhões de pessoas nos cinco anos seguintes[10]. "A Zipline pretende inaugurar um novo modelo de sucesso no Vale do Silício, mostrando ao mundo que a empresa tecnológica certa com a missão certa e o time mais bem-preparado terá capacidade para ajudar a melhorar as vidas de todas as pessoas do planeta"[11], afirmou Rinaudo.

Enquanto Rinaudo e seus parceiros reinventavam a tecnologia dos drones, outro empreendimento de tecnologia utilizado para o bem, a empresa israelense OrCam, redirecionou sistemas avançados de inteligência artificial voltados inicialmente para o desenvolvimento dos carros autônomos para ajudar os 39 milhões de cegos e 250 milhões de pessoas com deficiência visual que existem em todo o planeta.

Dos carros autônomos à ajuda a pessoas cegas

Em 2016, aos 27 anos, Luke Hines pôde pela primeira vez cogitar a possibilidade de cursar uma universidade[12]. Em 2018, o veterano de guerra Scotty Smiley finalmente pôde ler histórias com seus três filhos[13]. Em 2019, Naim Bassa pôde dar seu voto em uma eleição pela primeira vez, sem precisar de uma pessoa para acompanhá-lo à cabine de votação[14]. Essas três pessoas com deficiência visual tiveram acesso à tecnologia assistiva da OrCam, que utiliza uma câmera, recursos informáticos, de *machine learning*, e as redes profundas para fazer o processamento de informações visuais e transformá-las em *inputs* fonéticos para os seus usuários.

Mas a história dessa nova tecnologia vestível começou bem antes disso tudo, em 1999, quando seus cofundadores, o professor Amnon Shashua e Ziv Aviram, iniciaram a Mobileye, uma empresa de tecnologia que utiliza câmeras e inteligência artificial para substituir o olho humano nos carros que funcionam sem um condutor[15]. Dezoito anos mais tarde, eles venderam seu negócio para a Intel por mais de US$ 15 bilhões – a transação mais cara desse tipo já realizada em Israel[16].

Nessa altura, Shashua começou a pensar em aplicar a tecnologia que havia criado para ajudar sua tia, cuja visão estava ficando cada vez mais prejudicada[17]. Em 2010, ele e Aviram cofundaram a OrCam, com a missão de ajudar todas as pessoas com deficiência visual a processarem informações do ambiente à sua volta.

Em 2017, a OrCam lançou o MyEye 2: totalmente sem fios e do tamanho de um dedo, o aparelho era capaz de ler textos impressos, reconhecer rostos, produtos, códigos de barras e cédulas. Quando apontado pelo usuário para qualquer um desses exemplos, o aparelho relatava o que estava vendo por meio de um fone de ouvido.

Um usuário contou que o MyEye lhe dava a capacidade de "usar qualquer coisa – um jornal, um livro, um cardápio – sem depender de outras pessoas. Quando chegam cartas à sua porta, você pode lê-las sem precisar incomodar ninguém"[18]. Em 2018, a OrCam havia levantado mais de US$ 130 milhões e estava avaliada em US$ 1 bilhão[19]. "Eu penso que o potencial para a OrCam é ainda maior do que o da Mobileye", Aviram declarou[20]. Para pessoas como a australiana Lisa Hayes, cega desde o nascimento, o produto desenvolvido pela OrCam é um verdadeiro milagre. Depois de utilizar o aparelho, ela afirmou: "Esse é o maior avanço do século XXI, na minha opinião"[21].

Empreendedores de impacto certamente se questionam sobre as melhores formas de prestar auxílio às pessoas por meio da tecnologia que oferecem. Ao fazermos essa pergunta com relação à tecnologia da OrCam, uma porta interessante se abre: por que não utilizar esses mesmos produtos para ajudar também os 781 milhões de pessoas adultas analfabetas que existem em todo o mundo? Essa ideia pode ampliar o mercado potencial da OrCam para abranger quase 15% dos 7,7 bilhões de habitantes do planeta. Imagine o impacto que essa tecnologia poderá gerar nas vidas de mais de um bilhão de pessoas, a contribuição econômica que ela poderá gerar para os seus países e o impacto que isso irá gerar na economia mundial. A mentalidade de impacto revela oportunidades que de outro modo passariam despercebidas.

Há muitas outras *startups* desenvolvendo negócios voltados para melhorar a vida de pessoas com deficiência no mundo inteiro. Os empreendedores à frente delas muitas vezes são pessoas movidas, como Amnon Shahua, pelo desejo de ajudar alguém próximo e querido.

Um mundo cheio de conversas

O empreendedor brasileiro Carlos Edmar Pereira tem uma filha que nasceu com paralisia cerebral em 2008 e cresceu sem ser capaz de caminhar e falar. Desesperado pelo desejo de melhorar a qualidade de vida da filha, Pereira aprendeu a programar computadores sozinho e passou a desenvolver programas capazes de auxiliar indivíduos com diversos tipos de deficiência a se comunicarem. "Eu vivia o tempo todo obcecado, na frente do computador até tarde da noite para criar esse programa para a minha filha", conta ele[22].

O *software* dinâmico desenvolvido por Pereira se adapta às capacidades físicas e cognitivas do usuário para ajudá-lo a interagir em tempo real com as pessoas à sua volta, como familiares e professores. "Por exemplo, se uma pessoa não pode usar os membros, talvez possa usar os olhos", Pereira explica[23]. Utilizando a câmera frontal de um *tablet*, ele desenvolveu um recurso que permite ao usuário interagir por meio do movimento dos olhos. Além disso, a sua Livox oferece essa tecnologia a uma fração do seu custo atual de mercado – a licença do programa custa US$ 250, ao passo que o preço de um dispositivo padrão controlado pelo movimento ocular pode chegar perto dos US$ 17 mil[24]. Para indivíduos que não podem usar as mãos ou os dedos dos pés, o *software* da Livox utiliza algoritmos inteligentes que se adaptam e compensam os movimentos específicos de cada usuário – quer utilizem a mão inteira ou mais de um dedo para tocar a tela do aparelho, quer deem batidas involuntárias nela[25]. A mãe de uma menina com autismo contou que sua filha passou "de um vocabulário que era literalmente composto por uma única palavra para ter conversas inteiras comigo por meio do dispositivo"[26].

Tendo partido da motivação inicial de criar o Livox para melhorar a vida de sua filha, Pereira pretende fazer com que o seu produto chegue a 1 bilhão de pessoas com deficiência e possa ajudá-las também. "Elas são o grupo que enfrenta o maior risco de exclusão social", lembra ele[27]. Muitas licenças do Livox são vendidas por Pereira ao governo brasileiro a preços reduzidos e são fornecidas a famílias de baixa renda. O empreendedor está ansioso para ter ganho de escala em seu negócio, especialmente para atender a escolas, hospitais e países em desenvolvimento[28].

Acesso ao crédito na memória do celular

Enquanto os empreendedores à frente da OrCam, da Livox e da Zipline estão construindo negócios capazes de produzir impacto social por meio do uso da tecnologia informática, Shivani Siroya, fundadora da empresa queniana Tala, vem usando *fintech* e ciência de dados para levar alternativas de crédito a empreendedores que não conseguem obter financiamento dos bancos convencionais.

A premissa da Tala, uma plataforma de empréstimos baseada em aplicativos para telefone celular que opera na Índia, no Quênia, no México, nas Filipinas e na Tanzânia, é que a falta de um histórico de crédito não significa necessariamente que a pessoa não se qualifique para receber crédito. Em vez de se valer de registros habituais, como extratos bancários, o aplicativo da Tala avalia os dados já existentes no aparelho do usuário. Quando uma pessoa faz o *download* do aplicativo e o instala, o Tala rastreia mais de dez mil pontos de dados na memória do próprio aparelho, incluindo informações sobre utilização de outros aplicativos, histórico de chamadas, mensagens de texto e transações[29]. A partir desses dados, é elaborado um prognóstico com a probabilidade de aquele usuário vir a ter meios para pagar um empréstimo. Se a empresa apura, por exemplo, que os contatos telefônicos do usuário são salvos com nome ou sobrenome, isso é tomado como um indicativo de maior capacidade de pagamento.

"Em cerca de 20 segundos, nós podemos fazer um prognóstico baseado em dados que já estão armazenados no aparelho das pessoas", explica a fundadora da Tala, Shivani Siroya[30], que foi criada na Índia e iniciou a companhia em 2012, antes de completar 30 anos. Depois de aprovados, os clientes recebem o dinheiro em suas carteiras móveis. "Nós analisamos as pessoas por meio do que elas fazem no seu cotidiano, e não por causa de algum pagamento que porventura tenham deixado de fazer há três anos", ela diz[31].

O valor dos empréstimos costuma variar entre US$ 10 e US$ 500, sujeitos a juros de 11% a 15%, para serem pagos no prazo de 30 dias[32]. Em 2019, a empresa havia emprestado mais de US$ 1 bilhão para mais de 4 milhões de pessoas, e a taxa de adimplência ficava acima dos 90%[33]. Esses são números bem distantes daqueles dos primórdios da empresa, que começou com Siroya emprestando dinheiro do seu próprio bolso para um grupo de mais ou menos 50 pessoas na Índia, em Gana, Máli e México[34]. Os primeiros empréstimos tinham uma taxa padrão de 30%, mas, à medida que ela passou a conseguir reunir mais informações e construir um modelo de crédito robusto, a taxa caiu para menos de 10% – melhor do que a que uma agência de crédito tradicional seria capaz de prever[35].

Para os clientes, o microcrédito funciona como se fosse um cartão de crédito: dois terços tomam empréstimos para os seus negócios, ao passo que outros usam o crédito para a educação, viagens de emergência, despesas médicas e outras necessidades pessoais. Grace, que vende roupas no Quênia, relatou: "Os meus clientes em geral não pagam suas compras na mesma hora, então eu pego os empréstimos para poder ir ao mercado e aproveitar as liquidações enquanto eu espero pelos pagamentos"[36].

Siroya, que acumulou experiência trabalhando para UBS, Credit Suisse e para o Citi antes de lançar a Tala, diz que no início de suas pesquisas sobre o setor de microcrédito começou a perceber que um dos grandes problemas era como mover alguém do sistema do microcrédito para o mercado formal de crédito[37]. Para ajudar os microtomadores de crédito a terem acesso às agências formais, ela apoia a construção do seu histórico formal reportando a adimplência deles às agências de crédito tradicionais. Shannon Yates, líder de análise de dados da Tala, diz: "Nós queremos reforçar o conceito de que [os clientes] podem ter uma alavancagem de crédito que possa beneficiá-los em longo prazo, mesmo que não tenha efeito imediato"[38].

Em curto prazo, a Tala garante aos clientes acesso a um financiamento estável além da redução da ansiedade e do estresse nas suas vidas pessoais e nas de seus familiares. Em longo prazo, os clientes da Tala alcançam crescimento financeiro, acesso ao sistema bancário tradicional e melhoria da sua educação financeira[39], que são pontos essenciais não apenas para promover o avanço de iniciativas de empreendedorismo, mas também para o crescimento das economias locais.

Tala havia levantado mais de US$ 105 milhões em três rodadas de financiamento até abril de 2018[40] e registrou a entrada da PayPal para a sua lista de investidores em outubro do mesmo ano[41]. No dia em que a Tala anunciou a cifra de US$ 65 milhões da sua terceira rodada, perguntaram a Siroya que futuro ela via para a sua empresa no prazo de cinco anos. A sua resposta foi: "Teremos provado que é possível obter sucesso fazendo as coisas de maneira diferente – que missão e lucro não são fatores que se anulam mutuamente, que você pode ter os dois como meta e ser vencedor mesmo assim"[42].

Os recursos da tecnologia financeira são, sem dúvida, um caminho poderoso para os empreendedores do impacto conseguirem melhorar a vida das pessoas. O mesmo pode ser dito sobre a biotecnologia, que vem promovendo a remasterização de áreas tradicionais, como a produção agrícola, para promover melhorias na vida dos agricultores e gerar mais produção de alimentos para o mundo.

Semeando inovação para alimentar o mundo

Com 7,5 bilhões de bocas para alimentar no planeta Terra e mudanças climáticas acontecendo diante dos nossos olhos, a agricultura é provavelmente o setor econômico com maior potencial de entrega de impacto em âmbito mundial. O trabalho a ser feito é grande: estudos demonstram que é preciso criar um aumento de 25% a 70% na produção agrícola até 2050 para que possamos alimentar todas as pessoas[43].

A Indigo Agriculture, *startup* baseada em Massachusetts, nos Estados Unidos, vem utilizando a microbiologia não apenas para aumentar a produtividade agrícola, como também para reduzir o uso de insumos químicos. Os fundadores da empresa buscaram inspiração em pesquisas sobre o microbioma do aparelho digestivo humano. Já temos evidências de que as comunidades de micróbios encontradas no nosso organismo afastam fatores nocivos e contribuem para a nossa saúde[44], e Geoffrey von Maltzahn aplicou essa mesma lógica à agricultura.

Depois de ter concluído o PhD em Engenharia Biomédica pelo MIT, ele foi cofundador da Indigo, em 2016, quando estava na faixa dos 35 anos. Nas palavras do próprio Von Maltzahn: "O microbioma pode ser um instrumento mais poderoso e natural para influenciar os traços e propriedades da produção agrícola"[45]. Em outras palavras, a presença florescente de microbiomas pode proteger as lavouras de doenças, dos efeitos da seca e das pragas com mais eficácia do que os pesticidas utilizados habitualmente.

O modelo de atuação da Indigo consiste em identificar quais microbiomas atuam com mais eficácia na produção de colheitas saudáveis e implementá-los nas sementes vendidas aos agricultores. Essas sementes, portanto, são preparadas para se desenvolver como plantas altamente resilientes e produtivas, que deverão prosperar sem o uso de produtos químicos sintéticos. Relatórios da Indigo apontam aumento de produtividade entre 6% e 14% com o uso das suas sementes de algodão, soja, milho, arroz e trigo[46].

Até 2019, a empresa havia levantado US$ 650 milhões em seis rodadas de financiamento e estava avaliada em US$ 3 bilhões[47]. Além dos investimentos gigantescos na ciência por trás do microbioma humano, a Indigo pôde aproveitar uma série de avanços tecnológicos convergentes que incluíram melhorias na tecnologia de sequenciamento do DNA, ferramentas computacionais e conectividade[48]. Como Von Maltzahn declarou, "qualquer pessoa que disponha de um telefone celular e uma tesoura pode nos enviar uma amostra de uma planta, e nós saberemos a sua localização por GPS, a hora do dia em que foi colhida e o histórico climático da região; poderemos inferir o perfil de estresse a que foi submetida e a sua condição geral a partir de uma fotografia, e então teremos como saber a espécie da planta e sequenciar o seu microbioma a um custo cada vez mais reduzido"[49].

Nem todos os empreendimentos de impacto utilizam a tecnologia dessa maneira. Os fundadores da Andela pretendem solucionar questões sérias sem o uso de inovações tecnológicas; em vez disso, eles apostam num modelo de negócio inovador para melhorar as chances de pessoas em países emergentes conseguirem empregos que lhes paguem salários melhores.

Buscando mentes brilhantes

Em 2014, Tolulope Komolafe, uma nigeriana na faixa dos 25 anos, dava aulas particulares de Matemática e ganhava US$ 25 por mês[50]. Ela havia se formado em Ciência da Computação[51], mas fazia parte da parcela de 40% da população do seu país formada por pessoas desempregadas ou subempregadas[52].

Quando soube da oportunidade oferecida por uma *startup* em Lagos, que lhe pagaria um salário para frequentar o curso que a capacitaria a atuar como desenvolvedora de *software* para grandes multinacionais, Komolafe desconfiou que poderia ser vítima de um golpe e achou aquilo "bom demais para ser verdade"[53]. Mas a oferta – publicada pela Andela, uma empresa de tecnologia e aceleradora de talentos em âmbito mundial – era legítima.

O desempenho de Komolafe a levou a se destacar entre 2.500 candidatos e ser selecionada para integrar o segundo grupo de bolsistas apoiados pela *startup* – composto por 20 talentos[54]. Pouco depois, ela estava inscrita em um *bootcamp* de programação e recebeu treinamento em habilidades interpessoais[55]. Depois de mil horas de capacitação profissional, a jovem foi considerada habilitada para trabalhar para os clientes da Andela[56] – empresas que incluíam desde gigantes como a IBM até marcas menores, como a GitHub[57].

Diferentemente dos modelos de terceirização tipicamente associados a países como Índia e China, que competem primariamente no campo do preço por serviço, Komolafe e seus colegas na Andela eram incorporados aos quadros de colaboradores das empresas clientes, algumas das quais oferecendo inclusive cotas de participação acionária aos bolsistas da *startup*[58]. A Everplans, plataforma de planejamento de fim de vida para a qual Komolafe trabalhou, a convidou para uma mentoria em Nova York, onde a jovem teve a oportunidade de conhecer colegas com quem havia trabalhado nos meses anteriores[59]. Em 2016, Christina Sass, cofundadora e presidente da Andela, referiu-se a Komolafe como a desenvolvedora-estrela da *startup*[60].

A Andela iniciou suas operações em 2013, quando o empreendedor em série Iyinoluwa "E" Aboyeji, um nigeriano na faixa dos 20 anos, entrou em contato com o empreendedor da área de tecnologia da educação americano Jeremy Johnson em busca de aconselhamento. Johnson não demorou a se engajar no novo negócio de Aboyeji e aceitar a posição de CEO – foi ele que levou Sass para integrar a equipe.

A força motriz da nova empresa era a crença de que, embora a genialidade esteja espalhada uniformemente por todas as partes do planeta, o mesmo não acontece com as oportunidades. A equipe assumiu a missão de buscar e desenvolver mentes brilhantes para formar talentos da área tecnológica capazes de suprir a demanda de países onde a escassez de profissionais e o alto custo dos que existem são obstáculos para o crescimento de outras *startups*.

A maior parte dos desenvolvedores da Andela viveu em alojamentos subsidiados dentro do próprio *campus* durante o programa de imersão oferecido aos bolsistas[61]. "A meta de longo prazo é que eles sejam liberados no mercado para que se espalhem e sejam pioneiros na propagação do avanço tecnológico por todo o continente", Sass diz[62]. Segundo ela, um quarto dos bolsistas tem planos de iniciar empresas próprias[63], ao passo que os outros talvez se tornem lideranças da área tecnológica em empresas já existentes, consultores para grandes organizações ou peças-chave para levar a Andela a ampliar o seu modelo[64].

O modelo de negócio – focado na capacitação de mão de obra, educação e tecnologia – e as metas de longo prazo voltadas para fomentar o crescimento do setor tecnológico na África puseram a Andela na mira de investidores cobiçados. Em 2015, o cofundador da AOL Steve Case e a Omidyar estavam entre os participantes de uma rodada de financiamento que movimentou um total de US$ 10 milhões para alavancar a expansão da Andela por todo o continente[65].

Um ano depois, a empresa chamou a atenção de Mark Zuckerberg, do Facebook, e de sua esposa, Priscilla Chan, que encabeçaram uma nova rodada de US$ 24 milhões em financiamento por meio da Chan Zuckerberg Initiative. A Andela foi, na verdade, o primeiro grande investimento da CZI, que foi acompanhada por nomes como GV (a antiga Google Ventures), Spark Capital, Rede Omidyar, Learn Capital e CRE Venture Capital. Pouco depois de assumir o compromisso de investimento, Zuckerberg viajou até Lagos para conhecer a sede da Andela e a equipe da empresa. Em uma entrevista, Sass declarou:

"Nós dizíamos a todos os nossos candidatos a bolsistas, especialmente quando começamos o projeto, que íamos mostrar ao mundo inteiro o poder do talento deles. E, de repente, essa promessa ficou instantaneamente palpável aos olhos deles no momento em que o viram [Mark Zuckerberg] entrar"[66].

Em 2017, a companhia levantou outros US$ 40 milhões numa terceira rodada de financiamento liderada pela CRE Venture Capital, que foi uma das maiores já registradas envolvendo uma empresa baseada na África e liderada por uma empresa de capital de risco africana. Essa nova injeção de capital pavimentaria a expansão da Andela para dois novos países no continente e a levariam a duplicar sua base de desenvolvedores[67].

Em 2019, a Andela já havia atendido mais de 200 clientes, atraído mais de 130 mil candidatos a bolsas e selecionado 1.500 novos desenvolvedores para seus quadros. Como foi dito em um artigo na revista *The Economist*, a empresa "é a prova de como é possível exportar capacidade cerebral em estado puro de um escritório estiloso em Lagos para clientes sofisticados baseados do outro lado do planeta, sem passar perto de nenhum terminal portuário superlotado ou via ferroviária interrompida"[68].

No mesmo ano, uma quarta rodada no valor de US$ 100 milhões fez o total de financiamento destinado a Andela chegar ao patamar de US$ 180 milhões. Essa rodada foi liderada pela Generation Investment Management, uma firma de investimentos voltados para a sustentabilidade fundada por Al Gore e David Blood[69]. A própria Komolafe afirma que o seu objetivo é usar suas habilidades como programadora para gerar impacto. "Em longo prazo, eu gostaria de trabalhar com pessoas que se dedicam a resolver problemas… [questões como] abusos contra crianças", diz ela. "Todos os dias, eu penso em como aplicar as coisas que eu sei fazer com a tecnologia em algo que possa realmente acabar com esse problema"[70].

O empreendedorismo de impacto também pode criar iniciativas de sucesso revolucionando produtos já conhecidos e tradicionais. É exatamente isso que fazem a Revolution Foods, na Califórnia, e a Nazid Impact Foods, em Israel, voltando seu foco para a saúde das crianças em idade escolar de diferentes partes do mundo.

Alimentando o sucesso das crianças

Imagine que você é uma criança que acorda com fome e sem um tostão no bolso. Você se arruma para a escola sem tomar o café da manhã. A primeira refeição do dia é na cantina do colégio, na hora do almoço – e a essa hora seu estômago já está se retorcendo. Você espera na fila, e alguém despeja uma gororoba irreconhecível na sua bandeja. Você demora a se convencer a provar uma colherada daquilo e, quando enfim resolve fazer isso, já terminou a hora do intervalo.

Há muitos estudantes que vivem essa rotina, até mesmo em países desenvolvidos – e mesmo assim se espera que eles consigam se concentrar nas aulas e apresentem um desempenho escolar dentro da média[71]. Nos Estados Unidos, mais de 13 milhões de crianças chegam à escola com fome. A qualidade das refeições servidas nas cantinas pode deixar a desejar, e a apresentação pouco convidativa leva muitas crianças a trocá-las por lanches tipo *junk food*, quando não preferem ficar com fome. Como ressalta um artigo publicado no *New York Times*, "a comida padrão das cantinas escolares pouco tem contribuído para reduzir os índices crescentes de obesidade infantil no país, e talvez até esteja ajudando a aumentá-los"[72].

Crianças com fome são pressionadas a ter bom desempenho acadêmico, quando se sabe que a fome prejudica a concentração e pode levar a problemas de comportamento[73]. Visto que as crianças americanas consomem a metade das calorias que ingerem diariamente nas escolas[74], garantir o acesso delas à alimentação de qualidade nas cantinas deveria ser uma prioridade, mas as restrições orçamentárias tornam essa missão um desafio.

Para a sorte das crianças americanas em idade escolar, Kirsten Saenz Tobey e Kristin Groos Richmond criaram a Revolution Foods, com o propósito de estimular a alimentação saudável nas escolas. As duas se conheceram no primeiro dia do MBA na Haas School of Business da Universidade da Califórnia, em Berkeley, e acabaram se tornando grandes amigas. Ambas tinham vivência no universo da educação e tinham passado temporadas morando no exterior, e Groos Richmond havia trabalhado também no mercado financeiro.

Ao longo do curso, elas desenvolveram um plano de negócios para criar "refeições com ingredientes frescos a preços viáveis"[75]. Tobey relata: "Nós passávamos boa parte do tempo das aulas trabalhando no plano de negócios da empresa e saíamos para conversar com alunos, professores, diretores escolares e superintendentes a respeito das oportunidades que eles vislumbravam para melhorar a qualidade das refeições escolares"[76].

Depois da conclusão do MBA, em 2006, elas iniciaram imediatamente um programa-piloto na área central de Oakland, Califórnia, preparando 300 refeições escolares por dia em uma cozinha alugada. A comida era preparada sempre no mesmo dia e não levava nenhum corante, saborizante, conservante ou adoçante artificial. Elas serviam leite e carnes livres de hormônios e davam prioridade a ingredientes orgânicos e produzidos localmente – em refeições formadas pelo que chamam de "comida de verdade"[77].

O empreendimento começou atendendo principalmente cooperativas escolares e escolas com alunos de baixa renda, mas em 2012 já estava servindo 200 mil refeições diárias para 850 escolas em 11 estados diferentes do país – incluindo Texas, Nova York e Louisiana[78] –, em sua maioria escolas públicas, onde 80% das crianças estão qualificadas para receber almoços grátis ou a preços reduzidos em razão da renda de suas famílias[79]. "Essa era realmente a premissa mais importante da nossa empresa: assegurar que as crianças habilitadas a receber almoço gratuito nas escolas possam ter uma comida de qualidade, equivalente à que recebem as crianças que podem pagar por ela", Tobey diz[80].

Os resultados positivos foram abrangentes. Segundo depoimentos, a alimentação mais saudável resultou em "maior concentração, menos medidas disciplinares, menos idas à enfermaria e menor absenteísmo", conta Groos Richmond[81].

Em 2014, Steve Case investiu US$ 30 milhões no projeto por meio do seu fundo Revolution Growth. "O negócio das refeições escolares movimenta US$ 16 bilhões apenas nos Estados Unidos", declarou ele[82]. Em 2015, a empresa divulgou um rendimento de US$ 80 milhões[83]. Em 2019, ela havia levantado quase US$ 130 milhões em financiamento[84] e alcançara rendimentos na casa dos US$ 150 milhões[85]. A essa altura, as duas sócias já serviam mais de 2,5 milhões de refeições todas as semanas[86] em 400 cidades pequenas e grandes por todo o país, mais de 225 mil dessas refeições apenas na região de Nova York e Nova Jersey[87]. "Nossa maior meta é dar a essas crianças um alimento que vai ser o combustível para o seu sucesso", afirma Tobey[88].

O poder de impacto do empreendedorismo que fornece refeições escolares mais saudáveis e saborosas não tem fronteiras, e a mesma inovação promovida pela americana Revolution Foods pode ser vista do outro lado do planeta, em comunidades de beduínos vivendo em Israel.

Os beduínos têm uma identidade cultural e histórica própria e são parte também da camada mais desfavorecida da população de Israel. As taxas de desemprego são altas nessa comunidade, chegando a 40%, e a renda média de um trabalhador beduíno equivale a menos da metade da média geral do país. As mulheres beduínas encontram barreiras ainda mais severas no acesso a empregos estáveis e com pagamento justo.

Ibrahim Nassara, empreendedor de uma cidade beduína com os indicadores socioeconômicos situados na faixa mais baixa, percebeu que em sua comunidade havia uma demanda não suprida por refeições escolares saudáveis. Em 2011, ele fundou a Nazid Impact Food, para melhorar as refeições subsidiadas fornecidas às crianças beduínas nas cantinas escolares. Depois de começar empregando três cozinheiras que preparavam 300 refeições todos os dias, a Nazid hoje dá emprego a 100 pessoas da comunidade beduína, que juntas fornecem mais de 20 mil refeições todos os dias para escolas de todo o território de Israel.

A Nazid produz impacto em duas frentes: fornecendo alimentação saudável e saborosa que melhora a nutrição de crianças desfavorecidas nas escolas e, ao mesmo tempo, gerando empregos com salários justos e benefícios que melhoram a renda de famílias beduínas e integram mulheres dessa comunidade ao mercado de trabalho, permitindo que conquistem independência pessoal e financeira. O impacto gerado pela empresa teve seu grande reconhecimento em 2019, quando a Nazid se tornou a primeira companhia liderada por beduínos a receber financiamento de capital privado, por meio de um investimento de US$ 4 milhões vindo do fundo de impacto Bridges Israel[89].

O impacto como marca da geração atual

Se nem todos esses empreendimentos contam com parâmetros de mensuração do impacto, eles já incorporaram o conceito aos seus modelos de negócios e, quanto mais impacto entregam, mais geram dinheiro. E há muitos outros empreendimentos semelhantes pelo mundo demonstrando imenso potencial – da água aos bens de consumo, nenhum setor está imune às ambições dos jovens empreendedores de impacto.

Meena Sankaran, fundadora da *startup* de monitoração da qualidade da água KETOS, viu-se motivada a atuar no setor depois de ter passado uma infância com doenças causadas pela contaminação da água na Índia. Com a criação da sua empresa, que levantou US$ 9 milhões em 2019, ela trabalha para usar *software* e análise de dados para gerar alertas sobre índices de contaminação da água a uma fração do custo de outros métodos de monitoração[90]. E o problema da qualidade da água não atinge só países em desenvolvimento; infraestruturas dilapidadas em países mais ricos também podem comprometer as fontes de água, como ficou demonstrado na crise hídrica que se viu em Flint, Michigan[91]. "A gestão inteligente da malha hídrica não é só algo desejável, mas também prioritário", Sankaran diz[92].

O tamanho do impacto que pode ser produzido em necessidades básicas, como água, ar e alimentos, é gigantesco, mas também é possível gerar impacto no setor dos bens de consumo. A TOMS Calçados popularizou o modelo "um para um" – a cada par de sapatos comprado, a empresa doa outro a uma pessoa necessitada –, e a receptividade positiva do público ajudou o modelo de negócio da empresa a se espalhar rapidamente. Quando souberam que as meias eram o item mais requisitado nos abrigos para sem-teto, por exemplo, em 2013 os empreendedores americanos Randy Goldberg e David Heath fundaram a Bombas, que vende meias para consumidores de alto padrão e também faz doações desse artigo de vestuário para os abrigos – em 2019, eles já haviam feito a doação de mais de 20 milhões de pares de meias[93].

Outro modelo de impacto no setor de varejo que vem ganhando atenção é o reaproveitamento e a venda de itens que, sem isso, iriam parar nos aterros sanitários. No Reino Unido, a Elvis & Kresse é um desses empreendimentos sociais que transformam mangueiras de bombeiros, aparas de couro e outros materiais usados em bolsas e carteiras. Desde 2005, a companhia já deu vida nova a 175 toneladas de mangueiras descartadas e assinou uma parceria com a grife Burberry para aproveitar as sobras de couro da marca[94]. Eles também doam 50% dos lucros para a caridade[95]. "Quando assumimos a missão de resolver o problema das mangueiras descartadas, conseguimos fazer isso em cinco anos. O descarte do couro é um problema 80 mil vezes maior", conta o cofundador Kresse Wesling[96]. "Portanto, não só o meu futuro imediato, mas também o meu trabalho em médio prazo com certeza vai ser para resolver essa questão[97]."

Esses modelos de negócios de impacto, a meu ver, se tornarão a marca registrada da geração dos *millennials*, que estão seguindo o caminho aberto por empreendedores brilhantes da área tecnológica, como Steve Jobs, Bill Gates, Larry Page e Mark Zuckerberg, os quais ampliaram vertiginosamente o poder da alta tecnologia e, nesse processo, transformaram as vidas de todos nós.

A meu ver, há grandes semelhanças entre o efeito disruptivo que a alta tecnologia provocou no mercado e o efeito disruptivo que a mentalidade do impacto está provocando hoje. Eu sei que teremos empreendedores do impacto que serão comparáveis aos empreendedores do *boom* tecnológico em termos de grau de ambição e sucesso, mas que estarão bem à frente deles se considerarmos o impacto positivo gerado para o planeta.

Até o momento, o nome mais conhecido do empreendedorismo de impacto é o de Elon Musk. Apesar de todas as suas idiossincrasias e dos desafios enfrentados pela Tesla – a sua marca de carros elétricos de alto padrão –, Musk vem conseguindo sozinho mudar para melhor toda a indústria automobilística.

Segundo o relatório de impacto mais recente produzido pela Tesla, a empresa já vendeu mais de 550 mil veículos elétricos, que, juntos, percorreram mais de 16 bilhões de quilômetros de ruas e estradas. Isso se traduz em uma economia de mais de quatro milhões de toneladas métricas de dióxido de carbono, se consideradas as emissões dos veículos de combustão interna[98]. Usando o valor convencionalmente aceito de um custo ambiental de US$ 300 por tonelada métrica de carbono, isso representa US$ 1,2 bilhão em danos ambientais evitados.

A história de Musk e da Tesla inspira uma nova geração de empreendedores motivados a melhorar a qualidade do ar e a reduzir a nossa dependência por combustíveis fósseis. Há desde *startups,* como a indiana Ather Energy, uma fábrica de *scooters* elétricas apelidada de a "Tesla em Duas Rodas"[99], até as mais de dez desenvolvedoras automotivas chinesas que são sustentadas por bilhões de dólares em capital investido – isso em um cenário que em breve levará os deslocamentos movidos a bateria a superar o uso de motores a combustão. "A Tesla abriu o caminho", disse o líder de uma *startup* de veículos elétricos baseada em Xangai, "e agora é a nossa vez de levar essa história um passo adiante"[100].

Distinguindo os empreendimentos de impacto dos outros negócios

Nunca houve momento melhor na história para se lançar um empreendimento de impacto, em parte porque o ambiente legislativo e regulatório está ficando muito mais amigável a esse tipo de empresa, empoderando os negócios a irem além da tradicional obrigação legal de apenas buscarem o lucro. Os esforços mais avançados nesse sentido estão nos Estados Unidos, onde desde 2006 o B Lab existe para "estar a serviço dos empreendedores que decidem usar seus negócios como uma força para promover o bem". O "B", no caso, é a abreviação de "Benéfico".

Organização não lucrativa que atua em escala global para certificar empresas com fins lucrativos que alcançam parâmetros predeterminados de desempenho social e ambiental, o B Lab pontua cada empresa de acordo com 180 indicadores distintos de impacto. Os indicadores refletem a capacidade da empresa avaliada de cumprir certos parâmetros de desempenho social e ambiental, responsabilidade e transparência[101] – a empresa precisa alcançar uma pontuação mínima para conseguir o certificado, e é feita uma nova certificação a cada três anos.

Hoje existem cerca de 3 mil negócios certificados como B Corps, em 150 ramos de atuação diferentes e espalhados por 64 países – numa lista que inclui marcas como Patagonia, Warby Parker, Revolution Foods e Ben & Jerry's[102].

Como veremos no capítulo 4, até mesmo uma gigante como a Danone conseguiu certificar três das suas subsidiárias – o braço norte-americano da empresa é hoje a maior B Corp do mundo. Como resultado dos esforços do B Lab, um novo formato corporativo passou a existir desde 2010 nos Estados Unidos: a corporação beneficente.

O formato legal de corporação beneficente livra os negócios da obrigação de maximizarem seus lucros, permitindo que dediquem igual esforço à busca do impacto sem temerem providências legais da parte dos acionistas[103]. Sem o mandato tradicional de maximização dos resultados financeiros a todo custo, as corporações beneficentes podem tomar decisões que reflitam o interesse do seu corpo de funcionários, de sua comunidade e do meio ambiente, além de se preocuparem em gerar retorno financeiro para os acionistas. O formato lhes garante proteção legal para que possam agir de acordo com seus propósitos éticos.

Nos Estados Unidos, 34 estados já implementaram a corporação beneficente em suas legislações, e há outros seis em vias de fazê-lo[104]. Em meados de 2019, havia mais de 5.400 corporações beneficentes ativas nos Estados Unidos. A Patagonia e o Kickstarter são dois exemplos de empresas certificadas pelo B Lab e estabelecidas como corporações beneficentes.

Uma iniciativa semelhante vem acontecendo no Reino Unido, com a criação das Community Interest Companies (CICs) em 2005. A iniciativa é voltada para pequenas empresas, permitindo que elas usem seus lucros e ativos para promover o bem. Nos primeiros dez anos depois do lançamento, mais de 14 mil empresas foram registradas como CICs[105]. Essa tendência de criar legislação para valorizar o status de empreendimentos sociais vem se espalhando para outros países, como a França (que abordaremos no capítulo 6), Luxemburgo e Itália.

Redes de empreendedorismo de impacto

Para qualquer negócio que esteja começando, mentoria e investimentos de capital de lançamento são essenciais. Nas últimas décadas surgiram diversas organizações impulsionadoras que fomentam empreendimentos de impacto nos seus estágios iniciais, enquanto as inovações revolucionárias propostas por eles ainda estão tomando forma. A rede sem fins lucrativos Ashoka é um bom exemplo. Fundada por Bill Drayton em 1980 com o objetivo de mitigar a desigualdade por meio do empreendedorismo social, a organização identifica empreendedores com propostas de solução de larga escala para questões sociais e lhes dá apoio na fase em que eles estão se esforçando para implementar suas ideias. Os chamados "Ashoka Fellows" recebem um subsídio financeiro que permite que se dediquem a desenvolver os seus projetos de inovação social com a meta final de estabelecer organizações que sejam autossustentáveis.

Desde a sua fundação, a Ashoka construiu uma das maiores comunidades mundiais de empreendedores sociais, tendo apoiado mais de 3.500 deles em mais de 90 países[106].

A Echoing Green é outra liderança nesse setor. Essa organização global sem fins lucrativos atua desde 1987, fornecendo financiamento para a fase de constituição e suporte estratégico para organizações que, juntas, já ajudaram mais de 12 milhões de alunos de 3.700 escolas, 3,7 milhões de pacientes e 270 mil agentes comunitários de saúde[107]. A lista dos associados mais notáveis da Echoing Green inclui nomes como Wendy Kopp, cofundadora da Teach For America, organização sem fins lucrativos que capacita alunos recém-formados pelas faculdades e profissionais já atuantes no mercado para darem aulas durante dois anos em comunidades espalhadas pelos Estados Unidos e para além das fronteiras do país como forma de promover a equidade educacional.

Outra organização que fomenta os empreendedores geradores de grandes impactos é a Endeavor. Fundada em 1997 por Linda Rottenberg, ela atua em 50 sedes espalhadas pelo mundo, identificando, dando mentoria e coinvestindo recursos do seu capital de US$ 115 milhões nas iniciativas de negócio dos empreendedores de impacto[108].

Juntas, organizações de vanguarda, como a Ashoka, a Echoing Green e a Endeavor, impulsionaram o setor de empreendedorismo de impacto. Essas organizações se tornaram referência para novas iniciativas voltadas para alavancar o empreendedorismo de impacto pelo mundo todo e estimular a incorporação dessa nova mentalidade ao pensamento de negócios da atualidade.

Uma geração em ascensão de empreendedores de impacto

O estado em que o mundo se encontra exige que adotemos soluções inovadoras para os nossos desafios sociais mais prementes. Para os jovens empreendedores, os exemplos discutidos neste capítulo podem ser altamente inspiradores. No mundo inteiro já existem jovens empreendedores apresentando propostas inovadoras de solução para os problemas mais inquietantes que enfrentamos, capitalizando as novas tecnologias trazidas por seus predecessores. Quando miram ao mesmo tempo o lucro e o impacto, esses empreendedores conseguem definir maneiras de atingir seus objetivos sem precisar abrir mão dos retornos financeiros, e com frequência vêm transformando o impacto em fator determinante do seu sucesso. Por posicionarem o impacto como peça-chave dos modelos de negócio das suas empresas, eles veem seus lucros crescerem lado a lado com o impacto que conseguem gerar.

À medida que a tripla hélice risco-retorno-impacto desmonta a mentalidade de negócios vigente e que os governos criam novos incentivos para impulsionar o empreendedorismo de impacto, os empreendedores do setor deverão revolucionar as abordagens usadas para melhorar o planeta em que vivemos. A primeira geração de empreendedores de impacto já está nos mostrando como acelerar o progresso social, tornar a sociedade mais justa e potencializar os esforços de agências governamentais e de filantropos para melhorar as vidas das pessoas e ajudar o planeta.

Para aqueles que estão tendo a ousadia de liderar o rebanho, meu conselho é que se deem permissão para experimentar e cometer erros e que, acima de tudo, estabeleçam os objetivos mais ambiciosos para se dar bem *e* fazer o bem ao mesmo tempo. Os seus negócios criarão mudanças positivas, e vocês serão os que darão o exemplo a todos nós sobre como conseguir um equilíbrio mais saudável entre aquilo que fazemos por nós mesmos e o que fazemos pelos outros.

O meu lema é: "Comece cedo, pense grande e não desista". Escolha um problema que esteja afetando um número grande de pessoas e defina um produto ou serviço capaz de solucioná-lo. Posicione o impacto como a peça central do seu negócio e trate de mensurá-lo, em vez de simplesmente incluí-lo como uma meta paralela ou algo para ficar de olho ao longo do processo. Empenhe-se para que o seu impacto seja ao mesmo tempo amplo e profundo. Dessa maneira, quando o seu negócio alcançar o sucesso, ele terá chegado lá por ser lucrativo e também por causa do impacto que gera. Quando o impacto que você cria é um elemento intrínseco ao negócio da sua empresa, você pode permanecer tão focado nele quanto qualquer outro empreendedor ambicioso.

O impacto vai ajudar você a ter sucesso. Ele vai permitir que você recrute os melhores profissionais da sua área, porque os talentos se sentem atraídos por empresas que também fazem o bem. As melhores *startups* são aquelas que propõem soluções para desafios importantes, porque são elas que conseguem atrair as equipes mais bem capacitadas e mantê-las unidas em torno de uma missão inspiradora. Por fim, à medida que o investimento de impacto for ganhando impulso, os investidores começarão a bater à sua porta, porque você será uma das lideranças pioneiras de uma tendência de investimento que logo será dominante nos mercados financeiros.

Existe uma diferença marcante entre a geração anterior, de empreendedores de tecnologia, e esta que está começando a despontar, dos empreendedores de impacto: enquanto os empreendedores *techies* conseguiam prosperar apenas em poucos ambientes exclusivos, como o Vale do Silício, empreendedores de impacto podem prosperar onde quer que existam problemas sociais e ambientais a serem resolvidos. Todos eles partilham a mesma paixão e ambição de fazer a diferença no mundo e a mesma vontade de liderar um movimento de empreendedorismo que estabelecerá as normas para um mundo novo e melhor.

CAPÍTULO 3

O INVESTIMENTO DE IMPACTO FUNDAMENTA O NOVO NORMAL

*Nós precisamos passar a basear nossas decisões
no trinômio risco-retorno-impacto*

Quando Larry Fink, CEO da BlackRock e líder da maior agência de investimentos do mundo, passa a escrever cartas abertas fazendo um apelo para que as empresas passem a considerar o impacto ambiental que têm gerado, as pessoas param para prestar atenção. Quando trabalhadores começam a afirmar sua disposição de transferir suas poupanças de aposentadoria de empresas nocivas para outras que se mostrem socialmente responsáveis, os fundos de pensão param para prestar atenção. E quando as maiores empresas de combustíveis fósseis do mundo passam a ser pressionadas por um grupo de algumas centenas de investidores importantes para reduzir suas emissões de carbono, essas empresas não têm outra saída senão concordar com o pedido.

O que há em comum entre essas três ações? Todas elas foram iniciadas por investidores que começaram a se sentir mais e mais responsáveis pelo mundo onde vivem, e todas elas marcam um ponto de virada na maneira como esses investidores enxergam as empresas em que escolhem investir; cada vez mais eles reconhecem que, para mudar o mundo, precisarão mudar também a maneira de fazer negócios.

Cada um de nós pode usar o poder da posição pessoal para exigir melhores atitudes dos negócios que apoia, e nós podemos escolher direcionar o capital a quem se comprometer a criar um impacto positivo na sociedade e no planeta – como, por exemplo, as iniciativas de negócios que foram apresentadas no capítulo anterior. Em vez de ficarmos culpando o setor privado, nós podemos usar a força do nosso poder coletivo para fazer com que ele mude.

Dos Estados Unidos ao Japão, passando por França, Reino Unido, Escandinávia e Países Baixos, investidores estão começando a priorizar o impacto nas suas tomadas de decisão de uma forma como nunca se viu antes. Essa onda crescente e positiva é impressionante – ela vem acontecendo em escala global e em ritmo cada vez mais acelerado.

Nos últimos anos, investidores institucionais vêm se comprometendo cada vez mais com o princípio da Governança Ambientalmente Sustentável (ESG, na sigla em inglês), também conhecida como Investimento Responsável (RI), que tem como objetivo principal minimizar danos causados. Os investimentos são escrutinados em seu potencial de causar impactos negativos, a fim de excluir agentes nocivos, como empresas tabagistas ou de carvão, ou ainda aquelas que recorrem à mão de obra infantil. Nos últimos dois anos, o mercado ESG cresceu de US$ 22 trilhões para US$ 31 trilhões[1], correspondendo a uma parcela de 15% de todos os ativos disponíveis do mundo e a mais de um terço dos ativos geridos profissionalmente.

No âmbito da ESG, a crescente demanda de investidores por obrigações ecológicas é um indicador interessante da ascensão dessa nova maneira de investir. Uma obrigação ecológica é um título de crédito tradicional voltado para financiar projetos amigos do meio ambiente. A demanda por esse tipo de título disparou, passando a casa dos US$ 200 bilhões em 2019[2], subindo mais de 50% em relação aos valores de 2018[3] e alcançando um total de US$ 750 bilhões.

Não é de admirar que Peter Harrison, CEO da Schroders, gestora de ativos britânica avaliada em £ 450 bilhões (US$ 598,5 bilhões), tenha declarado que o impacto é, atualmente, uma "megatendência" no setor de investimentos.

Mas, justificadamente, os investidores têm se preocupado com o "impact washing", jogada de marketing que trata de simplesmente renomear atividades já existentes sob o selo do impacto, sem que haja de fato mudança real no impacto gerado. Existe, portanto, uma necessidade premente de critérios mais exigentes. Nós precisamos assegurar que a intenção de gerar impacto se traduza em mudanças verdadeiras, e, para isso, é preciso pensar em fazer a mensuração delas. E é aí que entra o investimento de impacto.

O investimento de impacto vai além do investimento ESG em dois aspectos: primeiro, ele almeja não só evitar impactos negativos, como criar de fato um que seja positivo; em segundo lugar, há uma ênfase na mensuração de todo impacto gerado. Os investimentos ESG não adotam parâmetros de mensuração; em vez disso, se valem de avaliações dos efeitos das políticas de cada empresa segundo critérios qualitativos e não padronizados. Avaliações nesses moldes carecem de precisão e impossibilitam comparações fiáveis entre empresas diferentes. Por outro lado, o verdadeiro investimento de impacto tira de cena as suposições e as substitui por dados rastreáveis sobre o impacto. Desde 2016, o mercado de investimento de impacto vem duplicando de tamanho a cada ano. Em 2017, ele foi estimado em US$ 230 bilhões; em 2018, estava na casa dos US$ 502 bilhões[4]; agora está chegando ao patamar do primeiro US$ trilhão.

A demanda por investimento de impacto é gigantesca. A International Finance Corporation (IFC), subsidiária do Banco Mundial, estima que a demanda dos investidores no momento passe dos US$ 26 trilhões, o que corresponde a 50 vezes o tamanho do mercado que havia em 2018. E, com uma demanda não atendida desse porte, nós podemos esperar que o mercado continue numa curva de crescimento acelerado ainda por muitos anos.

A razão mais simples por trás da escolha das maiores gestoras de ativos e fundos de pensão do mundo por priorizarem o impacto é que seus clientes estão exigindo isso, especialmente a parcela mais jovem. Segundo um estudo feito pelo US Trust, "os *millennials* estão investindo mais em organizações que priorizam o bem maior do que a geração anterior"⁵, e um relatório McKinsey divulgado recentemente afirma que essa mesma faixa da população é duas vezes mais propensa a investir em empresas que gerem impacto positivo na sociedade⁶. Os *millennials* estão na fila para herdar ao longo das próximas décadas uma enorme quantidade de dinheiro da geração de seus pais *baby boomers*, uma soma que chega à casa dos US$ 30 trilhões, apenas nos Estados Unidos⁷. Em vista disso, eles serão um fator determinante para provocar mudanças na maneira como seu dinheiro é investido.

À medida que os gestores de investimento de impacto demonstrarem sua capacidade de entregar uma combinação desejável entre impacto e retorno financeiro, o investimento de impacto se tornará, mais do que uma escolha moral, uma decisão de negócios sensata a ser tomada. E os investidores devem se dar conta de que nós poderemos aumentar o retorno não apesar do impacto, mas *por causa* dele.

E como isso é possível? Bem, como foi dito no capítulo anterior, otimizar o trinômio risco-retorno-impacto é também uma forma de reduzir o risco de diversas maneiras. Em primeiro lugar, isso evita os riscos trazidos por investimentos que são nocivos: riscos de regulamentações futuras, taxação ou mesmo proibição de atividades que talvez levem à estagnação completa do negócio em questão. Para citar um exemplo, um dos investidores mais sofisticados do mundo, David Swensen, da Universidade de Yale, recomendou recentemente aos CEOs das empresas – que fazem parte do portfólio de Yale – que reforcem a informação de que as mudanças climáticas são uma referência norteadora da política de investimentos de Yale. Ele solicitou que fossem fatorados os impactos dos combustíveis fósseis nos seus relatórios – sua preocupação é que seja implementada uma taxação do carbono, o que prejudicaria a sua rentabilidade.

Outro exemplo do "ativismo de acionistas" em relação a empresas poluentes foi a carta enviada por Sir Christopher Hohn, um dos mais bem-sucedidos gestores de fundos de cobertura do mundo, aos CEOs das empresas do seu portfólio. Ele demandou que eles reduzissem as emissões de gases do efeito estufa e passassem a divulgar relatórios a respeito de sua pegada de carbono. Os investidores, afirma Hohn, "podem usar seu poder de voto para forçar mudanças em companhias que se recusem a encarar com seriedade as suas emissões danosas ao ambiente. Os investidores têm o poder nas mãos e precisam utilizá-lo"[8]. Em resumo, provocar danos se transformou num negócio arriscado.

Empresas irresponsáveis incorrem ainda em outro risco, o de que consumidores, colaboradores e investidores decidam trocá-las por concorrentes cujos valores estejam mais alinhados com os seus. Ao escolherem priorizar o impacto, os investidores escapam também desse segundo risco.

Mas o impacto pode fazer mais do que reduzir riscos – ele pode também alavancar os retornos ao abrir portas para novas oportunidades. Por exemplo, uma empresa que fornece produtos de baixo custo para populações desfavorecidas pode não parecer à primeira vista uma grande oportunidade de investimento, mas, se ela estiver explorando uma imensa demanda latente, talvez isso acabe gerando maior lucratividade do que terão as concorrentes que atendam mercados mais estabelecidos.

Quando passamos a enxergar o mundo pelas lentes do impacto – como vimos anteriormente sobre investimentos de impacto –, descobrimos oportunidades para obter mais crescimento e retornos que de outra forma não seriam vistas. Em resumo, fazer o bem pode ser um excelente negócio.

Da mensuração de riscos à mensuração do impacto

A mensuração de riscos, que começou a ser feita na segunda metade do século XX[9], provocou efeitos profundos em portfólios de investimentos por todo o mundo. O conceito então recém-descoberto de retornos ajustados pelo risco levou os investidores a incluírem categorias de mais alto risco em seus portfólios de investimentos, em ocasiões em que houvesse uma expectativa de retorno suficientemente alta. Esse pensamento fez surgir a ideia de diversificação de portfólios, que, por sua vez, abriu uma porta para novas categorias de ativos com maior risco e maior retorno, que incluíram capital de risco, *private equity* e investimento em países emergentes. Como consequência do advento da mensuração de risco, a mentalidade de risco trouxe junto níveis de retorno mais elevados do que havia anteriormente, quando o investimento era limitado a ações e títulos do mesmo país do investidor em questão, como era a prática geral até a década de 1970.

Esse é um dado relevante porque o impacto pode ser mensurado de maneiras até mais fiáveis do que o risco, e, creio eu, nós estamos prestes a vê-lo começar a ser mensurado sistematicamente em contas financeiras ponderadas por impacto, que refletirão o impacto gerado pela empresa e a sua *performance* financeira ao mesmo tempo. Quando essas contas começarem a se estabelecer, a mentalidade de impacto passará a ter efeitos amplificados, da mesma forma que aconteceu anteriormente com a mentalidade de risco: os portfólios de investimento serão modificados para entregar impactos sociais e ambientais mensuráveis junto com o retorno financeiro.

Os títulos de impacto social, que examinamos no capítulo 1, são um bom exemplo das inovações trazidas pelo investimento de impacto. Como o retorno de um Título de Impacto Social é baseado na conquista de resultados sociais ou ambientais, a sua rentabilidade basicamente independe das flutuações das Bolsas de Valores e taxas de juros. O resultado disso é que os Títulos de Impacto Social reduzem a volatilidade e melhoram a geração de retornos de um portfólio em momentos de quedas das Bolsas ou picos de altas das taxas de juros.

Os Títulos de Impacto Social e DIBs também demonstram com clareza a lógica inerente ao modelo risco-retorno-impacto e que pela otimização dessa hélice tripla é possível alcançar uma "fronteira eficiente" mais elevada, na qual pelo mesmo nível de risco nós possamos obter retornos mais altos e um impacto maior. Em razão da importância dos fluxos de investimentos nas nossas economias, investimentos calcados em risco-retorno-impacto nos põem na estrada para economias de impacto, nas quais o impacto influencia cada decisão de investimento a ser tomada, e, em consequência disso, como veremos no capítulo a seguir, também cada decisão de negócios.

Elevando os parâmetros

Já existem diversas forças atuando para elevar os parâmetros relativos ao impacto, e entre as mais importantes está o Banco Mundial. Sob a liderança inspirada de Kristalina Georgieva, a IFC, ligada ao Banco Mundial, divulgou seu crucial relatório intitulado "A Promessa do Impacto", juntamente com os seus "Princípios Operacionais para a Gestão de Impacto", em abril de 2019.

Este último foi elaborado de modo a fornecer um "padrão de mercado para os investimentos de impacto", enfatizando a importância da verificação independente de resultados obtidos e tendo como objetivo que os "investidores busquem gerar impactos positivos para a sociedade paralelamente aos retornos financeiros de uma maneira disciplinada e transparente"[10]. Essas três palavras, "verificação", "disciplinada" e "transparente", são essenciais para que se elevem os parâmetros dentro do setor de investimentos de impacto.

Até o momento, os Princípios Operacionais da IFC foram adotados por mais de 80 investidores em âmbito global[11] – numa lista que inclui instituições de desenvolvimento multilateral, bancos, corporações, seguradoras e gestoras de ativos. Em conjunto, essas organizações detêm mais de US$ 350 bilhões de investimentos de impacto, número que equivale a 70% do total mundial no momento[12]. O CEO da IFC, Philippe Le Houérou, declarou que "já existe potencial para levarmos o investimento de impacto para o mercado *mainstream*".

Foco nos ODSs

Em 2015, o movimento do investimento de impacto ganhou foco e urgência por causa da divulgação dos Objetivos de Desenvolvimento Sustentável das Nações Unidas (ODSs) para melhorar o nosso mundo. Líderes de todo o planeta se reuniram para definir uma agenda de construção para um futuro mais justo e sustentável. Até 2030, a intenção é que se tenha alcançado uma lista de metas específicas em 17 áreas diferentes, o que inclui zerar os índices de pobreza e fome, haver água e energia para todas as pessoas, uma educação inclusiva e equitativa de qualidade, manejo ambiental e proteção aos direitos humanos.

Estima-se que, para financiar o cumprimento dos ODSs, será necessário um investimento adicional de US$ 30 trilhões ao longo da próxima década. Para alcançar esse valor, será necessário recorrer ao montante gigantesco de recursos financeiros do setor privado – uma quantia como essa não pode vir somente de governos e organizações filantrópicas. Se conseguirmos fazer com que os US$ 31 trilhões investidos nos ODSs entreguem impacto verdadeiro, o setor privado poderá suprir a lacuna. E, para que isso aconteça, teremos que implementar as mensurações de impacto nos fluxos de investimento dos ODSs.

Para ter uma perspectiva do que significam esses US$ 30 trilhões, é preciso entender que o *pool* de investimento global está estimado em US$ 215 trilhões. Como já foi dito, as doações feitas por fundações filantrópicas no mundo todo correspondem a cerca de US$ 150 bilhões anuais[13], ao passo que governos dos países da OCDE gastam US$ 10 trilhões todos os anos apenas em saúde e educação.

2016 – Fontes de Capital de Investimentos* (trilhões de dólares)	
Fundos de pensão	38,3
Seguradoras	29,4
Fundos de riqueza soberana	7,4
Indivíduos com patrimônio líquido elevado	72,3
Segmento Mass Affluent	67,2
Total de ativos *dos quais:*	**214,6**
Ativos globais sob gestão	**85**

*A Revolução na Gestão de Ativos e Riqueza: Abraçando Mudanças Exponenciais, relatório da PWC (2017)

2018 – Tamanho dos Mercados Financeiros (trilhões de dólares)	
Ações cotadas de valor global*	74,7
Mercado de títulos	102,8
Investimentos privados** - Capital de risco e private equity - Propriedades imobiliárias - Infraestrutura	5
Total	**182,5**

* SIMFA – FactBook dos Mercados Financeiros (2019)
**Análise McKinsey de Mercados Privados Mundiais (2018)

À medida que parâmetros rigorosos de mensuração de impacto forem implementados em todo o *pool* ODSs atual, convertendo os objetivos em investimento de impacto, e que novas formas de investimento de impacto começarem a crescer para além do *pool*, o investimento de impacto deve passar a corresponder a mais de 20% dos ativos investidos no mundo ainda na década de 2020, levando-nos à casa dos mais de US$ 40 trilhões. Mas como exatamente nós vamos chegar lá?

Quer seja um trabalhador que possui uma pensão, alguém que esteja investindo dinheiro por meio de uma agência gestora de ativos, um indivíduo que tenha uma apólice de seguro de vida ou alguém que seja rico o suficiente a ponto de investir por meio do escritório da própria família, todos esses agentes têm poder de influência sobre seus portfólios de investimentos. Exercendo esse poder para evitar empresas que tenham ações nocivas e preferindo aquelas que praticam o bem, todos nós poderemos ajudar a financiar o cumprimento dos ODSs e contribuir diretamente para a construção de um mundo mais equânime e sustentável.

Até o momento, os grupos investidores que vêm demonstrando maior progresso na direção dos investimentos de impacto são os fundos de pensão (US$ 38,3 trilhões) e as gestoras de ativos (US$ 85 trilhões). Vamos começar falando dos fundos de pensão.

Fundos de pensão

Quando você ouve a expressão "fundo de pensão", que imagem vem à sua cabeça? A maioria das pessoas não faz ideia de como o dinheiro guardado para sua aposentadoria é investido e do impacto que os nossos portfólios de fundos de pensão pode ter sobre o mundo – ainda assim, as ações das agências que fazem a gestão dos fundos de pensão têm um impacto gigantesco. Em escala global, os fundos de pensão detinham um montante de US$ 38 trilhões em 2016[14], o que corresponde a quase 20% do total mundial de ativos de investimento. Caso assumissem o compromisso de otimizar o trinômio risco-retorno-impacto, os nossos gestores de fundos de pensão seriam um apoio considerável ao cumprimento dos ODSs – e não existe motivo para que não comecemos a exercer mais influência sobre a maneira como o dinheiro reservado para as nossas aposentadorias vem sendo investido.

Aliás, já existe uma parcela considerável de donos desse dinheiro que deseja ver as agências gestoras dos seus fundos mais alinhadas com seus valores pessoais. Um relatório divulgado em 2017 pelo Big Society Capital do Reino Unido atestou que quase a metade de todos os poupadores deseja investir em empresas que espelhem os seus valores, sendo saúde, assistência social, projetos ambientais e de habitação as áreas mais citadas como prioritárias[15]. Há alguns entre nós que já estão transformando esse desejo em ação, o que vem se refletindo nas mudanças da abordagem adotada por agências gestoras de fundos de pensão no mundo todo. Pressionadas pelos titulares dos fundos e à luz da tendência que aponta para investimentos em ODSs, elas estão começando a fazer mudanças no formato de seus portfólios de investimentos.

As gestoras europeias, em especial as holandesas, vêm liderando esse caminho. Quando a ONU divulgou os ODSs, em 2015, os holandeses criaram um plano de ação para fomentar as novas metas:

um grupo de fundos de pensão, seguradoras e bancos se uniu e elaborou a Agenda de Investimentos Holandesa para os ODSs, lançada em dezembro de 2016.

A Agenda é um passo revolucionário na iniciativa de criar um consenso nacional de apoio aos investimentos sustentáveis. Ela reúne 18 signatários, que juntos gerenciam mais de US$ 3 trilhões em ativos, e inclui alguns dos maiores fundos de pensão do país, como o PGGM, que faz a gestão de € 218 bilhões (US$ 242 bilhões)[16], o APG, que faz a gestão de € 505 bilhões (US$ 561 bilhões)[17], e o MN, que faz a gestão de € 130 bilhões (US$ 144 bilhões).

Ao assinar a Agenda de Investimentos para os ODSs, o diretor de investimentos do MN, Gerald Cartigny, definiu a mentalidade por trás dela: "O foco apenas no retorno financeiro não é suficiente para garantir qualidade de vida aos futuros pensionistas. A motivação intrínseca à nossa iniciativa é integrar a sustentabilidade aos nossos portfólios de investimentos de modo a contribuir de todas as maneiras possíveis para os ODSs"[18].

O PGGM, uma das lideranças mundiais em fundos de pensão calcados na mentalidade do impacto, já investiu cerca de € 12 bilhões (US$ 13,3 bilhões)[19], em consonância com as quatro áreas temáticas dos ODSs: clima, alimentos e segurança alimentar, escassez de água e saúde, e assumiu a missão de chegar a um total investido de pelo menos € 20 bilhões (US$ 22,2 bilhões)[20]. Piet Klop, consultor sênior de investimentos responsáveis, afirma que a organização vem passando por uma transformação em sua cultura interna e que é "um passo e tanto nós assumirmos essa responsabilidade, buscarmos a mensuração e a eventual prática da gestão da entrega de impacto"[21].

De maneira semelhante, o PME, terceiro fundo holandês que representa trabalhadores da indústria metalúrgica e de engenharia elétrica, anunciou no início de 2017 que alinharia 10% do seu portfólio de € 45 bilhões (US$ 50 bilhões) com os ODSs. Essa nova estratégia deverá ter o foco em fontes de energia acessível e sustentável, no trabalho e no crescimento econômico, na área das inovações sustentáveis e de cidades sustentáveis. Ao final de 2018, o PME anunciou que 8,8% do seu capital investido já estava contribuindo para os ODSs, e que a meta era subir em breve essa margem para 10%[22].

O fundo de pensão dos servidores públicos holandeses, o ABP, anunciou que pretende duplicar os seus ativos alocados em "investimentos de alta sustentabilidade", chegando à marca de € 58 bilhões (US$ 64 bilhões). Suas causas prioritárias incluem a redução da pegada de carbono, investimentos em educação, o fomento de condições seguras de trabalho, o respeito aos direitos humanos e a erradicação do trabalho infantil[23]. O ABP também anunciou que deverá alienar a totalidade de suas participações na indústria tabagista e de armas nucleares – um montante estimado em € 3,3 bilhões (US$ 3,7 bilhões) –, e diversos outros dos grandes fundos de pensão no país também eliminaram empresas tabagistas dos seus portfólios nos últimos anos[24].

Um número cada vez maior de fundos de pensão de outros países, incluindo o norueguês KLP, a firma AP Funds, da Suécia, o dinamarquês Pension Danmark e o britânico National Employment Savings Trust (NEST), está seguindo na mesma direção, priorizando as preocupações específicas dos titulares dos fundos que gerem. Foi dessa forma que o NEST começou a mover seus ativos na direção de uma estratégia de investimentos "climaticamente consciente", que aplica menos recursos em empresas responsáveis por altas emissões de carbono e mais recursos em empresas de energias renováveis[25]. Mark Fawcett, diretor de investimentos do fundo, ressalta que os clientes mais jovens do NEST têm apenas 17 anos de idade. E afirma que, "na nossa posição de investidores responsáveis pela gestão em longo prazo dos recursos de nossos membros, nós não podemos ignorar os riscos representados pelas mudanças climáticas, e é por isso que estamos comprometidos em ser parte da solução desse problema".

No Reino Unido, o fundo de pensão do Banco HSBC elegeu um fundo voltado para as questões climáticas como a opção padrão para os seus investidores mais jovens[26]. Por volta de 60% deles têm menos de 40 anos, e o banco acredita que o foco no clima será um atrativo para esses clientes e que deverá mantê-los mais engajados com as suas escolhas de investimentos[27].

Como declarou Mark Thompson, diretor de investimentos da organização na época, "uma das crenças de investimentos do nosso comitê é que a incorporação da gestão do risco ODSs ao nosso processo padrão de investimentos está em consonância com o nosso dever fiduciário".

Por causa da forma como a maior parte dos fundos de pensão está projetada, os empregadores acabam tendo uma influência enorme sobre as escolhas de investimentos de seus empregados. Via de regra, são eles que escolhem as instituições financeiras com as quais vão trabalhar, o que reduz consideravelmente a gama de opções dos empregados. Além disso, cerca de 60% dos titulares de planos de aposentadoria em países como os Estados Unidos são inscritos nesses planos automaticamente[28], e são os empregadores que fazem todas as escolhas sobre como o dinheiro vai ser utilizado – empregadores esses que, em sua maioria, não escolhem alternativas socialmente responsáveis, e menos ainda investimentos calcados no impacto.

Para reparar essa situação, os franceses criaram um modelo que deixa o investimento de impacto ao alcance dos titulares dos fundos de pensão. Os "fundos solidários" 90/10 têm 10% dos seus ativos alocados para organizações classificadas com um "selo de solidariedade" especial, semelhante aos investimentos de impacto, e investe os 90% restantes em empresas tradicionais que cumpram parâmetros de responsabilidade social. Toda companhia francesa que tenha mais de 50 funcionários deve oferecer o modelo 90/10 como opção aos seus colaboradores[29]. Até 2018, mais de 1 milhão de pessoas havia investido nesses fundos, em um montante total de investimentos que chegava a quase € 10 bilhões (US$ 11,1 bilhões)[30].

Esse enfoque poderia ser facilmente replicado em outros países do mundo. O atrativo é que ele permite que contribuintes dos fundos de pensão tenham 90% dos seus ativos em investimentos ODSs, enquanto experimentam ao mesmo tempo um pouco do investimento de impacto. Por esse motivo, o Big Society Capital (BSC) e outros investidores do Reino Unido têm defendido que os "fundos de pensão sociais" sigam o modelo "solidário" francês[31].

Embora os Estados Unidos não estejam adiantados como a Europa, alguns dos maiores e mais influentes fundos de pensão americanos já estão avançando na mesma direção dos seus pares europeus. O California Public Employees' Retirement System (CalPERS) representa mais de 1,9 milhão de membros[32] e gerencia mais de US$ 380 bilhões[33]. Ele é um dos fundos de pensão mais volumosos do país, e, portanto, mudanças feitas por ele logo atraem a atenção do mercado[34]. O fundo se vale do seu poder e influência como grande acionista para pressionar as empresas a mudarem seu comportamento e a fazerem a coisa certa.

O CalPERS está, por exemplo, entre os principais intervenientes do Climate Action 100+, um grupo de investidores institucionais que vem tentando estimular mudanças nas políticas das empresas de combustíveis fósseis[35]. Até o momento, o grupo angariou o comprometimento de algumas das maiores marcas do setor: a Royal Dutch Shell assumiu metas específicas de redução nas suas emissões; a mineradora Glencore concordou em cessar a expansão dos seus negócios carvoeiros; e a transportadora de contêineres Maersk se comprometeu a alcançar a neutralidade de carbono até 2050.

O California State Teachers' Retirement System (CalSTRS), um "fundo irmão" do CalPERS, gerencia US$ 283 bilhões[36] e também se comprometeu com os ODSs. Ele avalia declaradamente uma lista de 21 fatores ODSs ao ponderar o risco de cada um de seus investimentos[37]. O fundo considera a prática de discriminação racial, de gênero, com base em deficiências ou outros fatores por parte da empresa como um fator de risco para investimentos de longo prazo, bem como o fato de uma empresa demonstrar "atenção inadequada com relação aos impactos das mudanças climáticas".

Assim como o CalPERS, o CalSTRS vem usando sua influência para pressionar as empresas a tomarem atitudes. Juntamente com o fundo de cobertura Jana Partners, o CalSTRS escreveu uma carta ao conselho diretivo da Apple demandando mais atitudes para assegurar que as crianças estejam usando os produtos da empresa de forma segura[38]. No documento, que citava pesquisas que associam o uso dos iPhones à incapacidade de concentração durante as aulas, além de apontarem riscos mais sérios para a saúde, como depressão e até mesmo suicídio, os investidores escreveram: "Nós entendemos que existe uma necessidade clara de que a Apple ofereça mais alternativas aos pais e ferramentas para ajudá-los a garantir que seus consumidores mais jovens estejam usando os produtos da empresa da melhor maneira". A carta mobilizou a atenção do mundo todo para essas questões e criou uma pressão significativa por uma atitude da empresa, visto que, em conjunto, os dois fundos eram donos de US$ 2 bilhões em ações da Apple.

A política do CalSTRS determina que o fundo tente dialogar com as empresas antes de optar por vender suas ações, mas o desinvestimento é sempre uma alternativa. Como diz John Chiang, integrante da diretoria do fundo e também tesoureiro do estado da Califórnia, "o diálogo é um primeiro passo importante e crucial, mas é preciso que as conversas resultem em ações efetivas, caso contrário o desinvestimento e outras possibilidades acionáveis devem estar ao nosso alcance".

Obviamente, como ressalta o diretor de investimentos do CalSTRS, Christopher Ailman, criar mudanças dessa maneira "é difícil à beça e é um processo lento", portanto o fundo já está tratando de aumentar seu percentual de investimentos calcados no impacto. Em 2017, ele comprou o seu primeiro título social, emitido por um braço do Banco Mundial, que deverá investir em companhias que usem matéria-prima fornecida por pequenos agricultores e fornecer serviços de saúde e educação acessíveis a populações de baixa renda. "Recorrer a veículos financeiros que gerem o potencial de nos sairmos bem enquanto ao mesmo tempo fazemos o bem é uma dupla vitória para nós", declara Ailman.

Mas o maior destaque do setor vai para o Fundo de Investimentos de Pensões do governo japonês, o GPIF, o maior fundo de pensão do mundo, que gerencia US$ 1,5 trilhão[39]. O seu diretor de investimentos, Hiro Mizuno, é um grande adepto dos ensinamentos de Ninomiya Sontoku, filósofo japonês do século XIX que postulava que "economia sem ética é um crime, e ética sem economia, uma fantasia"[40].

Mizuno é um dos maiores promotores da mentalidade do impacto no universo dos fundos de pensão. Em 2017, o GPIF elevou seus recursos alocados em investimentos ambiental e socialmente responsáveis de 3% para 10% de suas participações acionárias, um aumento de 1 trilhão para 3,5 trilhões de ienes (de US$ 9,5 bilhões para US$ 33,3 bilhões). Esse foi um fomento importante para os investimentos em ODSs em escala mundial, além de ter sido o potencial gerador de novos investimentos futuros nos mesmos moldes, caso fundos menores espalhados pelo continente asiático decidam seguir o exemplo[41].

Como parte de sua estratégia de investimentos em ODSs, o GPIF passou a adotar vários índices, como o FTSE Blossom Japan, elaborado a partir de parâmetros internacionais do ODSs, como as Metas de Desenvolvimento Sustentável das Nações Unidas[42]; o Índice Japonês de Empoderamento Feminino do MSCI (WIN); e o Índice de Lideranças ODSs Japonesas Selecionadas do MSCI, que faz o ranqueamento das empresas com os melhores perfis ODSs nos seus setores[43].

Se esses exemplos dão uma mostra de que uma parte do universo conservador dos fundos de pensão já está começando a se atrair pela nova mentalidade calcada em risco-retorno-impacto, ela ainda é bastante minoritária. Mas, como os administradores dos fundos devem prestar contas aos que investem suas poupanças de aposentadoria com eles, nós, como poupadores, temos o poder de exercer influência direta na forma como nossos portfólios são investidos – e agora é o momento de recorrer a esse poder.

Empresas de gestão de ativos levam o impacto para o *mainstream*

Quando se fala na transição para o modelo risco-retorno-impacto, os fundos de pensão são um dos dois agentes de destaque no momento; a outra posição fica com as firmas de gestão de ativos. O investimento calcado em impacto vem se tornando cada vez mais a norma entre os gigantes desse setor. O UBS, maior escritório gestor de patrimônio privado do mundo no momento[44], com US$ 2,7 trilhões em ativos[45], declarou publicamente que a sustentabilidade é uma "pedra angular" do seu negócio[46] e estabeleceu como meta levantar US$ 5 bilhões em investimentos de impacto de modo a alavancar os ODSs. O escritório já levantou US$ 325 milhões para o Rise, um fundo de investimento de impacto gerido pela TPG, que teve entre seus cofundadores o vocalista do U2 e notório filantropo Bono, um poderoso defensor do uso dos investimentos de impacto para promover o progresso social.

O UBS é um dos apoiadores dos ODSs e acredita que o capital privado terá um papel crucial para que os objetivos sejam alcançados. Desde 2018, o escritório triplicou os seus ativos ODSs, passando de

US$ 63 bilhões para mais de US$ 200 bilhões[47]. "Cada vez mais, os ODSs oferecem um norteamento para direcionar os engajamentos dos nossos clientes", afirma o diretor de investimentos sustentáveis e de impacto do UBS, Michael Baldinger.

Como a falta de informação pode afastar os investidores privados da aposta na mentalidade do impacto[48], o UBS ajudou a criar a Align17, uma feira digital de oportunidades de investimento de impacto[49]. E a sua Fundação Optimus é um dos investidores por trás do DIB (Development Impact Bond) Educate Girls na Índia (que examinaremos no capítulo 5). A partir do sucesso desse título, o UBS decidiu investir em outros dois DIBs no país, um projetado para reduzir a mortalidade infantil e materna no Rajastão[50], e outro voltado para promover melhorias na educação[51].

Goldman Sachs é outro nome proeminente entre os gestores de ativos que já estão envolvidos na área de investimentos de impacto. A firma foi uma das principais investidoras do primeiro Título de Impacto Social criado nos Estados Unidos, voltado para reduzir a reincidência criminal entre ex-internos libertados do Rikers Island, o maior complexo penitenciário da cidade de Nova York[52]. Em 2016, a Goldman Sachs assinou a aquisição do escritório de consultoria para investimentos de impacto Imprint Capital[53]. A essa altura, eles detinham cerca de US$ 500 milhões em ativos ODSs; em 2017, esse número havia disparado para US$ 10,6 bilhões[54]. Para John Goldstein, cofundador do Imprint Capital, os grandes investidores estão procurando destinar parcelas cada vez maiores de seus ativos para investimentos responsáveis. "Em vez de dizerem: 'por que não fazemos isso com uma parcela pequena dos seus ativos?', eles perguntam: 'por que não fazemos isso com o portfólio inteiro?'", relata Goldstein. Num movimento semelhante, a britânica Schroders fechou recentemente a compra do Blue Orchard Finance, especializado em microcrédito.

O interesse crescente pelo investimento de impacto também já está evidente em nichos especializados do mercado. Grandes nomes do *private equity* estão se movimentando na direção do impacto, e alguns já lançaram fundos de impacto especializados. Entre esses nomes estão o TPG, que até o momento levantou cerca de US$ 4 bilhões, Bain Capital, KKR e Partners Group. Indo um passo além,

Megan Starr, diretora global de impacto do Carlyle Group, anunciou que "já não é mais possível gerar taxas altas de retorno, a menos que o investimento seja calcado no impacto. Isso reflete a realidade econômica que temos"[55]. Os fundos de impacto dessas empresas têm o apoio de grandes investidores institucionais, bem como de investidores individuais com patrimônio elevado e de seus escritórios familiares. De acordo com o Global Family Office Report de 2017, cerca de 40% desses escritórios familiares tinham planos de aumentar a alocação de recursos em investimentos de impacto no ano seguinte[56].

Sara Ferrari, diretora do grupo mundial de escritórios familiares do UBS, afirma que essa mudança é um reflexo da influência crescente da geração dos *millennials* sobre os negócios de suas famílias. "Trata-se de uma oportunidade para que esses escritórios familiares usem a sua *expertise* em investimentos para converter objetivos sociais em conceitos financeiros", diz Ferrari. "Fazendo isso, eles podem ajudar a moldar o senso de propósito das famílias e a promover a coesão dentro delas." Sabendo que os bilionários do mundo estão prestes a passar um montante total de US$ 3,4 trilhões às mãos de seus herdeiros ao longo dos próximos 20 anos, o que corresponde a 40% da riqueza global dos bilionários do planeta, pode-se inferir que a tendência de mudança para a mentalidade do impacto deve continuar a crescer.

Grandes nomes do mercado já estão agindo para tornar os investimentos sustentáveis e em ODSs acessíveis também para os investidores comuns: Bank of America, Merrill Lynch e Morgan Stanley já oferecem fundos ODSs calcados em várias esferas de impacto aos seus clientes menores. O banco Morgan Stanley lançou, por exemplo, a sua plataforma Investing with Impact. Ela oferece mais de 120 produtos de investimento alinhados com uma variedade de áreas calcadas em valores éticos, que vão desde "princípios católicos" até igualdade de gênero e investimentos, em sintonia com uma postura consciente a respeito das alterações climáticas[57]. A instituição desenvolveu também um curso on-line para consultores financeiros projetado para ajudá-los a aprender mais sobre os investimentos em ODSs[58]. Promover a educação dos consultores financeiros pode ajudar a democratizar a mentalidade de impacto nos investimentos, uma vez que milhões de americanos recorrem aos serviços desses consultores para gerir seu dinheiro.

A maior de todas as firmas de gestão de ativos, a BlackRock, que tem sob a sua tutela quase US$ 7 trilhões, está confiante em que "o investimento de impacto é o futuro", nas palavras de seu CEO Larry Fink[59]. Fink acredita que adotar um modelo sustentável de investimentos, outro nome para os ODSs, não implica sacrificar retornos. "Em longo prazo, nós começaremos a colher evidências de que o investimento sustentável estará no mínimo equiparado ao de todas as modalidades principais. Pessoalmente, eu acredito que ele gerará retornos ainda maiores", afirmou ele.

Um número crescente de novas empresas especializadas em investimento de impacto está ajudando a demonstrar de que maneira essa modalidade pode entregar margens de retorno equiparadas aos valores de mercado. Desde que começaram a aparecer, no início dos anos 2000, essas empresas têm preparado o terreno para o movimento atual das grandes gestoras de ativos em direção à nova tendência, uma vez que construíram um histórico que dá credibilidade à área. Algumas de suas lideranças vieram de carreiras no setor financeiro, enquanto outras são egressas do mundo do empreendedorismo social. Juntas, elas criam exemplos de possibilidades diferentes de abordagens de investimentos com o propósito de gerar tanto impacto quanto retornos financeiros.

Um nome de destaque nesse grupo é a Generation Investment Management, agência de gestão de investimentos sustentáveis fundada por Al Gore e David Blood em 2004, que administra um montante de cerca de US$ 20 bilhões. A visão que ela propõe é o "Capitalismo Sustentável" – "sistema financeiro e econômico no qual negócios e investidores buscam maximizar a criação de valor em longo prazo, dentro de todas as métricas materiais dos ODSs"[60].

Outro investidor global especializado em investimentos de impacto, o Triodos Investment Management (com € 3,5 bilhões – US$ 3,9 bilhões de ativos sob a sua tutela)[61], é uma subsidiária do Triodos Bank holandês, instituição calcada na ética de responsabilidade ambiental fundada em 1980[62]. A sua estratégia envolve o apoio a fontes de energia verde e renováveis e a promoção da inclusão financeira por meio da oferta de crédito a microempreendedores[63], além de fomentar práticas agrícolas sustentáveis[64].

O Bridges Fund Management[65], do qual eu fui um dos cofundadores, é mais uma dessas lideranças pioneiras no cenário do investimento de impacto. Desde 2002, o Bridges utiliza o investimento de impacto como ferramenta para enfrentar desafios sociais importantes, tendo levantado mais de £ 1 bilhão[66] (US$ 1,33 bilhão) para serem investidos em empreendimentos de pequeno e médio portes, no mercado imobiliário e em organizações do terceiro setor no Reino Unido, nos Estados Unidos e em Israel[67]. Promoveu a criação de empregos em regiões desfavorecidas, gerando resultados melhores dos indicadores educacionais e de saúde e encontrando maneiras inovadoras de reduzir as emissões de carbono – tudo isso paralelamente à entrega de uma *performance* comercial consistente[68].

Existem outros escritórios pioneiros no setor de investimentos de impacto. A LeapFrog Investments, empresa fundada em 2007 por Andy Kuper, investe em ferramentas financeiras e serviços de saúde para consumidores desfavorecidos na Ásia e na África, e montou um portfólio que hoje abrange 180 milhões de pessoas atendidas[69]. A californiana DBL Partners, fundada em 2004 e hoje sob a liderança de Nancy Pfund, parte, como a sigla do nome sugere, de uma "base dupla" para sua estratégia de investimentos, mirando ao mesmo tempo em retornos equivalentes à primeira linha do capital de risco e no impacto positivo nas áreas social, ambiental e econômica, e conta com nomes como a Tesla na sua lista de investidas[70].

A Social Capital, outra firma de capital de risco originária da Costa Oeste americana, foi fundada em 2011 pelo ex-executivo do Facebook Chamath Palihapitiya e investe em empreendimentos tecnológicos inovadores para combater alguns dos "problemas mais complexos do planeta"[71]. A firma de capital de risco sem fins lucrativos nova-iorquina Acumen, fundada por Jacqueline Novogratz em 2001, está voltada para questões ligadas à pobreza, agricultura, educação, energia, serviços de saúde, moradia, água e saneamento básico na Ásia, na África e na América Latina. Outros nomes dignos de nota nesse setor são a Root Capital, fundada em 1999 em Massachusetts e focada em apoiar produtores rurais, e a Avishkaar, que foi fundada em 2001 e tem seu foco em promover o desenvolvimento de comunidades desassistidas na Índia[72].

Todas essas empresas especializadas em impacto são precursoras do novo movimento. A atuação delas comprova a coerência lógica, o poder e o sucesso da mentalidade de impacto nos investimentos, impulsiona agentes maiores a darem um passo além do modelo ultrapassado de risco x retorno e adotarem o que se baseia na hélice tripla do risco-retorno-impacto.

Redefinindo o investimento para uma nova realidade

Como podemos constatar, as lideranças do setor de investimentos estão se movimentando na direção do impacto. As gestoras de ativos têm lançado produtos para atender ao desejo de seus clientes por investimentos que melhorem as vidas das pessoas e o planeta, ao mesmo tempo que entreguem retornos financeiros atraentes. A chegada da contabilidade ponderada pelo impacto, que exploraremos em mais detalhes no capítulo seguinte, trará dados mais precisos para embasar suas decisões de investimentos e permitir que direcionem seus investimentos para empresas que entreguem impacto positivo.

O conceito do risco-retorno-impacto está se tornando rapidamente o novo normal para os investidores de perfil mais tradicional. Se queremos mudar o mundo, precisaremos primeiro mudar a maneira como fazemos negócios – a começar por onde e como investimos o nosso dinheiro. Muitos estão recorrendo aos ODSs. Investidores do mundo inteiro têm adotado os objetivos das Nações Unidas para suas próprias ações, remodelando suas estratégias de gestão de recursos e ofertas de produtos. E, à medida que os investidores institucionais adotam o impacto em suas estratégias de investimentos, eles impulsionam uma mudança gigantesca na economia global, transformando a economia de impacto numa realidade cada vez mais próxima.

Da mesma maneira que a mudança nos valores dos consumidores levou os investidores a transferirem seus recursos das empresas que provocam impactos negativos para aquelas geradoras de impacto positivo, as ações dos investidores estão, por sua vez, influenciando as empresas nas quais eles investem para que incorporem o conceito do impacto aos seus negócios. E essa será nossa próxima parada na jornada da Revolução do Impacto.

CAPÍTULO 4

INCORPORANDO O IMPACTO NOS NEGÓCIOS

O impacto pode ser mensurado e comparado

"Há uma revolução a caminho – e o que nós vamos fazer a respeito?" Essa foi a provocação lançada por Emmanuel Faber, CEO da Danone, durante o Fórum de Bens de Consumo de Berlim em 2017[1]. O líder da multinacional francesa de alimentos ponderou que, se o setor de alimentos tem motivos para se orgulhar de conquistas, como o acesso ampliado à nutrição, ele também vem sendo em grande parte responsável pelo aumento dos índices de diabetes e de obesidade, além de promover a destruição de recursos do nosso planeta[2].

"A comida é algo precioso", disse Faber, "e nós a tratamos como produto. Nós a transformamos em bem de consumo. Permitimos que as forças do mercado regulem a demanda e a oferta e, como seres humanos, temos o organismo programado para buscar por sal, gordura, açúcar... O sistema chegou a um limite e nós estamos forçando para além dele. Por que não paramos, então? Nós não paramos porque o consumidor não se dá conta da situação. E não se dá conta porque a indústria alimentícia desconectou as pessoas dos seus alimentos[3]."

Não contente em ter responsabilizado o setor de alimentos por empurrar produtos pouco saudáveis e "comoditizados", ele também defendeu uma completa redefinição do propósito do negócio em si. "A meta maior da economia de mercado não pode ser nada além da justiça social", declarou. "Essa é uma questão de bom senso empresarial[4]."

O CEO não estava apenas fazendo uma crítica à concorrência. Ele admitiu que embora o *slogan* da Danone fosse "Um Planeta. Uma Saúde", "você pode retrucar: 'Bela intenção, mas onde estão as provas?', e teria razão no questionamento". E também fez uma confissão: "Eu me envergonho de muitas das decisões que continuo a tomar. Estamos muito longe de sermos perfeitos"[5].

Na altura em que Faber proferiu esse discurso tão enfático, a Danone, que tem quatro linhas de negócio (Produtos Lácteos Frescos, Nutrição Infantil, Águas e Nutrição Médica) e gerou uma receita de US$ 28 bilhões em 2017, já havia começado a fazer experimentos com projetos de impacto social – embora ainda em escala reduzida[6].

Dois anos mais tarde, em agosto de 2019, um grupo influente de 181 CEOs de algumas das maiores empresas da América, conhecido como Mesa Redonda Empresarial, presidido pelo CEO da JP Morgan, Jamie Dimon, divulgou uma declaração sobre o propósito da atividade corporativa[7]. Em conjunto, as empresas do grupo empregam mais de 15 milhões de pessoas e geram mais de US$ 7 trilhões todos os anos[8]. A Mesa Redonda Empresarial é um representante poderoso e conservador de grandes empresas que, desde 1997, professa que as "corporações existem principalmente para servir aos seus acionistas" – ou, em outras palavras, que os negócios existem para gerar dinheiro.

A declaração de 2019 subverteu esse princípio, sugerindo que os negócios têm responsabilidades não apenas com seus acionistas, mas também com os consumidores, colaboradores e com suas comunidades. "Cada uma dessas partes interessadas é essencial", o texto afirma. "Nós estamos comprometidos a entregar valor a todas elas, pelo sucesso de nossas empresas, nossas comunidades e nosso país."

Na mesma semana em que a declaração da Mesa Redonda Empresarial foi divulgada, o presidente francês Emmanuel Macron convocou 34 empresas para uma reunião no Elysée Palace, à qual eu estive presente, e que marcou o lançamento de uma iniciativa chamada Negócios pelo Crescimento Inclusivo. Esse grupo de gigantes empresariais – que emprega mais de três milhões de pessoas – tem rendimentos de mais de US$ 1 trilhão. Eles se uniram para lutar contra a desigualdade por meio do "avanço dos direitos humanos no emprego direto e cadeias de abastecimento; da construção de locais de trabalho inclusivos; e do reforço da inclusão nas cadeias de valor das empresas e nos ecossistemas empresariais"[9], e, desde então, se comprometeram a dar passos efetivos para apoiar a igualdade econômica e a inclusão social[10].

Essas iniciativas vieram em seguida aos esforços para "criar novas normas de liderança corporativa" empreendidos pelo B Team, organização fundada em 2012 por lideranças empresariais de destaque, como Paul Polman e Richard Branson.

E o que está fazendo todos esses CEOs mudarem suas prioridades e voltarem seu foco para o impacto que seus negócios têm nas vidas de seus funcionários, de suas comunidades e no meio ambiente em vez de pensarem apenas em lucros? Resumidamente, eles estão vendo as mudanças nos valores de consumidores e colaboradores e perceberam que os investidores não estão alheios a essa transformação. Os empresários estão começando a se dar conta de que vão precisar entregar impacto positivo se quiserem continuar no mercado.

Como nós já vimos, os investidores estão direcionando US$ 31 trilhões para empresas que buscam criar impacto positivo. E, quando os investidores falam, o empresariado presta atenção. Não deve existir uma empresa no mundo cujo conselho diretivo já não tenha elencado o impacto como um dos temas das pautas de discussões.

A grande transformação no comportamento de consumo está clara para todos que quiserem ver. Um estudo recente feito pela Unilever constatou que um terço dos consumidores prefere produtos de marcas que eles acreditam estarem fazendo boas ações por causas sociais ou pelo meio ambiente[11]. E muitas outras pesquisas detectaram essa mesma tendência: os consumidores estão cada vez mais dispostos a apoiar empresas que tratem bem seus trabalhadores e gerem impacto positivo para a sociedade e para o planeta.

Hoje é mais fácil para os consumidores fazerem compras que estejam alinhadas com seus valores, comparado com qualquer momento do passado – existem até aplicativos que ajudam nessa tarefa. O Buycott, por exemplo, é um *app* que permite ao usuário "votar usando a carteira"[12], lançado em 2013 pelo programador Ivan Pardo, então com 27 anos. Por meio de escaneamento de qualquer código de barras, ele permite acesso a informações sobre a empresa que fabrica o produto em questão. Ela segue boas práticas de produção? Utiliza testes em animais? A empresa apoia causas de direitos humanos? E assim por diante[13]. O Buycott permite que usuários "levem a consciência às compras" em 192 países, reunindo informações sobre os produtos por meio da colaboração coletiva dos consumidores[14].

Pardo defende que "cada dólar que você gasta é um voto no tipo de mundo que quer ver. Eu penso que se você usa seus dólares para comprar produtos que apoiam coisas que vão contra os seus valores, está sendo cúmplice para permitir que esses valores sejam a norma[…] O que esperamos fazer é permitir que as pessoas utilizem suas decisões de compra para impulsionar mudanças no mundo"[15].

Um relatório recente da Accenture sobre o avanço das marcas movidas por propósito chama o que estamos vivendo de "era da visibilidade radical" e afirma que "as empresas estão sob um escrutínio que nunca tiveram que enfrentar antes enquanto disputam vantagens competitivas no contexto dessa nova realidade"[16].

Essa visibilidade radical tem criado uma onda de transformações em uma ampla variedade de produtos de consumo. A Coca-Cola vem reduzindo a quantidade de açúcar das suas bebidas[17]. A Nestlé está reduzindo os percentuais de sal e açúcar nos seus produtos[18]. A Mars está lançando petiscos mais saudáveis[19], ao mesmo tempo que adquire uma participação minoritária na marca de lanches saudáveis Kind[20]. A Nike passou a usar materiais recicláveis na linha de vestuário, e a Lego tem pesquisado "peças sustentáveis" fabricadas com plástico vegetal.

A Unilever, sob a liderança do CEO Paul Polman, reformulou linhas inteiras de produtos para reduzir seus impactos negativos no meio ambiente. Em 2013, a empresa lançou "desodorantes comprimidos" das marcas Sure, Dove e Vaseline[21], em versões spray que usam 50% menos gás em embalagens 25% menores, reduzindo a pegada de carbono de cada unidade em aproximadamente 25%. Além disso, a empresa convidou outros fabricantes a usarem a tecnologia das versões comprimidas nos seus aerossóis, fornecendo um "passo a passo" detalhado e compartilhando até mesmo informações sobre os fornecedores que os ajudaram a lançar seus novos produtos no mercado[22].

Além de reduzir a própria pegada ambiental, a Unilever também está ajudando seus consumidores a fazerem o mesmo por meio de produtos que economizam água. Nos países emergentes e em desenvolvimento, onde a água é um bem escasso, cerca de 40% do consumo doméstico é gasto na lavagem manual de roupas, sendo que o enxágue para remover a espuma do sabão consome 70% dessa água. A tecnologia SmartFoam, uma nova molécula antiespuma que desfaz mais depressa o sabão, permite que as famílias reduzam o consumo diário de água.

Outras multinacionais têm investido em novos materiais sustentáveis para suas embalagens. Em 2017, a Nestlé Águas começou a trabalhar com a Danone e com uma *startup* chamada Origin Materials num consórcio de pesquisas batizado de Aliança NaturALL Bottle, formado para desenvolver uma garrafa em bioplástico que seja 100% composta de materiais renováveis. Já tendo testado uma versão-piloto da sua tecnologia, eles hoje estão a caminho de implementar a nova embalagem em escala comercial[23].

Paralelamente, outras multinacionais, como a Coca-Cola, também vêm trabalhando para produzir plásticos de origem 100% vegetal em escala comercial. A Coca-Cola já tem uma garrafa composta parcialmente por bioplástico desde 2009: a PlantBottle é uma garrafa PET inteiramente reciclável e composta por 30% de material de origem vegetal[24]. Entre 2009 e 2015, mais de 35 bilhões de PlantBottles foram distribuídas em quase 40 países, evitando mais de 315 mil toneladas métricas de emissões de dióxido de carbono[25]. Estima-se que o mercado para o bioplástico deva alcançar o patamar de US$ 13 bilhões até 2023[26].

Com o crescente interesse dos consumidores em produtos geradores de impacto positivo como esse, não é de admirar que integrar o conceito do impacto seja uma prática boa de negócio. As marcas da seção "Vida Sustentável" da Unilever, que incluem

Knorr, Dove e Lipton, têm crescido 50% mais depressa que as outras marcas da empresa, correspondendo a mais de 60% do crescimento total do negócio[27]. Longe de ter limitado suas opções, a iniciativa de enxergar seu produto através das lentes do impacto está abrindo portas para novas oportunidades capazes de impulsionar o seu crescimento e a rentabilidade.

Os benefícios da mentalidade de impacto vão além dos resultados financeiros imediatos; incorporar o conceito do impacto aos negócios pode reduzir, em longo prazo, o risco de novas regulamentações e taxações que venham a penalizar, por exemplo, o uso de plásticos. Essa atitude também pode promover aumento da produtividade, corte de custos por meio da redução de resíduos, maior eficiência na cadeia de abastecimento e mais assertividade na aquisição e retenção de talentos.

Não é de admirar, portanto, que companhias com a certificação B Corp muitas vezes se mostrem mais capazes de atrair funcionários bem qualificados[28]. Os *millennials* representam metade da força de trabalho nos Estados Unidos[29]. De acordo com o Estudo sobre Engajamento de Funcionários Millennials da Cone Communications, feito em 2016, 75% desses trabalhadores afirmam que aceitariam uma redução de salário para trabalhar para uma empresa responsável, ao passo que entre trabalhadores de outras gerações esse percentual é de 55%[30].

Mas o que significa exatamente ser um negócio responsável? Qual é a diferença entre uma empresa que age de forma responsável com suas diversas partes interessadas e uma empresa focada em servir seus acionistas que façam doações em dinheiro para causas beneficentes? Como um negócio orientado pelo impacto difere de outro mais tradicional que pratique a filantropia por meio de seu orçamento para responsabilidade social corporativa, a CSR?

Michael Porter, professor de Estratégia na Harvard Business School e um dos mais reconhecidos pensadores sobre o papel do impacto nos negócios, cunhou uma definição precisa daquilo que nomeia como "valor partilhado"[31]: "Enquanto filantropia e CSR focam seus esforços em 'retribuir' e em minimizar o efeito nocivo que o negócio tem sobre a sociedade, o conceito do valor partilhado leva as lideranças empresariais a estarem focadas em maximizar o valor competitivo de oferecer soluções para problemas sociais, quer isso se faça por meio da conquista de novos públicos e mercados, quer por redução de custos, retenção de talentos ou uma variedade de outros caminhos possíveis"[32].

Empresas que levam a CSR a sério em geral fazem isso como uma demonstração de cidadania corporativa – elas abrem mão de parte dos seus lucros em vez de promoverem uma transformação profunda na maneira como fazem negócios. Os negócios que estão buscando integrar de fato o impacto geralmente começam por fazer uma análise dos seus produtos e serviços ou examinar os efeitos das suas operações sobre o ambiente. Os mais avançados nesse caminho têm se movimentado para incorporar o impacto em todas as instâncias de suas empresas, definindo metas mensuráveis de impacto a partir de parâmetros preestabelecidos, de modo a reduzir a criação de impactos negativos e direcionar o foco para o aumento do impacto positivo.

Muitas dessas companhias têm encontrado novas oportunidades para resolver problemas sociais ao desenvolver modelos de negócio centrados no impacto. Nas palavras de Michael Porter, "o propósito corporativo precisa ser redefinido em termos de criação de valor partilhado, e não apenas do lucro *per se*. É isso que vai desencadear a próxima onda de inovação e crescimento de produtividade na economia global"[33].

As lideranças empresariais mais inovadoras vêm provando que os seus negócios são capazes de aumentar, ao mesmo tempo, o impacto que geram e os lucros. Mas, como a transição de mentalidade de risco x retorno para a tríade risco-retorno-impacto afeta todos os aspectos de uma empresa, incluindo seus produtos e operações, aquelas que estão começando a avançar na direção do impacto estão fazendo isso de maneiras diferentes e começando a transformação por diferentes áreas.

Vamos examinar mais de perto algumas delas: a Danone e a IKEA estão atuando para integrar o impacto em toda a empresa, ao passo que marcas como Chobani e Adidas se esforçam para entregar geração de impacto por meio de um aspecto específico do seu negócio.

Encarando a realidade

Em 2005, Emmanuel Faber, então presidente do braço Ásia-Pacífico da Danone, marcou um almoço para reunir na mesma mesa o CEO da empresa, Franck Riboud, e Muhammad Yunus, ganhador do Prêmio Nobel e conhecido no mundo todo como o pai do microcrédito[34]. Nesse almoço, Yunus convidou Riboud para que "fosse até Bangladesh fundar seu primeiro empreendimento social"[35]. Riboud aceitou o convite, e, em 2006, o Banco Grameen e a Danone anunciaram a criação da empresa social Grameen Danone Alimentos[36].

Os índices de desnutrição em Bangladesh estão entre os mais altos do mundo. Para combater esse problema, a nova empresa foi criada com o propósito de fornecer copos de iogurte nutritivo a um preço acessível às crianças locais[37], depois que a Danone assinou um compromisso para reinvestir todos os eventuais lucros gerados em novas iniciativas de cunho semelhante[38].

Para o porte da multinacional, era um empreendimento minúsculo – a fábrica de iogurte inaugurada em Bogra tinha 1% do tamanho usual de uma fábrica Danone, e a capacidade de produção era limitada[39]. Mas, em termos de inovação, o projeto era um grande passo: o responsável pelo projeto das instalações, executivo veterano da Danone, afirmou que elas eram "mais avançadas do que as fábricas gigantescas que eu projetei para o Brasil, Indonésia, China e Índia"[40].

O produto em si também era inovador. A Danone precisou encontrar meios para incluir vitamina A, ferro, zinco e iodo no seu iogurte sem deixar o sabor azedo, mantê-lo refrigerado durante o transporte e manter o custo de produção o mais baixo possível, de modo que o preço na prateleira ficasse abaixo de 10 centavos de dólar por unidade[41].

Uma década depois da inauguração, o empreendimento vendia 100 mil copos de iogurte por dia, comprando leite de quase 500 produtores locais e empregando 250 mulheres para vender o produto de porta em porta[42]. E tomar um copo de iogurte por dia estava fazendo com que as crianças de Bogra ficassem mais altas[43].

Como uma matéria jornalística pontuou, aquela "fábrica minúscula" estava "dando uma lição proveitosa à empresa sobre fornecer produtos em países em desenvolvimento – e rendendo, inclusive, algumas dicas de negócios úteis para o contexto ocidental" em áreas como design da linha de produção e desenvolvimento de produto[44].

Para investir na Grameen Danone e em empreendimentos sociais similares, a Danone criou um grupo de fundos mutualistas voltado para dar suporte a inovações sociais sob a sua entidade de negócio Danone Communities. Numa parceria com o Crédit Agricole, um dos maiores bancos franceses, o fundo foi lançado com € 50 milhões (US$ 55,5 milhões) – sendo € 30 milhões vindos de investidores institucionais e € 20 milhões da Danone – e tinha como foco investir em empreendimentos socialmente responsáveis. Até 2018, a Danone Communities dera suporte a 11 empresas diferentes em 15 países[45], ajudando a "combater a desnutrição, aumentar o acesso à água potável de qualidade e quebrar o ciclo da pobreza nas regiões onde operamos"[46].

Em 2008, a companhia constituiu o Fundo Danone para a Natureza, um fundo no valor de € 40 milhões (US$ 44,4 milhões) criado juntamente com organizações conservacionistas com a ambição de "restaurar ecossistemas degradados, reestruturar economias locais e combater as mudanças climáticas"[47]. Anos depois, em 2015, a Danone e a Mars Inc. criaram o Livelihoods Fund for Family Farming, voltado para melhorar os meios de sustento dos pequenos agricultores que eram parte da rede de fornecedores das duas empresas[48]. O fundo de investimento permanente, no valor de € 120 milhões (US$ 133,2 milhões), estava aberto a empresas, investidores de impacto e instituições públicas de desenvolvimento[49].

Faber acredita que o trabalho da Danone em prol do impacto social fortaleceu a empresa em termos de retenção de talentos, porque os funcionários se identificam com a missão do impacto e dedicam-se a criar inovações que podem ser implementadas em todo o negócio, insuflam uma energia renovada na empresa e contribuem com novas perspectivas vindas de indivíduos que questionam os processos, levando, em última instância, à melhoria deles[50].

Para que o impacto social funcione no âmbito corporativo geral, Faber acredita que é necessário "ter um entendimento mais amplo de que você não está fazendo isso em nome do CSR, para ganhar espaço na mídia, como estratégia de relações públicas... e nem mesmo para manter sua consciência tranquila como indivíduo"[51]. A motivação verdadeira para a busca pelo impacto no âmbito corporativo geral, segundo Faber, é que as lideranças empresariais se deem conta de que a sua mentalidade está afastada da realidade[52]. Nas palavras do próprio executivo: "Os recursos do nosso planeta não são infinitos, funcionários e fornecedores maltratados não serão colaboradores muito produtivos, e querer operar um empreendimento sem ter em mente o bem-estar dos seus consumidores é um plano de negócios destinado ao fracasso mais profundo".

Essa mentalidade levou a Danone a buscar o impacto em todas as suas operações principais. Em 2018, o braço norte-americano da empresa se uniu à Danone britânica e à espanhola como parte dos B Corp, e hoje é a maior empresa do mundo a ter essa certificação. E a matriz da Danone no momento está empenhada em se tornar a primeira multinacional B Corp[53].

A Danone está no *ranking* da Forbes que elenca as 250 maiores corporações do mundo e aparece como a terceira marca a ter maior impacto sobre a saúde pública e a nutrição[54] – a meta assumida pela marca de promover "saúde por meio da alimentação"[55], portanto, vem tendo um efeito significativo. Como uma prova do seu empenho em fornecer produtos alimentícios nutritivos, a empresa fechou em 2017 a aquisição da produtora de alimentos orgânicos WhiteWave por US$ 12,5 bilhões, a maior compra feita por eles em dez anos[56]. A aquisição transformou a Danone na maior produtora de alimentos orgânicos do mundo[57] e garantiu à marca um bom posicionamento para atender à demanda crescente dos consumidores por alimentos de origem vegetal e livre de laticínios, um estilo de vida motivado por suas preocupações ambientais, éticas e de cuidados com a saúde[58].

A missão assumida por Faber de melhorar o impacto gerado no mundo pela Danone inclui não só a preservação da saúde humana, mas também a ecológica. Ao apresentar a nova política da empresa com relação às embalagens, em 2016, Faber declarou: "Nossa ambição é criar uma segunda vida para todas as embalagens plásticas que lançarmos no mercado, chegando a um percentual de 100% de reciclagem nesse quesito. E, como parte desse plano, temos também a meta de lançar um plástico de segunda geração originado 100% de fontes vegetais"[59].

Todas essas transições em direção ao impacto demandam o estabelecimento de metas claras e mensuráveis. A Danone anunciou que vai vincular suas metas de impacto aos ODSs[60]: a empresa assumiu o compromisso de chegar à neutralidade de emissões de carbono em 2050 e já tem metas intermediárias nesse sentido para 2030, trabalhando a partir dos 50% em redução de emissões dos seus setores de operações, embalagens e logística conquistados entre 2008 e 2016[61]. Faber declarou em uma entrevista que o estabelecimento de metas ambiciosas visando cenários de longo prazo tem sido essencial para o progresso da empresa: "Nós jamais teríamos avançado tanto com nosso programa de redução de dióxido de carbono em 2008 se tivéssemos nos comprometido apenas com uma redução anual de 2% em vez de termos assumido a meta de reduzir 30% em 5 anos, como fizemos"[62].

Em uma conferência em 2014, o ano em que assumiu o posto de CEO da empresa, Faber resumiu a sua filosofia dizendo: "Priorizar a economia sem considerar o lado social é barbárie; priorizar o lado social sem considerar a economia é utopia"[63]. Como ele próprio chegou a dizer em seu discurso no Fórum de Bens de Consumo em Berlim, "ao contrário da visão que Wall Street tenta nos vender, não existe uma mão invisível do mercado. E, especialmente, não existe mão invisível quando se trata de fazer a coisa certa ou errada"[64].

Uma empresa produtora de iogurtes norte-americana bem mais jovem, a Chobani, vem buscando começar a gerar impacto positivo por meio de sua política de empregos.

Transparência, comunidade, gratidão

No final de 2012, duas irmãs refugiadas do Oriente Médio chegaram aos Estados Unidos em busca de uma nova vida[65]. A longa e árdua jornada de Nisa e Amna começou com ameaças de morte e de ataques com ácido e incluiu terem sido transportadas na caçamba de um caminhão sem janelas e sem ar suficiente para respirar – e no qual uma das crianças que estava com elas morreu durante o trajeto[66].

Os traficantes de pessoas haviam separado as meninas de sua mãe durante a viagem. Uma noite, elas foram abandonadas em uma cidade na Ucrânia, onde não conheciam ninguém. As irmãs viveram por sua própria conta durante quatro anos; elas nunca voltaram a reencontrar a mãe, mas, por fim, com a ajuda de um grupo de assistência humanitária, acabaram sendo mandadas para a cidade de Twin Falls, no estado americano de Idaho[67].

A maior fábrica de iogurte grego do mundo havia acabado de ser aberta em Twin Falls, e as irmãs logo conseguiram trabalho na empresa. Nisa se lembra do dia em que estava trabalhando e pediu a um homem na fábrica que lhe desse licença para secar a água que havia no chão. "Ele olhou para mim e disse: 'Qual é o seu nome? De onde você veio?'. Quando ouvi essas perguntas, eu estava com tantas coisas acumuladas dentro de mim que comecei a chorar. O homem me deu um abraço e perguntou por que eu estava chorando. Havia muitas emoções dentro de mim. Eu contei a ele de onde tinha vindo, tudo o que nós tínhamos passado e como eu havia começado a trabalhar ali. E ele me falou: 'Fique tranquila. Você está num lugar seguro agora[68]'."

Esse homem era Hamdi Ulukaya, CEO e fundador da Chobani, a fabricante multibilionária de iogurtes[69]. Desde a fundação da companhia, Ulukaya, que insiste em afirmar que ele "não é um empresário", comanda a Chobani a partir de uma série de princípios essenciais que chamou de o "antimanual do CEO", num TED Talk de 2019. Esses princípios incluem transparência, senso de comunidade, gratidão, prestação de contas aos consumidores (em vez de aos conselhos diretivos da corporação) e responsabilidade[70].

Contratar pessoas refugiadas é uma das maneiras pelas quais Ulukaya cuida da sua comunidade. Em 2019, 30% do quadro de funcionários da Chobani era formado por refugiados e imigrantes[71]. "O setor privado conta com um incentivo poderoso para encontrar soluções inovadoras para uma crise que não poderá ser resolvida só com as ações de governos e de organizações de caridade", escreveu Ulukaya[72]. Para ajudar a mobilizar outros funcionários, ele também criou uma fundação de defesa de refugiados batizada de Tent Partnership for Refugees.

Sendo ele próprio um imigrante, Ulukaya passou a infância em um vilarejo de pastores nas montanhas de Alepo, na Turquia. Na juventude, na década de 1990, ele decidiu se mudar para Nova York para estudar Administração de Empresas[73]. Em 2005, Ulukaya havia comprado uma fábrica de iogurtes que passava por dificuldades financeiras em uma pequena cidade chamada South Edmeston, a 300 quilômetros ao norte de Manhattan. A fábrica ficava no chamado "cinturão da ferrugem" de Nova York, uma região que já fora um polo industrial forte, mas estava esvaziada economicamente e decadente desde os anos 1970.

Ulukaya tinha como meta levar aos Estados Unidos um iogurte de melhor qualidade, e em dois anos havia começado a produzir o chamado "iogurte grego", produto que então representava menos de 1% do mercado local de iogurtes na época[74]. Comparado aos concorrentes, o seu produto era "mais espesso, mais cremoso, menos doce e com maior percentual de proteína"[75].

Num período de cinco anos, a Chobani se tornou a marca mais popular de iogurte grego nos Estados Unidos e havia alcançado um faturamento de US$ 1 bilhão[76]. Muitas fontes creditam à empresa o crescimento do segmento de iogurte grego no mercado americano – em 2018, o produto correspondia à metade de todo o mercado de iogurtes nos Estados Unidos[77].

A companhia tem dado sinais de responsabilidade social desde os seus primórdios, oferecendo salários acima da média e apoiando as comunidades onde tem suas operações. "Talvez nem sempre tenhamos usado o nome sustentabilidade, mas trabalhar dessa maneira é parte do que nós somos", escreveu Ulukaya em um relatório sobre sustentabilidade em 2019. Esse mesmo relatório estabelecia como propósito da empresa "fazer com que o bem-estar universal seja alcançado mais cedo" e enumerava os seus cinco pontos focais para a manutenção da sustentabilidade: comunidade, operações, pessoas, responsabilidade e cadeia de suprimentos[78].

Esse relatório de 2019 também anunciava os nove "objetivos North Star" da Chobani, descritos como "tangíveis, monitoráveis e, acima de tudo, ricos em relevância para os próximos quatro anos do negócio". Os objetivos haviam sido projetados para serem ousados, para impulsionar a empresa e "fomentar inovação"[79]. A lista deles inclui o compromisso de alimentar as operações de fabrico com

100% de energia de fontes renováveis, neutralizar a pegada de água no fabrico, zerar o envio de resíduos para aterros sanitários, manter uma frota de veículos exclusivamente movida a combustíveis renováveis, buscar fontes sustentáveis de matéria-prima, zelar pelo bem-estar dos trabalhadores do setor de laticínios, utilizar embalagens sustentáveis, alcançar metas de inclusão e diversidade nos quadros e promover o fortalecimento das comunidades rurais por meio dos negócios, de ações filantrópicas e iniciativas que fomentem o desenvolvimento[80].

A Chobani já trabalhou bastante pelo fortalecimento das comunidades rurais. Em 2019, a sua base operacional em Nova York havia "contribuído para uma redução de quase 50% nos índices regionais de desemprego" ao longo de um período de cinco anos[81]. A empresa deu emprego a mais de 10 mil pessoas no estado, pagando aos seus funcionários salários 42% maiores comparados à média da remuneração no condado[82].

A Chobani lançou também um programa de participação acionária em 2016, depois de a empresa ter sido avaliada em diversos bilhões de dólares. Ao argumentar sobre as motivações que o levaram a partilhar seus lucros, Ulukaya disse: "Eu construí algo que nunca imaginei que alcançaria tamanho sucesso, mas não posso imaginar como a Chobani teria existido sem todas essas pessoas"[83]. Os funcionários da Chobani são donos de 10% da empresa[84].

A julgar pelas muitas iniciativas e práticas operacionais focadas no impacto, Ulukaya parece determinado a usar a Chobani como ferramenta para tornar o mundo um lugar melhor. "Para mim, o sentido da vida está em construir algo que vá criar mudanças positivas nas vidas das pessoas. Essa deveria ser a nova maneira de fazer negócios. Se a Chobani puder ser uma liderança nesse caminho, não apenas com os produtos que oferece, mas com o impacto que gera e o ambiente que cria, esse será um legado que vai me encher de orgulho"[85].

Se a Chobani resolveu começar pelo impacto no seu quadro de funcionários, a Adidas também já iniciou sua jornada na entrega de impacto focando um aspecto específico do seu negócio – pensando, no caso, no tipo de impacto ambiental que os seus produtos geram.

Feito para reciclar

Os 8,3 bilhões de toneladas métricas de plástico que já foram fabricados no mundo existem até hoje, e cerca de 3/4 deles transformados em lixo plástico[86]. Dessa quantidade colossal de plástico usado, menos de 10% passa por reciclagem[87]. Se nós continuarmos com a produção atual de plástico que vai parar no mar, em 30 anos a quantidade vai superar em peso todos os peixes que existem[88].

Em 2015, a Adidas, segunda maior fabricante de trajes esportivos do mundo, com vendas que totalizam quase € 22 bilhões (US$ 24,4 bilhões), iniciou uma parceria com a organização ambientalista Parley, que atua em prol da limpeza dos oceanos. A aliança visa encaminhar e reutilizar resíduos plásticos recolhidos nas praias e comunidades costeiras, "transformando o problema em solução" e criando "*sportswear* de alta *performance*". O plástico coletado, em sua maioria garrafas PET, seria encaminhado para fornecedores da marca em Taiwan para ser transformado em fio têxtil, utilizado na fabricação de produtos da linha Adidas Parley[89]. Cada par de tênis da linha teria o plástico de 11 garrafas[90].

Um ano depois de a parceria ter sido anunciada, a Adidas criou a primeira leva de "produtos de alta *performance* feitos a partir da reciclagem de plástico retirado dos oceanos", e em 2018 a marca já havia fabricado seis milhões de pares de tênis da linha Adidas Parley. Embora o projeto represente apenas uma fração dos 450 milhões de pares de tênis fabricados por ano pela empresa[91], a Adidas anunciou também que está comprometida com a meta de "passar a utilizar apenas poliéster 100% reciclado até 2024".

Mas até mesmo produtos feitos de plástico reciclado podem parar em aterros sanitários e nos oceanos, e foi por esse motivo que a Adidas assumiu o desafio de fabricar produtos com materiais que pudessem ser completamente reutilizados. Depois de seis anos de trabalho, em 2019 a marca anunciou o Loop, um tênis de corrida "feito para reciclar"[92]. Diferente de outros tênis, o Loop é totalmente feito de um único material, o chamado poliuretano termoplástico, ou TPU, e tem as diversas partes unidas por meio de calor, sem uso de cola. Desse modo, ele pode ser lançado inteiro – inclusive com as solas e cadarços

– em uma trituradora para ser granulado e gerar matéria-prima para a produção de um novo tênis[93]. Os primeiros 200 pares foram doados para uma etapa de testes beta, e a companhia tem planos de iniciar em breve as vendas do produto[94].

Embora os grânulos obtidos de um Loop ainda não sejam a quantidade de material necessário para um par novo, a Adidas espera alcançar a "circularidade total" – com uma proporção de 1:1 – num futuro próximo[95]. Cada par reciclado dos primeiros Loops a serem produzidos garante 10% do material para a produção de um tênis novo.

Tanto a linha Parley quanto a linha Loop foram desenvolvidas como parte do que a empresa batizou de "Futurecraft" – um laboratório de modelos experimentais que a marca "admite abertamente [serem] ...produto[s] com viabilidade mínima, que a Adidas em geral só é capaz de fabricar em tiragens limitadas"[96]. Mas a companhia tem planos para que eles tenham ganhos de escala rapidamente: Paul Gaudio, diretor criativo global da Adidas, estima que eles serão capazes de chegar à marca das "dezenas de milhões de Loops vendidos num espaço de três a cinco anos"[97].

O processo de "circularidade" do Loop ainda está em fase de lapidação – uma das ideias é que os tênis sejam vendidos com uma caixa para envio e etiqueta de devolução, de modo que, quando o consumidor esgotar o uso do par que comprou, ele possa simplesmente mandá-lo de volta à Adidas em troca de um novo, talvez num esquema que funcione como uma assinatura[98]. Eric Liedtke, membro do conselho diretivo, define a ideia da seguinte maneira: "O nosso sonho é que as pessoas possam continuar usando os mesmos tênis para sempre"[99].

Há quem questione se empresas como a Adidas, focadas em uma única dimensão da geração de impacto, são capazes de entregar um impacto positivo significativo de fato. Embora seja verdade que uma companhia é capaz de entregar um grau desejável de impacto por meio de apenas uma dimensão das suas atividades, ela pode, simultaneamente a isso, continuar gerando impacto negativo em outras dimensões. Por essa razão, é fundamental que as companhias almejem gerar o maior impacto líquido positivo possível na soma de todas as suas atividades. A IKEA é uma das empresas que vêm tentando fazer isso.

Vivendo dentro dos limites do planeta

Em 2018, a IKEA tinha 422 lojas em mais de 50 mercados e gerava um faturamento próximo de € 39 bilhões (US$ 43,3 bilhões)[100]. A empresa também utiliza 1% do suprimento mundial de madeira[101]. A presença global do negócio e sua capacidade de gerar impacto não passaram despercebidas aos olhos dos seus executivos: "Com o tamanho e alcance que temos, é possível criarmos inspiração e meios para mais de 1 bilhão de pessoas terem vidas melhores, respeitando os limites do nosso planeta", declarou Torbjörn Lööf, CEO do Grupo IKEA, dono da marca IKEA[102]. Jesper Brodin, CEO do Grupo Ingka, que possui e opera muitas franquias com a marca IKEA, declarou que a empresa estava comprometida com a sustentabilidade por três motivações principais: porque havia uma demanda dos clientes nesse sentido, porque gerir recursos escassos com responsabilidade era uma questão de sobrevivência e "porque nós acreditamos que isso é a coisa certa a ser feita"[103].

A estratégia de sustentabilidade da IKEA, conhecida como "Pessoas Positivas, Planeta Positivo", foi lançada em 2012. Em 2018, a companhia atualizou o projeto para alinhá-lo aos ODSs, voltando o foco para três áreas: "vida saudável e sustentável", "operação circular e positiva para o clima" e "sociedade justa e igualitária", que foram incorporadas à cadeia de valor da empresa[104]. As metas incluíam a eliminação de todo plástico virgem de origem fóssil dos produtos até 2020 e o uso exclusivo de materiais renováveis ou recicláveis até 2030, e há progressos sendo registrados na direção delas: em 2018, 60% dos produtos da IKEA já eram feitos com materiais renováveis, 10% eram de materiais recicláveis, e todo o algodão e 85% da madeira utilizada pela empresa vinham de fontes sustentáveis[105].

Segundo estimativas feitas pela empresa, de todas as suas emissões de gás causadoras do efeito estufa, a maior parte vinha das operações ligadas ao processamento de matérias-primas (38%) e do uso dos produtos pelos consumidores (23%)[106]. Além de ser conhecida no mundo todo por vender mobiliário a preços acessíveis, a IKEA tem uma outra reputação: a de produzir peças descartáveis em vez de móveis resistentes, e de que seus produtos logo acabam indo para o lixo[107]. Apenas nos Estados Unidos, todos os anos as pessoas descartam um total estimado em 9,7 milhões de toneladas de móveis que vão parar em aterros sanitários[108], um peso que equivale ao de mais de 7 milhões de carros pequenos[109].

Para combater esse ciclo de insustentabilidade, a IKEA se comprometeu a alcançar 100% de "circularidade" em suas operações até 2030. Isso significa projetar "todas as peças desde o primeiro momento para serem reaproveitadas, reformadas, reutilizadas, revendidas e recicladas", como declarou a diretora de sustentabilidade da marca, Lena Pripp-Kovac[110].

E será preciso também mudar o comportamento dos consumidores. "Nós vamos precisar lidar com o elefante que está na sala, que é a prática do consumo não sustentável", pontuou o diretor para questões climáticas da empresa, Andreas Ahrens, em 2019[111]. E foi por isso que, num "desvio radicalmente afastado do seu modelo de negócio tradicional", a companhia iniciou um projeto-piloto de *leasing* de peças de mobiliário na Suíça em 2019, afirmando que ele poderia abrir caminho para uma "expansão dos serviços de produtos por assinatura"[112]. Depois do final do período de *leasing*, o consumidor poderia escolher um produto diferente e a IKEA trataria de renovar os móveis devolvidos, "prolongando o ciclo de vida dos produtos"[113].

Iniciativas como essa têm gerado avanços na direção da meta assumida pela IKEA de reduzir em 15% a sua pegada de carbono. O compromisso é mais ambicioso do que pode parecer: levando-se em conta as projeções de crescimento da empresa, ele implica uma redução de 70% na pegada de carbono individual de cada produto da marca até 2030. A empresa também planeja lançar a venda de partes e peças avulsas, permitindo que os consumidores prolonguem a vida de móveis já retirados de linha, e ela já lançou programas de reciclagem para itens maiores, como colchões, em alguns dos países em que opera[114].

Outra forma pela qual a IKEA vem ajudando seus consumidores a terem vidas mais sustentáveis é por meio de mudanças no seu *design* de produtos – criando peças como um sofá que pode ser mais facilmente desmontável em partes recicláveis[115], cortinas que ajudam a manter o ar mais limpo[116] e eletrodomésticos com menor gasto de energia e que promovem a economia de água[117]. A companhia também passou a vender apenas lâmpadas de LED (que têm durabilidade 15 vezes maior que as incandescentes e usam 85% de energia a menos). Quem entrar em qualquer *showroom* da IKEA hoje verá muitos produtos feitos com materiais reciclados, como cestos criados a partir de garrafas PET, tapetes feitos de retalhos de tecido e frascos de *spray* feitos com o filme protetor usado para revestir os móveis[118].

A mentalidade do impacto também está começando a afetar as operações logísticas da companhia. A IKEA almeja "descarbonizar totalmente a sua frota de entregas", a começar pelas sedes de Amsterdã, Los Angeles, Nova York, Paris e Xangai. Como lembra Jesper Brodin, "a mudança climática não é mais uma ameaça, mas uma realidade". Os varejistas que trabalham com produtos de consumo de massa "simplesmente deixarão de existir, a menos que adotem modelos de negócios que atuem em harmonia com os recursos do planeta. Não existe contradição entre essa ambição e a nossa ambição como negócio"[119].

Esse tipo de visão tem se tornado cada vez mais prevalente. Mark Carney, por exemplo, ex-presidente do Bank of England, a instituição responsável por manter a estabilidade do sistema bancário britânico, fez um apelo às empresas para que incluíssem os riscos climáticos nas suas tomadas de decisões de negócios e divulgassem informações completas sobre a geração de impacto de suas operações. A Força-Tarefa para Divulgações Financeiras Relacionadas a Mudanças Climáticas (TCFD), estabelecida por ele em 2015, já atraiu mais de mil signatários, incluindo companhias nos setores de compostos químicos, energia e transportes, responsáveis por uma parcela considerável das emissões de carbono.

Já está claro que companhias como a IKEA desejam gerar impactos positivos no mundo, mas como poderemos quantificar e comparar esse impacto? Como poderemos saber em que momento marcas como IKEA, Adidas, Danone ou Chobani terão chegado a um ponto em que fazem mais bem do que mal para a sociedade e o meio ambiente?

O divisor de águas: contabilidade ponderada pelo impacto

Um dos princípios básicos da administração diz que não é possível gerir aquilo que não se pode mensurar. Dados precisos e métodos fiáveis de mensuração são essenciais para que se promovam mudanças reais, porque eles criam transparência, autenticidade e confiança. É por isso que implementar uma mensuração padronizada para o impacto é algo tão importante. É ela que consolidará o impacto em seu lugar de direito ao lado do lucro, permitindo que cheguemos a apurar o impacto líquido de uma dada empresa, ou seja, a sua *performance social e ambiental,* em última instância.

O trabalho com as métricas de impacto e a valoração do impacto não foi capaz, até agora, de desenvolver um sistema que possa mensurar e comparar o verdadeiro impacto líquido criado por empresas, mas houve progressos valiosos. O sistema B Lab provavelmente representa a melhor metodologia disponível para que os negócios façam a mensuração e divulgação do impacto que estão gerando. Fundado em 2006 por Jay Coen Gilbert, Bart Houlahan e Andrew Kassoy, o B Lab é uma organização sem fins lucrativos dedicada a "usar os negócios como uma força em prol do bem"[120]. Foi ela que criou o GIIRS, ou Sistema de Avaliação de Impacto Global, que avalia o impacto de todas as partes interessadas em um negócio, incluindo funcionários, consumidores e comunidades onde as empresas atuam[121].

Outras iniciativas incluem a GIIN, Rede Global de Investimento de Impacto, fundada em 2009, que oferece um catálogo de métricas padronizadas de avaliação de performance para empresas que recebem capital de investimento de impacto. O SASB, Conselho de Padrões Contábeis de Sustentabilidade, fundado em 2011, foca a sua atuação em atender às necessidades dos investidores – os indicadores SASB medem o impacto dos negócios em uma variedade de quesitos ligados à sustentabilidade. Os Parâmetros para o Relatório de Sustentabilidade da GRI, Iniciativa de Relatórios Global, foram lançados pela primeira vez no ano 2000, com o foco na sustentabilidade, transparência e divulgação de informações empresariais mais do que na mensuração de impacto. Há ainda iniciativas como os parâmetros desenvolvidos pela Aliança

Mundial de Benchmarking e pelo Conselho de Negócios do Fórum Econômico Mundial, que visam avaliar o desempenho de empresas em termos de sua contribuição para a obtenção dos Objetivos de Desenvolvimento Sustentável das Nações Unidas, ou ODSs.

Mas esses esforços ainda são apenas os passos iniciais da nossa jornada rumo a um sistema padronizado e abrangente de mensuração do impacto. Se investidores e as empresas nas quais eles investem estão mesmo dispostos a incluir de maneira adequada o impacto nas suas tomadas de decisão, eles precisarão adotar relatórios contábeis que demonstrem *tanto* lucros *quanto* o impacto que a empresa gera por meio dos seus produtos, de funcionários e operações, preferencialmente dentro de uma estrutura já consagrada pela contabilidade financeira tradicional.

E é por isso que a Iniciativa por uma Contabilidade Ponderada pelo Impacto, ou IWAI, vinculada à Harvard Business School, é tão importante. Lançada em 2019, a IWAI é um esforço conjunto entre o Grupo Conselheiro Global (GSG) e o Projeto de Gestão de Impacto (IMP). Sob a liderança do professor George Serafeim, a iniciativa vem delineando um modelo de contabilidade financeira que seja capaz de integrar o impacto que uma empresa cria. Trata-se de um projeto revolucionário, que reúne acadêmicos, empresários, companhias e investidores na busca por levar um passo adiante todo o trabalho pela mensuração do impacto já realizado até hoje.

Para que se chegue a uma contabilidade ponderada pelo impacto, é necessário atribuir um valor monetário aos impactos sociais e ambientais gerados pelas empresas. Essa monetização do impacto leva a teoria da carteira de investimentos a um nível mais adiante, permitindo que os investidores otimizem o trinômio risco-retorno-impacto da mesma maneira que já vinham fazendo com a lógica risco x retorno.

Mas como vai funcionar essa contabilidade ponderada pelo impacto? Os coeficientes do impacto serão aplicados às várias linhas de ganhos e perdas da empresa – vendas, custo de mão de obra, custo de produtos vendidos – para que se chegue a um lucro resultante ponderado pelo impacto, capaz de refletir o impacto gerado pela empresa sobre o meio ambiente, sobre as vidas das pessoas que emprega diretamente em sua cadeia de fornecedores e sobre os seus consumidores. E deverão ser aplicados de maneira similar para ponderar todos os ativos que apareçam no balanço da empresa.

Esses coeficientes de impacto serão estabelecidos por um conselho de contabilidade de impacto, nos moldes dos conselhos que já existem para a contabilidade financeira. A esse conselho caberá estabelecer os "Princípios de Impacto Geralmente Aceitos" (GAIP), para serem usados juntamente com os Princípios Contábeis Geralmente Aceitos (GAAP) da contabilidade financeira. Os GAIPs permitirão que as empresas divulguem seus balanços ponderados pelo impacto da mesma maneira que fazem com os balanços financeiros, possibilitando que todos nós avaliemos impacto *e também* lucro da maneira como já estamos habituados a fazer nas tomadas de decisões.

Ao monetizar o impacto que empresas têm sobre pessoas e o ambiente, a IWAI permite uma comparação rigorosa entre elas. Essa comparação deverá influenciar consumidores, investidores e colaboradores em suas decisões e, em última instância, afetar o valor da empresa em si. O resultado final será imenso, uma transformação essencial dos fluxos de capital, à medida que o nosso dinheiro começar a se movimentar pelo sistema em busca de onde houver impacto.

Tomemos como exemplo o impacto ambiental das empresas. A amostra da IWAI reúne, até o momento, mais de três mil e quinhentas empresas. Cálculos de uma estimativa monetária do impacto ambiental gerado por essas empresas, com base em informações disponíveis publicamente, fornecem *insights* interessantes. Coca-Cola e PepsiCo, por exemplo, que têm um histórico de rivalidade corporativa, apresentam, no entanto, pegadas ambientais (ou seja, a soma dos efeitos que as operações de cada empresa tem sobre o ambiente) notavelmente diferentes.

Em 2018, as vendas da PepsiCo (US$ 64,7 bilhões) foram equivalentes ao dobro das da Coca-Cola (US$ 31,8 bilhões), e, ainda assim, o custo ambiental anual estimado da PepsiCo ficou em US$ 1,8 bilhão, bem menos que os US$ 3,7 bilhões estimados para a Coca-Cola[122]. Essa diferença drástica em termos de eficiência ambiental pode ser atribuída principalmente aos comportamentos diferentes que cada empresa adota sobre a utilização da água: a Coca-Cola tirou do ambiente cerca de três vezes e meia mais água do que a PepsiCo em 2018, e mesmo assim devolveu uma quantidade muito menor que a da concorrente, resultando portanto em um uso total de água correspondente a cerca de cinco vezes o volume registrado pela PepsiCo. Apesar do fato de a Coca-Cola ter gerado a metade da receita da PepsiCo em 2018, o seu impacto apenas no quesito do uso da água resultou em um custo ambiental de US$ 2 bilhões, ao passo que o custo ambiental do uso da água pela PepsiCo ficou na casa dos US$ 408 milhões[123]. Esse exemplo demonstra como a mensuração pode revelar informações sobre o verdadeiro desempenho das empresas.

Outra comparação interessante é a da diferença entre os custos ambientais advindos das operações da Exxon Mobil, da Dutch Shell e da BP (sem levar em conta os custos ambientais dos seus produtos). Enquanto a receita de 2018 da Exxon Mobil ficou em US$ 279 bilhões, o seu custo ambiental estimado chegou à casa dos US$ 38 bilhões. Em comparação, a Shell teve uma receita no mesmo ano de US$ 330 bilhões e um custo ambiental estimado de US$ 22 bilhões. A BP, por sua vez, teve uma receita anual de US$ 225 bilhões e um custo ambiental estimado em US$ 13 bilhões. O destaque de empresa menos eficiente do ponto de vista ambiental fica, portanto, com a Exxon Mobil, que registrou uma intensidade ambiental (ou seja, a relação entre custo ambiental e receita da empresa) de 13,6%, contra 6,7% e 5,8% das concorrentes, respectivamente. Isso se deve em grande parte ao custo significativo das emissões de gases do efeito estufa da Exxon: chegando à casa dos US$ 40 bilhões, ele foi cerca de uma vez e meia maior que o das emissões da Shell e quase duas vezes maior que o das emissões da BP. A Exxon também registrou as maiores descargas de óxido de enxofre na atmosfera e o maior volume de captação de água do ambiente entre as três empresas[124].

Analisando os efeitos ambientais das emissões de gases do efeito estufa advindas das operações de empresas automobilísticas, constatamos que o prejuízo ambiental causado pela Ford chega à casa de US$ 1,5 bilhão, o que representa 1% da receita trazida pelas vendas da empresa. Comparando esses números aos de outras companhias do setor de porte semelhante, chegamos a um prejuízo ambiental de

US$ 2 bilhões causado pela General Motors, o equivalente a 1,4% da sua receita, e a um prejuízo de US$ 1 bilhão causado pela Daimler AG, conhecida como Mercedes, o que representa 0,5% da sua receita.

Em outras palavras, para cada US$ 100 em vendas no ano de 2017, as emissões de gases do efeito estufa advindas das operações da Ford provocaram um prejuízo ambiental de 1 dólar, enquanto o prejuízo provocado pela General Motors ficou em US$ 1,40, e o da Daimler AG, em US$ 0,50[125].

Ao mensurarmos os impactos operacionais dessa maneira, obtemos *insights* sobre o desempenho de cada companhia. Devido à ausência de esforços públicos até o momento para que se monetize o impacto no âmbito corporativo, os investidores não dispõem de dados brutos sobre o verdadeiro desempenho ambiental das empresas. Uma contabilidade ponderada pelo impacto, que permita que todos tenham acesso ao custo dos impactos ambientais e possam fazer comparações entre empresas individuais e setores da indústria, abrirá a possibilidade para análises mais precisas – o que, por sua vez, será fundamental para reduzir o prejuízo ambiental provocado pelas empresas e para que os objetivos ambientais possam ser alcançados.

O impacto ambiental das empresas não vem apenas das suas operações, mas dos produtos que põem no mercado. Para continuarmos no exemplo do setor automobilístico, vamos tomar a Ford como estudo de caso. As emissões advindas dos carros da marca podem ser calculadas a partir de dados disponíveis publicamente. Incluindo na conta as emissões saídas dos canos de descarga dos carros da Ford, considerando os quase seis milhões de veículos de passageiros da marca vendidos todos os anos (entre carros e caminhões leves de pequeno porte), assumindo que esses veículos são mantidos nas ruas rodando em média 21 mil quilômetros por ano, e combinando isso ao custo social do carbono, estimado em US$ 300 por tonelada, nós chegamos a um custo ambiental estimado para as emissões advindas dos veículos de passageiros Ford, vendidos em um ano, da ordem de US$ 8,8 bilhões anuais[126].

O impacto gerado pelos produtos de uma determinada empresa pode ser monetizado relativamente a uma série de outros aspectos, tais como a sua qualidade, acessibilidade e reciclabilidade. No que diz respeito à qualidade, um dos quesitos avaliados é a eficácia do produto. Para empresas do setor alimentício, como a General Mills, a eficácia do produto se reflete no seu perfil nutricional, ou seja, em quão saudável esse produto é para os seus consumidores. Recorrendo a dados disponíveis publicamente, estima-se que a General Mills crie US$ 698 milhões em valor a partir dos componentes de grãos integrais dos produtos que vende e US$ 639 milhões em custos advindos do percentual de gorduras trans dos mesmos produtos, resultando em um impacto líquido positivo de US$ 59 milhões. Esse cálculo foi feito a partir de elementos vindos de três fontes: os percentuais de grãos integrais de gorduras trans dos produtos da empresa[127], os seus dados de vendas[128] e o consumo individual de nutrientes recomendado anualmente[129].

Considerando-se que o consumo de grãos integrais está associado também a uma redução de 17% dos riscos de desenvolver doenças coronarianas, que o consumo de gorduras trans implica aumento de 23% nos riscos de desenvolver as mesmas doenças, e que a prevalência de doenças coronarianas é de 5,23% nos Estados Unidos[130], os custos médicos e de produtividade associados às doenças coronarianas também podem ser computados para se chegar ao valor líquido criado pela General Mills por meio desse aspecto da tabela nutricional dos seus produtos. Estimativas semelhantes podem ser feitas para calcularmos o valor ou o custo de outros nutrientes em produtos que estejam associados a aumento ou redução nos riscos de se desenvolver uma série de outras doenças, como sal, açúcares adicionados ou teor de fibras.

As empresas que vêm reagindo às tendências prevalentes da indústria e promovendo as transformações mais radicais no tipo de impacto gerado por seus produtos são aquelas que terão mais probabilidade de virem a atrair um interesse marcadamente aumentado da parte de consumidores e investidores. A contabilidade ponderada pelo impacto cria uma "corrida pelo pódio" entre marcas concorrentes, o que contribui tanto para melhorar o bem-estar das nossas populações quanto para reduzir os danos causados ao meio ambiente.

Até o presente momento, a visão prevalente tem sido de que não é possível mensurar o impacto de maneira confiável o bastante para que isso seja verdadeiramente útil. Entretanto, para citar as palavras de John Maynard Keynes, "é melhor estar mais ou menos certo do que errar com exatidão". Nós não precisamos de mensurações de impacto que alcancem 100% de precisão – só precisamos que elas sejam suficientemente confiáveis. Como lembra o professor George Serafeim, a mensuração do impacto "deve acontecer, pode acontecer e já vem acontecendo", como comprovam as evidências demonstradas nos exemplos citados.

Eles também mostram por que não basta mensurar apenas alguns impactos específicos criados pelas empresas. Para que os investidores e outras partes interessadas possam fazer escolhas inteligentes, nós precisamos mensurar todos os impactos importantes que uma empresa gera, determinar valores para eles e fazer com que esses valores estejam refletidos na sua contabilidade financeira. Uma vez que isso começar a ser feito, nós teremos bastante escopo para refinar nossos sistemas de contabilidade ponderada pelo impacto ao longo do tempo, do mesmo modo que fizemos com as metodologias de contabilidade financeira. A estruturação e implementação dos GAIPs, os Princípios de Impacto Geralmente Aceitos, é um processo que ainda levará tempo, mas precisamos nos lembrar de que a contabilidade financeira que utilizamos hoje levou quase um século para ser totalmente ajustada. Toda jornada precisa começar com um primeiro passo.

Há quem possa argumentar que a contabilidade ponderada pelo impacto terá que envolver uma necessária reavaliação da maneira como estruturamos os fundamentos contábeis por trás dela. Isso certamente é verdade, mas precisamos reconhecer que a mesma coisa se aplica no caso da contabilidade financeira que já existe. Basta ver a decisão recente quanto aos Princípios Contábeis Geralmente Aceitos nos Estados Unidos de modificar o tratamento adotado para os *leases*. Essa decisão, baseada em uma reavaliação, resultou em consequências colossais para os balancetes das empresas. Nós não devemos ter medo de fazer reavaliações.

Quando os investidores puderem analisar relatórios contábeis ponderados pelo impacto, eles começarão a comparar ao mesmo tempo os desempenhos financeiros e o quesito do impacto entre as empresas. Analistas financeiros começarão a buscar correlações entre o impacto gerado por uma empresa, seu crescimento e lucratividade, e o dinheiro começará a fluir na direção dos negócios que se saírem melhor na tarefa de otimizar o trinômio risco-retorno-impacto, o que deverá provocar uma mudança significativa no comportamento geral das empresas.

Até mesmo as divulgações menos abrangentes da ESG estão tendo efeitos sobre o valor das empresas. Em uma entrevista recente para o *Financial Times*, Savita Subramanian, chefe de estratégia de ações para os Estados Unidos do Bank of America, declarou que o melhor indicativo de risco para a receita futura de uma empresa são os dados ESG, e que "métricas financeiras tradicionais", como qualidade dos lucros, alavancagem e rentabilidade, "não chegam perto de se comparar às métricas de ESG como indicativos de risco para lucros futuros ou volatilidade nos lucros". O mesmo artigo prosseguia afirmando que os gestores de investimentos estão começando a reconhecer que "empresas com características fundamentais similares em um mesmo mercado de ações podem obter valorações marcadamente distintas, a depender da qualidade dos seus relatórios de ESG divulgados"[131].

Quando a IWAI, ou alguma iniciativa semelhante, tiver criado uma metodologia capaz de quantificar o impacto de uma forma que seja confiável para os investidores, esse jogo deverá mudar ainda mais. O impacto das empresas deverá ter uma influência enorme sobre o capital, os talentos e os consumidores que elas serão capazes de atrair.

Negócios que falhem em apresentar não só um desempenho financeiro atraente, como também números expressivos no quesito do impacto, serão ultrapassados por concorrentes recém-chegados ao mercado. Eles serão como as Blockbusters e Kodaks da sua época, enfrentando o risco de serem extintos por causa de sua lentidão para se adaptarem às transformações à sua volta. E é dessa forma que essa nova metodologia contábil deverá impulsionar soluções novas e altamente impactantes para os nossos maiores desafios sociais e ambientais.

Criando incentivos para que as companhias entreguem um impacto capaz de maximizar sua margem de lucro ponderada pelo impacto, a contabilidade ponderada pelo impacto deverá ajudar a reduzir as desigualdades econômicas e a preservar o meio ambiente. As empresas serão incentivadas a desenvolver produtos que gerem mais valor para o dinheiro empregado neles, que atendam a comunidades desfavorecidas, que reduzam os impactos negativos e criem mais impacto positivo para o meio ambiente. Elas serão incentivadas a melhorar as condições para os seus funcionários, a criar programas de capacitação, pagar salários mais justos, a dar empregos para indivíduos que geralmente são excluídos do mercado de trabalho e a manter a diversidade étnica e de gênero. Em suma, o uso da contabilidade ponderada pelo impacto deverá estabelecer novas normas de comportamento no mundo empresarial.

Imagine um mundo com empresas empenhando-se ativamente em melhorar a sua pegada ambiental, reduzindo suas emissões de gases prejudiciais, limitando o consumo de água, lançando no mercado produtos alimentares mais saudáveis e desenvolvendo medicamentos mais eficazes e acessíveis. As possibilidades são ilimitadas.

Uma mudança assim não é utópica – na verdade, aliás, ela já aconteceu antes no nosso planeta. No período que se seguiu à Quebra de Wall Street, em 1929, as pessoas passaram a se questionar como os investidores poderiam ter elementos para decidir em quais empresas investir, num contexto em que cada um escolhia a sua firma e metodologia própria de contabilidade, e não existiam auditores no processo. Nessa época, houve líderes empresariais que afirmaram que a implementação da proposta da SEC, a Comissão de Valores Mobiliários dos Estados Unidos, dos princípios contábeis geralmente aceitos e das auditorias, seria o fim do sistema capitalista americano; olhando em retrospecto, hoje, nós nos perguntamos como as gerações anteriores foram capazes de se orientar no mercado de investimentos por tanto tempo sem poderem contar com qualquer informação fiável sobre a rentabilidade das empresas. Um dia, o mesmo será verdade em se tratando da contabilidade ponderada pelo impacto.

No momento em que as empresas se convencerem de que a contabilidade ponderada pelo impacto é uma realidade premente, elas começarão a coletar os dados necessários para calcular e administrar o impacto que geram. A transição do sistema existente para um capaz de criar impacto positivo implicará certos custos, mas, como eu gosto de dizer, agir com princípios pode ter custos, mas no final das contas é sempre um bom negócio. Empresas sem integridade em seus impactos correrão o risco de perder clientes, investidores e talentos. Citando as palavras de Warren Buffet, "é só quando a maré baixa que você consegue ver quem estava nadando sem roupa"[132]. Depois que a maré baixar e que a contabilidade ponderada pelo impacto tiver se tornado uma prática comum, todos ficarão espantados com a ideia de que houve um tempo em que as empresas eram capazes de tomar decisões apenas pautadas nos lucros.

CAPÍTULO 5

O DESPONTAR DA FILANTROPIA DE IMPACTO

Nós devemos direcionar todos os nossos recursos para a obtenção de resultados

Como nós acabamos de ver, uma metodologia de mensuração do impacto será a chave para a entrega de impacto positivo no meio empresarial, mas ela também será fundamental para desbloquear o potencial mais completo da filantropia. E eu vou explicar os motivos.

Cerca de 25 mil empresas americanas alcançaram um patamar de US$ 50 milhões em vendas num período de 25 anos, enquanto apenas 144 organizações sem fins lucrativos conseguiram obter esse mesmo resultado[1]. Por quê? Entre 1,5 milhão de organizações do terceiro setor registradas nos Estados Unidos, somente 5% conseguem receitas acima de US$ 10 milhões anuais. Por que existem tantas entidades de caridade americanas fazendo um bom trabalho em escala reduzida? Pense no impacto que uma instituição de caridade no valor de US$ 50 ou US$ 500 milhões poderia gerar sobre a comunidade que ela se dedicar a apoiar – por que será que tão poucas organizações conseguem chegar a operar nessa escala? Bem, a principal razão é o modelo de filantropia que nós costumamos adotar, e que está começando a ser transformado pela mentalidade do impacto.

Para compreendermos a mudança que o impacto está provocando, primeiro precisamos examinar de que maneira e por quais motivos a filantropia tem operado inadvertidamente para barrar o crescimento da maior parte das organizações sem fins lucrativos. A ausência de um sistema comumente adotado para a mensuração do impacto tem afetado a maneira como as doações para a caridade tradicionalmente são feitas. Até muito recentemente, a filantropia girava exclusivamente ao redor de doações e auxílios. A maior parte das fundações partia da crença de que a maneira mais apropriada para ajudar os desvalidos era por meio da caridade, traduzida em quantias de dinheiro doadas para financiar atividades sem nenhuma mensuração mais rigorosa dos resultados gerados por elas.

Ao longo do último século, organizações de caridade fundadas por indivíduos e famílias abastadas tiveram um crescimento considerável, tornando-se institucionalizadas. E, nesse processo, elas desenvolveram certos hábitos prejudiciais. Por exemplo, como adotaram o uso de um formato majoritariamente qualitativo em seus relatórios sobre os resultados gerados pelas doações, muitas fundações tentam espalhar o máximo possível o dinheiro de que dispõem, fazendo doações pequenas por períodos relativamente curtos. Elas concedem doações a prestadores de serviços assistenciais durante dois ou três anos, e então passam a ajudar alguma outra organização desse tipo. Afinal, se você não sabe exatamente quantos benefícios está gerando com o seu dinheiro, fica difícil ter convicção suficiente para apostar no trabalho de uma única organização em longo prazo. Portanto, na ausência de metodologias mais rigorosas de mensuração do impacto, a maior parte das fundações exige que as organizações apoiadas gastem o mínimo possível em encargos gerais, como uma tentativa de garantir que o máximo de dinheiro vá chegar de fato às mãos dos necessitados.

O resultado disso é que a imensa maioria das organizações sem fins lucrativos financiadas por elas não consegue crescer nem sair do aperto financeiro. Das mais de 5.400 entidades sem fins lucrativos americanas que responderam ao último Censo do Terceiro Setor realizado no país pelo Non-Profit Finance Fund, capitaneado por Antony Bugg-Levine, quase três quartos declararam ter registrado um aumento na demanda por seus serviços, mas a metade delas se via incapaz de atender a essa demanda – um resultado que já vinha sendo registrado da mesma maneira nos dois anos anteriores[2]. Se uma empresa tem aumento na demanda, ela passa a vender mais produtos, a ganhar mais dinheiro, investir mais e se manter numa trajetória de crescimento. No terceiro setor, entretanto, o aumento na demanda significa que as organizações terão que dar as costas a pessoas necessitadas. E elas muitas vezes nem chegam a ter acesso ao dinheiro de que necessitam para crescer, porque as fundações que as financiam já voltaram o foco para uma nova apadrinhada.

Quem precisa lutar para manter a cabeça fora da água não tem margem de manobra para correr riscos. Para a maior parte das organizações sem fins lucrativos, é impossível querer experimentar novas abordagens para solucionar as questões sociais em que atuam. Experimentos acarretarão inevitavelmente algum fracasso ocasional, e qualquer fracasso pode afastar as fundações que financiam as suas atividades. Assim, a maior parte das prestadoras de serviços assistenciais é obrigada a pensar apenas na sua sobrevivência mais básica e cotidiana, sem condições para fazer planejamentos de longo prazo para incrementar o seu crescimento ou *performance*. A pressão constante pela redução de encargos impede que elas paguem salários competitivos e possam atrair profissionais qualificados – à exceção daqueles que são indivíduos abnegados e dispostos a trabalhar em troca de menos dinheiro.

A impossibilidade de mensurar o impacto está na raiz de todos esses problemas[3]. Muitas pessoas que trabalham no terceiro setor ou em empresas movidas por propósito têm a crença de que as metodologias de mensuração são necessariamente complicadas e caras demais para serem adotadas por organizações pequenas e com permanentes dificuldades financeiras. Há quem acredite também que mensurar o impacto abalaria de maneira prejudicial o *status quo*, e muitos se sentem desconfortáveis com a ideia de ter filantropos avaliando o desempenho das organizações do terceiro setor e premiando com investimentos os *top performers*. O que todas essas pessoas não estão enxergando, entretanto, é que o modelo atual de filantropia acarreta um grau imenso de ineficácia, e muitas vezes leva as organizações a se manterem mais focadas em garantir financiamento do que em entregar impacto de fato.

Sem terem como mensurar o impacto, os filantropos não têm como garantir que as organizações assistenciais recebam as grandes somas de dinheiro necessárias para lidar com os desafios que temos enfrentado como planeta e sociedade. Se puderem contar com uma metodologia de mensuração de impacto, os filantropos terão como fazer uma distribuição mais eficaz das doações, como atrair investimentos do setor privado e estimular as organizações assistenciais a apostar em inovação e na ampliação das suas entregas. Os investidores do impacto querem ver um retorno mensurável em termos financeiros e do impacto gerado. Eles querem que as organizações que apoiam estejam dispostas a correr riscos e a fazer apostas ambiciosas em termos de crescimento e desempenho. E o que já estamos vendo hoje, graças a alguns avanços inspiradores, são colaborações entre fundações e investidores, governos e organizações assistenciais para permitir que a filantropia adapte algumas das melhores ferramentas empresariais e as utilize de modo a gerar o maior impacto possível para a sociedade e o ambiente.

Títulos de impacto social: o catalisador

A filantropia de impacto, que pode assumir muitas formas, oferece uma nova alternativa para os modelos tradicionais de concessão de recursos. E o catalisador mais importante dessa nova abordagem são os Títulos de Impacto Social. Quando o primeiro deles foi criado, em 2010, ele virou do avesso o que se sabia convencionalmente a respeito da filantropia. O Título de Impacto Social demonstrou que era possível vincular o custeio de um determinado projeto ao impacto que ele geraria para a sociedade, e, ao fazer isso, ele foi capaz de atrair capital privado de modo a expandir a atuação das organizações assistenciais. Além disso, o modelo dos Títulos de Impacto Social permitiu também que governos e filantropos passassem a pagar por resultados depois que eles fossem alcançados, em vez de precisarem arriscar o seu dinheiro antecipadamente.

Como foi explicado sobre os Títulos de Impacto Social no capítulo 1, esses títulos promovem a união de três *players* fundamentais: os investidores, os pagadores de resultados e os prestadores de serviços. E, nesse cenário, há duas funções possíveis que os filantropos podem desempenhar: a de investidores ou a de pagadores de resultados. Quando eles proveem os recursos iniciais, na posição de investidores, os filantropos têm a garantia de recuperação do seu capital e ainda recebem rendimentos financeiros pelo seu investimento, caso o projeto alcance as metas propostas. No pior cenário, em casos em que o benefício social proposto não é alcançado, eles perdem a quantia investida (e que, em essência, pode ser encarada como dinheiro destinado a uma doação). Quando assumem a posição de pagadores de resultados, o dinheiro só sai dos seus bolsos depois que os resultados tiverem sido alcançados, transferindo o risco vinculado à entrega para a figura dos investidores.

O Título de Impacto Social entra como um adicional eficaz para os modelos tradicionais de concessão por duas razões: quando os filantropos assumem o papel de investidores, os títulos garantem que eles recebam o seu dinheiro de volta e tenham uma quantia extra para concessões futuras; e, quando atuam como pagadores de resultados, o Título de Impacto Social vincula sua atividade filantrópica ao pagamento por resultados preestabelecidos depois que eles tiverem sido alcançados – o que estimula uma atuação mais focada e dinâmica das organizações assistenciais no sentido de alcançarem tais resultados.

Como veremos no próximo capítulo, atualmente são os governos que mais frequentemente assumem o papel de ressarcir o dinheiro empenhado pelos investidores dentro do modelo dos Títulos de Impacto Social, o que faz sentido se considerarmos que são eles que se beneficiam da redução de encargos sociais ou da receita extra proporcionada pelos títulos. Ainda assim, os filantropos têm um papel importante a desempenhar, eles mesmos como pagadores de resultados e como responsáveis por atrair os governos para assumirem esse papel, atuando em parceria com eles.

Existem alguns motivos pelos quais os filantropos têm se mostrado cada vez mais empolgados com o potencial dos Títulos de Impacto Social para gerarem impacto verdadeiro. O principal deles é que os títulos promovem diversas melhorias fundamentais na entrega de serviços assistenciais. Vamos voltar por um instante ao lançamento inaugural do Peterborough SIB, relatado no capítulo 1.

O problema que havia era a taxa de reincidência criminal de ex-internos egressos do presídio. O Peterborough SIB forneceu £ 5 milhões (US$ 6,65 milhões) a seis organizações sem fins lucrativos, denominadas coletivamente de "Serviço One". Anteriormente, cada uma se debruçava sobre um aspecto diferente do processo de reabilitação dos ex-presidiários, mas nenhuma havia conseguido baixar os índices de reincidência.

Pela primeira vez, portanto, elas estavam unidas com o propósito de compreender e atacar as causas fundamentais do problema. A jornada enfrentada pelas pessoas libertadas da prisão se tornou, então, muito mais clara: 40% delas não faziam ideia de onde passariam a noite seguinte à libertação, 25% enfrentavam desafios ligados ao vício em drogas e 39% não dispunham de dinheiro suficiente para sobreviver até receberem o primeiro pagamento do seguro-desemprego ou o salário proveniente do novo emprego que pudessem conseguir[4]. Muitos saíam tendo nos bolsos apenas o "subsídio de liberação" padrão do Estado, no valor de £ 46 (US$ 61)[5]. Não era de admirar, portanto, que houvesse traficantes de drogas nos portões esperando para lhes oferecerem um lugar para ficar e algum aditivo para esquecer as agruras da prisão, levando-os diretamente de volta ao mundo do crime.

Depois que uniram forças, essas organizações assistenciais puderam trabalhar para reabilitar os ex-presidiários por meio de uma abordagem multifacetada e orientada para o impacto ser gerado coletivamente, em vez de estar focado nas atividades individuais de cada uma. O resultado disso foi um progresso notável: ao final do segundo ano do Peterborough SIB, o projeto havia conseguido reduzir em 11% a reincidência criminal em meio a um contexto em que o índice nacional do Reino Unido havia crescido 10%[6].

Os Títulos de Impacto Social decolam

O sucesso do Peterborough SIB foi uma conquista decisiva, que incendiou os debates sobre o futuro da filantropia. O mercado de Títulos de Impacto Social e DIBs já atraiu mais de US$ 400 milhões em investimentos[7] e a promessa de mais de US$ 1 bilhão a serem pagos em troca de resultados sociais positivos de ações voltadas para a infância e juventude, geração de empregos, bem-estar social, justiça criminal, educação e assistência de saúde. Os Títulos de Impacto Social vêm mostrando que são eficazes para gerar uma execução melhor dos serviços sociais, bem como sua expansão. E eles estão comprovando também algo em que muitas pessoas já acreditavam faz tempo: que atuar na prevenção saiu muito mais barato e é mais eficaz do que trabalhar pela cura. Intervenções preventivas realizadas por meio dos Títulos de Impacto Social vêm sendo bem-sucedidas na abordagem de diversos desafios sociais, em áreas que vão da reincidência criminal aos moradores de rua, passando pelo desemprego juvenil e o diabetes.

Os Títulos de Impacto Social e DIBs estão ganhando o mundo. O Reino Unido continua sendo um dos principais polos de inovação com os Títulos de Impacto Social, com um total de 67 títulos, número que representa quase 40% do total mundial[8]. Os Estados Unidos também são um ponto de grande atividade, com 25 Títulos de Impacto Social em curso. Os Países Baixos contam com 11, seguidos pela Austrália, com 10, a França, com 6, e o Canadá, com 5. Japão, Israel, Índia, Alemanha e Bélgica têm três Títulos de Impacto Social ativos cada um; Finlândia, Nova Zelândia e Coreia do Sul vêm em seguida, com 2 cada um; e Áustria, Rússia, Colômbia, Peru, Suécia e Suíça fecham a lista com 1 Título de Impacto Social cada um[9].

À medida que o mercado para os Títulos de Impacto Social se amplia, filantropos, governos e investidores têm se tornado mais conscientes do potencial desses títulos. Os fundos de Títulos de Impacto Social estão roubando a cena e começando a mostrar a que vieram. No Reino Unido, o Bridges Fund Management levantou os dois primeiros fundos de obrigações sociais do mundo, em 2013 e 2019. Com um valor combinado de £ 60 milhões (US$ 79,8 milhões)[10], esses fundos, que incluem investidores institucionais e fundações assistenciais, reuniram um portfólio com 40 Títulos de Impacto Social. Eles dão apoio a mais de 90 prestadores de serviços de assistência social, para que eles possam entregar melhores resultados na assistência a crianças, a sem-teto e em projetos na área da educação[11]. Os £ 25 milhões (US$ 33,25 milhões) investidos até o momento devem gerar mais de £ 150 milhões em resultados financeiros para o governo[12], com uma projeção de retorno líquido anual para os investidores na casa dos 5%. Em outras palavras, os títulos de impacto geram benefícios para os governos, retorno financeiro para os investidores e criam resultados melhores para a sociedade.

Em muitos casos, os governos locais vêm impulsionando o crescimento dos Títulos de Impacto Social. Esse cenário é particularmente verdadeiro no Reino Unido, onde as autoridades governamentais enxergam os Títulos de Impacto Social como "contratos de resultados sociais". Diferentemente do modelo tradicional de contrato, em que você paga por serviços à medida que eles são realizados, esses contratos de resultados sociais são pagos ao final do processo, depois que os resultados tiverem sido alcançados. Membros dos governos locais estão se dando conta de que isso representa uma maneira melhor de entregar serviços sociais. Isso porque o modelo dos Títulos de Impacto Social cria disciplina na entrega de resultados, produz dados sobre as melhores maneiras de entregar esses resultados e gera mais transparência sobre a real eficácia de programas específicos – todos pontos extremamente valiosos do ponto de vista dos governos, bem como para os filantropos e os próprios prestadores de serviços de assistência social.

Histórias de sucesso não faltam. No Reino Unido, o Bridges Ways to Wellness SIB, por exemplo, foi comissionado pelo Serviço Nacional de Saúde em 2014. A meta era ajudar adultos portadores de múltiplas doenças crônicas, como diabetes e problemas cardíacos, a mudarem seu estilo de vida por meio de um serviço de "prescrições sociais", melhorando, desse modo, a sua saúde. A medicina vinha lutando havia tempos para fazer diferença na vida desses pacientes, mas a questão era que a solução necessária era de cunho social, e não médico. O novo serviço ajudava as pessoas a adotarem rotinas de exercício, a reduzirem seu isolamento e melhorarem a dieta, mantendo-as assim longe dos tratamentos hospitalares e economizando o dinheiro do governo. O projeto bateu todas as metas estabelecidas, tendo ajudado mais de 5 mil adultos britânicos a melhorarem sua saúde e entregado uma redução de 35% nos gastos públicos com serviços de saúde[13].

O Fusion Housing SIB, lançado em 2015 e voltado para o problema dos jovens britânicos sem moradia, é mais um exemplo do sucesso do modelo dos Títulos de Impacto Social. Os três anos do programa levantaram pouco menos de £ 1 milhão (US$ 1,33 milhão) para que o Fusion e um grupo de outros prestadores de serviços de assistência social implementassem um projeto calcado em resultados para reduzir e prevenir o problema da falta de moradia[14].

Embora Tasha Dyson, a chefe de serviços de moradia do Fusion Housing, tenha tido ressalvas iniciais quanto à abordagem calcada em resultados, ela rapidamente passou a admitir: "Fechar um contrato baseado em resultados envolvendo jovens em situação de alta vulnerabilidade social parecia uma receita certa para o desastre, para ser muito franca. No entanto, eu agora estou tendo que mudar meu discurso – na verdade, trata-se da melhor maneira de dar apoio a jovens em situação de vulnerabilidade, porque é um modelo que permite flexibilidade na entrega".

O foco nas métricas que o modelo de contrato baseado em resultados exigia foi uma abordagem nova para os responsáveis pela entrega final dos serviços. Helen Minett, diretora do Fusion Housing, comentou: "Eu tenho que admitir que esperneei muito e precisei ser arrastada à força para o mundo das análises estatísticas. Mas hoje compreendo totalmente os benefícios dessa abordagem, não apenas para evidenciar os frutos do nosso trabalho como também na diferença que ela faz nos planejamentos de como levar esse trabalho adiante"[15].

O sucesso do Fusion ajudou a convencer as autoridades distritais de Kirklees sobre o poder desse novo mecanismo para ajudar as populações locais; como resultado, o governo usou essa abordagem baseada em resultados para reformular um dos seus contratos já existentes, e desse modo oferecer uma assistência de moradia mais eficaz a adultos em situação de vulnerabilidade social.

Outro indicativo do aumento da crença no modelo dos Títulos de Impacto Social foi um bem-sucedido programa-piloto no valor de

£ 2,5 milhões (US$ 3,3 milhões), que havia sido lançado originalmente pelo governo nacional para dar auxílio a pessoas em risco de perderem sua moradia e foi escalonado pelas autoridades locais de Kirklees para um contrato de £ 23 milhões (US$ 30,6 milhões)[16].

Nos Estados Unidos, a Maycomb Capital, uma gestora de investimentos cofundada por Andi Phillips, egressa do Goldman Sachs, lançou o primeiro equivalente americano dos Bridges SIB Funds. O fundo, lançado em 2018, pretende levantar um total de US$ 50 milhões e reúne nomes como Prudential Financial, a Fundação Kresge e Steve Ballmer, ex-CEO da Microsoft, na sua lista de financiadores[17]. Um dos investimentos da Maycomb é no Massachusetts Pathways to Economic Advancement SIB, lançado em 2017 pelo Social Finance US com o foco de promover a integração social de imigrantes.

A região metropolitana de Boston abriga um contingente considerável de moradores refugiados e imigrantes com baixa ou nenhuma proficiência na língua inglesa. Isso dificulta o acesso dessas pessoas aos empregos, especialmente aqueles com salários mais altos, fazendo com que essa população ganhe em média US$ 24 mil dólares anuais a menos do que imigrantes com formação semelhante, mas fluentes em inglês. Muitos acabam dependentes dos programas assistenciais do governo, e mais de 50% sobrevivem graças à assistência financeira direta[18]. Parte da razão por trás dessa situação é o déficit de serviços de ensino de idiomas, com pelo menos 16 mil potenciais alunos adultos inscritos nas listas de espera. Além disso, os programas de ensino que existem não são complementados por programas de apoio na transição para um emprego ou uma posição mais bem remunerada[19]. Havia uma necessidade clara de obter resultados mais eficazes e em maior escala, e o modelo de pagamento por resultados foi o que permitiu que isso acontecesse.

Por meio do Pathways, 40 investidores forneceram um capital inicial de US$ 12,43 milhões, que criou condições para que a provedora de serviços assistenciais Jewish Vocational Services (JVS) atendesse 2 mil alunos de inglês por meio de quatro programas que combinavam aulas do idioma e serviços de colocação profissional[20]. A meta do projeto é aumentar a empregabilidade, assegurar cargos com melhores salários e promover transições bem-sucedidas para cursos de formação superior. Os resultados são mensurados trimestralmente, e são eles que ditam os pagamentos recebidos pelos investidores. Até agora foram realizados oito pagamentos[21].

Jerry Rubin, CEO da JVS, explica o que o modelo significa para sua prestadora de serviços assistenciais: "Quando você literalmente é pago pelo seu sucesso, isso alavanca a qualidade do projeto. Se a métrica avalia os ganhos salariais, o que é bastante factível, o programa criado deverá resultar em pessoas conseguindo empregos melhores e aumentos no pagamento. Até o momento, educação de adultos e capacitação profissional funcionavam em esferas separadas. Esse modelo promove a fusão das duas, e a razão para fazer isso é a demanda e a vontade das pessoas atendidas. Essa abordagem produz resultados genuinamente significativos, tanto para os clientes quanto para a comunidade, o que tem um efeito transformador"[22].

Parte dos motivos que levaram a JVS a se envolver no novo modelo de pagamento por resultados foi que a organização desejava expandir suas atividades para atender o grande número de adultos que poderiam se beneficiar dos seus serviços, mas, como Jerry Rubin definiu, "nos faltam os mecanismos financeiros". Outra razão foi que o modelo permitiu a eles oferecerem um serviço planejado para obter resultados melhores – traduzidos, nesse caso, em melhores oportunidades econômicas – por meio de uma combinação entre curso de idioma, serviços de colocação profissional e de *coaching* de carreira[23].

Ou seja, a combinação entre disciplina de investimentos e pagamento em troca de resultados gera expansão, inovação e impacto. Levando em consideração a dificuldade que esses prestadores de serviços costumam ter para conseguir fontes seguras de financiamento, fica claro que o modelo de pagamento em troca de resultados oferece uma alternativa mais eficaz de obtenção de recursos para aqueles que desejam atrair capitais substanciais a fim de expandir seus negócios.

Em janeiro de 2020, havia 26 projetos vinculados a Títulos de Impacto Social ativos nos Estados Unidos[24] e muitos outros em fase de desenvolvimento. E a quantia total levantada por eles era maior do que a dos Títulos de Impacto Social britânicos – no quesito financeiro, como sempre, o mercado americano tem uma escalabilidade mais acelerada.

Mas, como acontece com qualquer modelo novo, existem dores inerentes ao crescimento e desafios a serem enfrentados. Até agora, a maior parte dos Títulos de Impacto Social atua em escala bem reduzida: o número médio de beneficiários atendidos por cada um deles fica na casa dos 600, com um compromisso médio de injeção de capital de apenas cerca de £ 2 milhões (US$ 2,7 milhões)[25]. Mesmo o maior Título de Impacto Social do mundo, que dá apoio a mães adolescentes na Carolina do Sul, ainda gera apenas US$ 30 milhões[26].

Os Títulos de Impacto Social são mais complexos para serem projetados e implementados do que as doações, por envolverem três partes atuantes: o chamado pagador de resultados, a organização de entrega e o investidor. Isso, no momento, leva a um custo operacional mais alto em relação ao capital mobilizado, mas a facilidade e velocidade na implementação têm aumentado o tempo todo. À medida que a experiência com o modelo aumentar, deverá haver uma padronização dos termos e das métricas, e tanto os fundos profissionais calcados em resultados quanto os títulos do tipo Títulos de Impacto Social e DIB passarão a fazer parte do mercado e permitirão o escalonamento dos *bonds* de impacto. Títulos de Impacto Social e DIBs serão avaliados em última instância segundo o custo por resultado bem-sucedido e o número de resultados bem-sucedidos que eles são capazes de produzir, e esses dois quesitos possivelmente deverão ser significativamente mais favoráveis do que os alcançáveis por meio do modelo tradicional de doações.

Com a chegada do que chamamos de "filantropia de impacto", os melhores prestadores de serviços já começaram a guardar dados sobre os resultados que alcançam e também sobre as suas atividades. Fazer isso é fundamental, porque o acompanhamento dos resultados torna mais acessíveis os investimentos com modelos de pagamento em troca de sucesso, como são os Títulos de Impacto Social e os DIBs. Se os prestadores de serviços conseguirem monitorar com precisão os resultados de suas intervenções, isso lhes dará maior facilidade para atrair capital de investimento. Em última instância, a meta geral é ajudar mais pessoas e resolver problemas maiores – e dar aos prestadores de serviços as ferramentas e o dinheiro de que necessitam para inovar e crescer é o melhor jeito para fazer isso.

DIBs: um novo modelo de filantropia e assistência

No modelo original dos Títulos de Impacto Social, investidores privados entravam com o dinheiro e os governos pagavam a eles pelo sucesso alcançado. No entanto, na maior parte das economias em desenvolvimento falta ao governo dinheiro para fazer esses pagamentos. No caso das obrigações de impacto ao desenvolvimento, ou DIBs, fundações e organizações assistenciais entram em cena para pagar pelos resultados juntamente com os governos de economias emergentes. Nesses países, não faltam resultados que precisam ser atingidos com urgência, mas existe também um grande obstáculo permanente: o dinheiro. Para que as metas dos ODSs sejam alcançadas até 2030, nós precisamos descobrir de onde tirar cerca de US$ 30 trilhões[26]. E no modelo tradicional, em que a filantropia doa e os governos gastam, essa conta simplesmente não vai fechar.

Os DIBs oferecem uma maneira inovadora para lidar com problemas nas áreas da educação, da saúde e do meio ambiente que prejudicam as vidas das pessoas e restringem o crescimento econômico. Por serem capazes de entregar retornos atraentes, eles podem ajudar também a preencher a lacuna de financiamentos para os ODSs. Quando os governos de economias emergentes não têm como tirar dos cofres públicos os recursos para pagar pelos resultados desejados, os DIBs podem atrair filantropos e organizações assistenciais dispostos a pagar por resultados já alcançados e a prover capital para as organizações assistenciais encarregadas de alcançá-los. Se muitos filantropos não veem sentido em simplesmente doar dinheiro em questões de mercados emergentes, eles são atraídos pela ideia do pagamento em troca de resultados. Isso porque, nesse modelo, eles recebem aquilo pelo que estão pagando, ao mesmo tempo que criam uma dinâmica de sucesso semelhante à que existe entre os investidores de capital de risco e os empreendedores.

Em 2015 foi lançado o primeiro DIB, voltado para aumentar o acesso de meninas à educação na Índia. As crianças indianas enfrentam obstáculos diversos na jornada pelo sistema de ensino: 47% dos alunos da quinta série não são capazes de ler um parágrafo de texto e 30% não conseguem fazer uma conta simples de subtração. As expectativas familiares e culturais contribuem para deixar o problema ainda mais grave para as meninas: 42% delas são aconselhadas pelos pais a deixar a escola, e apenas 55% das escolas do país contam com banheiros femininos[27]. No estado indiano do Rajastão, 40% das meninas ficam fora da escola antes de chegarem à quinta série[28].

Narayani já estava longe da escola havia vários anos quando o Educate Girls, a prestadora de serviços do DIB fundada e presidida por Safeena Husain, cruzou seu caminho. Profissionais do Educate Girls conversaram com os familiares de Narayani e os convenceram a rematricular a menina no quarto ano. Voltar à sala de aula pela primeira vez depois de anos não foi fácil, mas ela contou com o apoio do programa do Educate Girls, que atua tanto junto das famílias quanto dos professores. O programa oferece reforço escolar e apoio para que meninas como Narayani consigam acompanhar as aulas e permaneçam na escola.

Ao longo da duração do DIB, o Educate Girls coletou dados sobre os estilos de aprendizado das crianças para reformular o currículo do seu programa de reforço escolar. Graças a esse trabalho intensivo, depois de ter frequentado por dois anos o programa, Narayani é capaz de ler histórias em hindi, resolver problemas matemáticos e está aprendendo o alfabeto em inglês.

O primeiro DIB do mundo, instituído pela Instiglio, empresa de consultoria financeira na área de impacto fundada na Colômbia, foi um sucesso: o projeto alcançou adesão de 92% dos estudantes, batendo com boa margem a meta inicial de 79%[29], e 160% da meta final de aprendizado[30]. Esse sucesso se traduziu também para o investidor: o Fundo UBS Optimus recuperou seu capital inicial investido (US$ 270 mil) por meio do seu pagador de resultados, a Fundação Children's Investment Fund, com mais US$ 144.085, representando um retorno anual de 15% – um dinheiro que será reinvestido em novos programas do gênero[31].

Devido ao sucesso com o pequeno DIB inicial, o Educate Girls conseguiu levantar mais de US$ 90 milhões em recursos advindos da filantropia para ampliar seus projetos – um aumento enorme em relação ao montante inicial investido e uma evidência de como os DIBs podem ajudar prestadores de serviços assistenciais a aprimorarem sua atuação.

Hoje existem doze DIBs em operação[32], incluindo o primeiro humanitário, o Comitê Internacional do Programa da Cruz Vermelha para Investimento Humanitário de Impacto, PHII, no valor de US$ 25 milhões[33], e há outros mais em desenvolvimento. No caso do título da Cruz Vermelha, investidores institucionais e privados entram com o dinheiro necessário para criar instalações no Mali, na Nigéria e na República Democrática do Congo para dar apoio a pessoas atingidas por conflitos violentos, acidentes ou doenças. Um grupo internacional de pagadores de resultados (agências estrangeiras de desenvolvimento na Suíça, Bélgica, Reino Unido e Itália, juntamente com a Fundação La Caixa, uma fundação bancária de grande porte sediada na Espanha) está encarregado de ressarcir os investidores após cinco anos. Dependendo dos resultados alcançados, os investidores podem chegar a ter um retorno anual de 7%, ou então perderão 40% do montante investido.

Sob a liderança de seu presidente, Peter Maurer, a Cruz Vermelha vem buscando usar Títulos de Impacto Social e DIBs para reduzir 80% de dependência das doações vindas de governos. "Já faz muitos anos que o ICRC vem buscando novos fomentos de governos que ainda não nos dão apoio, de fontes privadas e também de modelos inovadores de geração de recursos", diz Tobias Epprecht, o responsável pelo fundo. "E esta tem sido uma experiência de aprendizado importante para nós. Se funcionar, será um ponto de partida para projetos maiores nas mesmas bases[34]." Em outras palavras, os DIBs têm o potencial de criar novos fluxos de receita importantes para organizações assistenciais, como a Cruz Vermelha.

Sem dúvida, os novos modelos têm grande potencial, mas, como demonstra o exemplo do Educate Girls, os primeiros Títulos de Impacto Social e DIBs começaram atuando em pequena escala. O programa do Educate Girls deu suporte a algumas poucas centenas de meninas em um único estado indiano. Os resultados transformaram as vidas das participantes, mas há milhões de outras jovens que precisam do mesmo tipo de ajuda.

O relatório de 2017 da Comissão de Educação sinaliza que nós estamos enfrentando uma crise urgente e mundial no setor: 250 milhões de crianças estão fora das escolas e outros 330 milhões não estão aprendendo, apesar de frequentarem salas de aula. Se continuarmos nessa tendência, metade da juventude mundial estará fora do sistema educacional ou com déficit de aprendizado em 2030, e apenas um em cada dez jovens vindos de países de baixa renda dominarão habilidades básicas da educação secundária[35]. Esse é um problema muito sério, e não pode ser solucionado para algumas poucas centenas de crianças de cada vez. Para enfrentar crises nesses moldes são necessários modelos de pagamento em troca de resultados em grande escala.

O momento de impulsionar os Fundos de Resultados

É aí que entram os Fundos de Resultados. Esses fundos são veículos geridos profissionalmente, que assinam contratos baseados em resultados com as organizações assistenciais. O objetivo deles é impulsionar esse tipo de contrato, promovendo a redução drástica do tempo e do custo necessário para implementá-los.

Depois que o contrato entre um Fundo de Resultados e uma organização de entrega está assinado, esta pode levantar o capital de investimento de que necessita para cumprir os termos do contrato. Esse capital pode ser fornecido pelos investidores por meio de DIBs. Esses podem ser investidores regulares, os braços investidores de organizações de apoio ao desenvolvimento ou de fundações filantrópicas. Os DIBs e os Fundos de Resultados podem ser vistos como dois eletrodos de uma mesma bateria usada para alimentar financeiramente as organizações assistenciais. Os DIBs garantem o capital inicial, enquanto os Fundos de Resultados fazem o pagamento depois que os resultados propostos forem alcançados. Essa abordagem inovadora está ilustrada no diagrama a seguir:

O Papel dos Fundos de Resultados no Fomento às Organizações Assistenciais

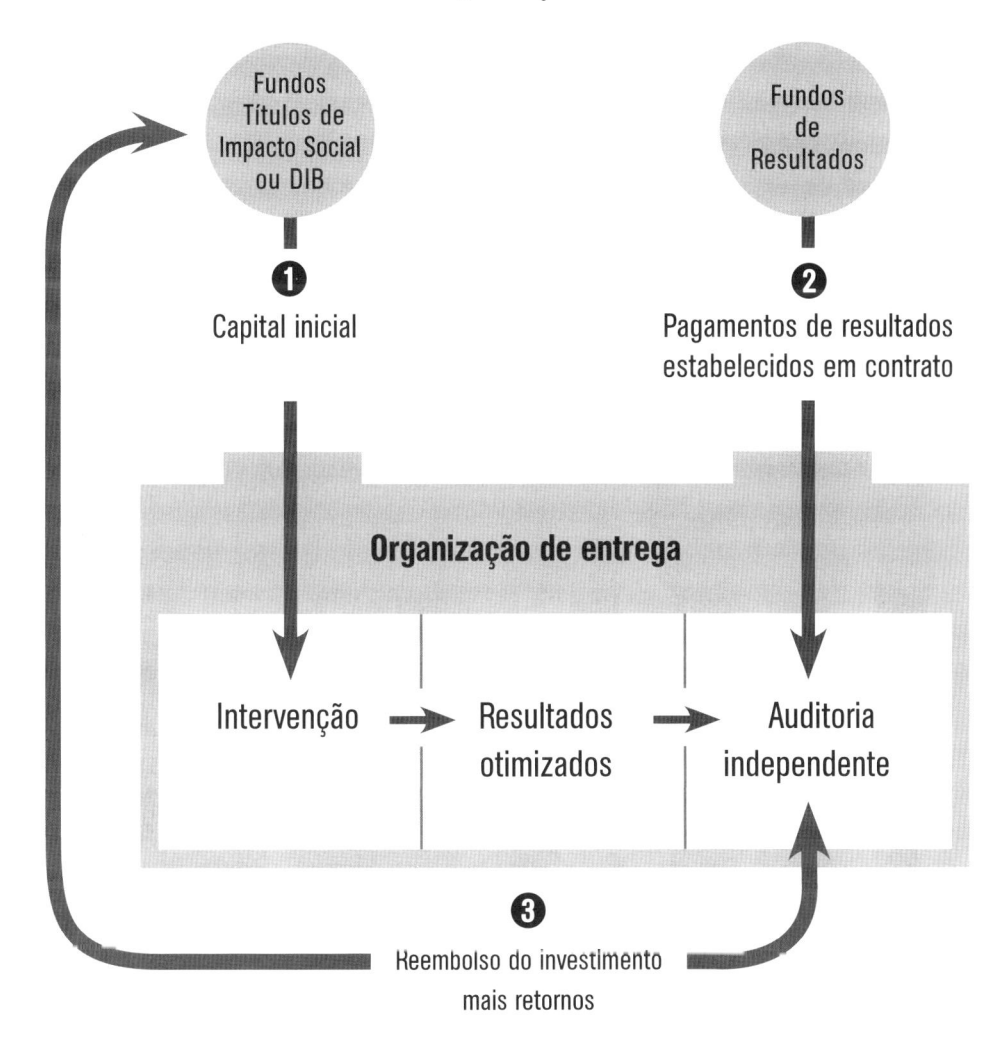

```
    Fundos                                Fundos
   Títulos de                               de
Impacto Social                           Resultados
   ou DIB

       ❶                                    ❷
  Capital inicial                  Pagamentos de resultados
                                   estabelecidos em contrato

┌─────────────────────────────────────────────────────────┐
│                  Organização de entrega                 │
│                                                         │
│  Intervenção  →   Resultados    →     Auditoria         │
│                   otimizados          independente      │
└─────────────────────────────────────────────────────────┘

                        ❸
              Reembolso do investimento
                    mais retornos
```

Para que essa dinâmica seja aplicada à melhoria da educação em países emergentes, por exemplo, é preciso passar pelas seguintes etapas:

1. Os financiadores empenham US$ 1 bilhão no Fundo de Resultados, que assina contratos baseados em resultados com as organizações assistenciais.

2. Isso catalisa até US$ 700 milhões vindos de investidores que financiam as organizações assistenciais, por meio de DIBs, para que elas realizem as intervenções propostas.

3. ONGs e empresas com propósito entregam as intervenções educacionais que irão melhorar o rendimento escolar.

4. Os estudantes passam a apresentar resultados melhores, que são atestados por meio de auditores independentes.

5. A obtenção dos resultados contratados desencadeia a liberação de pagamentos do Fundo de Resultados para ressarcir o montante empenhado inicialmente pelos investidores, acrescido de um retorno que aumenta proporcionalmente o sucesso da iniciativa.

O Fundo de Resultados na Educação para África e Oriente Médio (EOF), por exemplo, almeja levantar US$ 1 bilhão para melhorar a educação de dez milhões de crianças. O fundo é uma iniciativa conjunta entre o GSG e a Comissão de Educação, presidida por Gordon Brow, e que conta com o apoio de um grupo internacional de fundações que buscam maximizar as melhorias educacionais na região atendida – destaque para nomes como Fundação Aliko Dangote, Ford, Omidyar, The Big Win, ELMA, UBS Optimus, Hewlett e DFID. Comandado pelo dr. Amel Karboul, ex-ministro do governo tunisiano, o EOF ajudará a catalisar investimentos em organizações eficazes na área educacional, como a Camfed, ONG que já deu suporte à educação de mais de 500 mil meninas nas comunidades mais desfavorecidas do Zimbábue, Tanzânia, Gana e Malawi; ou a iMlango, ONG que monta escolas em regiões rurais do Quênia baseadas em uma plataforma de *e-learning* customizada individualmente, com uso de *tablets* e acesso à Internet por banda larga.

Como no projeto Educate Girls, abordado anteriormente, o modelo de Fundo de Resultados vem sendo utilizado para ajudar a tornar maior o programa. O Fundo de Resultados do British Asian

Trust já levantou US$ 11 milhões, que serão usados para expandir a sua atuação para mais áreas no Rajastão, em Gujarat e Deli, ajudando 200 mil crianças[36].

Um dos esforços de desenvolvimento mais promissores está sendo liderado pelo governo da Libéria. O Liberian Educational Advancement Program (LEAP) representa um passo inicial na introdução da abordagem dos Fundos de Resultados na entrega de serviços sociais no país. A sua meta é melhorar o aproveitamento escolar – 25% dos jovens liberianos entre 15 e 24 anos de idade são analfabetos e 52% das crianças com idade para frequentar o ensino fundamental não estavam matriculadas nas escolas em 2015[37]. Embora funcione atualmente como uma parceria público-privada, a meta do LEAP é passar a atuar como programa baseado em resultados, no qual a conquista de resultados preestabelecidos sirva para pautar os pagamentos feitos aos financiadores iniciais[38].

Eu acredito que os Fundos de Resultados deverão catalisar um avanço que permitirá que as melhores ONGs e empreendedores sociais do mundo levantem mais dinheiro, escalem suas operações e ajudem mais pessoas. A dimensão dos problemas que enfrentamos requer mecanismos novos e poderosos para lidar com eles. Fundos de Resultados de grande porte facilitarão o lançamento de Títulos de Impacto Social e DIBs maiores, reduzindo o tempo e o custo necessário para lançá-los. E, ao multiplicar e ampliar as intervenções viabilizadas por eles, promoverão transformações sistêmicas na educação, assistência à saúde, acesso ao emprego e cuidados com o meio ambiente, mudando a realidade na ponta do processo e resultando em programas mais eficazes.

Num mundo que precisa lidar com problemas cada vez maiores, é imperativo que as soluções sejam aprimoradas. Sally Osberg e Roger Martin ressaltaram a importância de promover mudanças sistêmicas se quisermos realmente lidar com as questões sociais e ambientais[39].

À medida que o dinheiro começar a fluir para Fundos de Resultados multibilionários e que eles passarem a atrair Títulos de Impacto Social e DIBs maiores para investir na ponta oposta, os empreendedores de impacto à frente das organizações assistenciais conseguirão levantar os recursos de que necessitam para implementar suas abordagens inovadoras em grande escala, realizando as mudanças sistêmicas necessárias – da mesma forma que o capital de risco e os empreendedores da área tecnológica promoveram mudanças sistêmicas por meio da revolução tecnológica.

A liberação do fundo patrimonial

A concessão de doações, obviamente, é apenas uma parte do modelo tradicional das fundações filantrópicas. Existe também o capital de dotação de uma fundação, cujo total de ativos disponíveis é imenso se comparado ao montante das doações. Uma fundação típica pode chegar a mobilizar 95% do seu dinheiro para o mercado de investimentos e distribuir 5% em doações por ano. O objetivo é gastar menos em doações do que o que entra na forma de retornos dos investimentos do fundo patrimonial, de modo que a fundação possa continuar existindo e distribuindo dinheiro. Clara Miller, da Fundação Heron, definiu esse modelo tradicional das fundações como um "fundo de cobertura com um pequeno programa beneficente acoplado a ele".

O que esse modelo significa para os filantropos? Imagine que você é o diretor executivo de uma organização beneficente e que vai se reunir com os consultores de investimentos da fundação. Vocês discutirão meios para maximizar os retornos do capital de dotação da fundação, o que este ano pode significar investir em alguns dos maiores poluentes do mundo e talvez até em algumas empresas de combustíveis fósseis. Você tem uma reunião também com um dos seus beneficiários, uma organização sem fins lucrativos fantástica que vem trabalhando para apoiar a luta de populações nativas para preservarem o seu *habitat*, para proteger as faunas locais e combater as mudanças climáticas.

A ironia da coisa talvez salte aos seus olhos: seus investimentos estão ajudando a criar o problema que você tenta resolver com o dinheiro que doa – mas você se sente na obrigação de maximizar os retornos para os seus investimentos. Você deseja ter mais certeza de que está gerando impacto positivo por meio das suas doações e dos investimentos do fundo patrimonial, mas não sabe de que maneira fazer os cálculos disso. Paralelamente, os seus beneficiários fornecem relatórios das atividades realizadas, não do impacto gerado – enumerando quantos novos porta-vozes foram formados e quantos atos de protesto realizados em vez de quantas toneladas de dióxido de carbono estão sendo retidas nas terras que eles trabalham para proteger. Sem ter métricas para mensurar o impacto em nenhuma das pontas da equação, tudo que você pode fazer é torcer para que as suas doações estejam fazendo mais para ajudar o meio ambiente do que seus investimentos fazem para prejudicá-lo.

Essa contradição não é um cenário imaginário – é dessa maneira que a filantropia vem operando já há um século, e o problema não está confinado aos projetos voltados para questões ambientais. Fundações dedicadas a reduzir a pobreza investem em empresas que pagam salários miseráveis, e fundações dedicadas a defender os direitos de refugiados investem em empresas do setor armamentista.

Existem bons motivos por trás desse vínculo duplo no qual a filantropia está presa. Em primeiro lugar, as regulamentações geralmente forçam os diretores e o conselho administrativo das fundações a manter o foco na geração de retorno para seus investimentos e limitam a sua capacidade de usar os seus portfólios de investimentos do fundo patrimonial em prol do cumprimento da sua missão. O modelo tradicional das fundações faz uma separação entre missão e capital de dotação – gerando o máximo de dinheiro possível, elas podem doar o máximo possível. E, já que não existe uma metodologia comumente aceita para mensurar o impacto das atividades de diferentes companhias na sociedade e no meio ambiente, é difícil reunir argumentos para que determinados investimentos sejam evitados em benefício de outros.

A existência dessa contradição já foi reconhecida por Darren Walker, o visionário CEO da Fundação Ford: "Sendo membros de uma fundação mundial comprometida a combater a injustiça, eu e meus colegas estamos cientes de que os mesmos sistemas que produzem as desigualdades sociais também são os que geram o nosso capital de dotação, que, investido da maneira mais sábia, nos permitem continuar a financiar a nossa luta *contra* as desigualdades"[40]. O investimento de impacto pulveriza essa antiga ironia e libera o poder dos investimentos do fundo patrimonial para que eles ajudem as fundações a gerar o máximo impacto positivo líquido. Por meio do investimento de impacto, o capital de dotação de uma fundação é uma contribuição para que ela alcance a sua missão, em vez de trabalhar na direção oposta a ela.

O investimento de impacto representa uma maneira totalmente diferente de pensar sobre o propósito e a prática da filantropia, mas ele está longe de ser uma apropriação hostil dela por investidores do setor privado[41]. Da mesma forma que Darren Walker já vinha fazendo, muitas pessoas no terceiro setor estavam buscando havia anos por maneiras mais coerentes de atuar. O investimento de impacto oferece às fundações com vocação para a inovação uma ferramenta para fazer o seu dinheiro gerar mais impacto, mantendo as taxas de retorno na média do mercado.

Algumas fundações se mostram relutantes em transferir seus capitais de dotação para investimentos de impacto por causa do que entendem ser uma obrigação dos membros do conselho de maximizarem os retornos dos investimentos do fundo patrimonial, mas, à medida que a mentalidade do impacto vem se tornando mais comum, essas limitações estão começando a ser redefinidas. Nos Estados Unidos, por exemplo, o Departamento do Tesouro divulgou em 2016 novos parâmetros destinados a promover o investimento de impacto. O diretor do Escritório de Inovação Social e Participação Cívica pontuou a oportunidade que isso representava: "O gestor de uma fundação pode levar em consideração como os resultados previstos para os projetos beneficentes podem ampliar a missão proposta juntamente com os retornos financeiros que tipicamente são contabilizados[...] sem precisar temer penalizações fiscais"[42]. Pouco a pouco, as fundações vêm se dando conta disso, e mais delas têm começado a usar seus capitais de dotação como mais uma ferramenta para contribuir com as suas missões.

No Reino Unido, também, o novo Charities Act foi aprovado em 2016 para deixar claro que a obrigação dos membros do conselho administrativo de uma fundação não é apenas fazer dinheiro, mas alcançar retornos ambientais, sociais e financeiros razoáveis. O texto da lei define "investimentos sociais" e dá às organizações beneficentes poderes para realizá-los. Segundo se lê nele, "um investimento social é feito sempre que um ato beneficente relevante é organizado tanto para: (a) ampliar diretamente os propósitos da organização; e (b) alcançar retorno financeiro para ela[...] Uma organização beneficente incorporada e o conselho administrativo de uma organização beneficente incorporada têm poder para realizar investimentos sociais"[43].

Essas modificações encorajaram as fundações a adentrarem o campo dos investimentos de impacto, o que teve amplas repercussões. A Guy's and St Thomas' Charity, por exemplo, fundação independente da área da saúde baseada em Londres, hoje investe pelo menos 5% do seu capital de dotação de quase £ 800 milhões (US$ 1,1 bilhão) para "apoiar melhorias da saúde" na sociedade. Ao fazer isso, a fundação apoiou o Apposite Capital, uma firma investidora especializada em saúde que investe em negócios que entregam cuidados acessíveis e de qualidade[44]. A fundação também usou seu portfólio de imóveis de £ 380 milhões (US$ 505,4 milhões) para sediar centros de saúde[45] – tudo isso como parte da meta de maximizar o impacto positivo canalizando todos os seus ativos na direção da missão beneficente assumida.

A Fundação Ford, sob a liderança de Darren Walker e a presidência e experiência com investimentos de Peter Nadosy, vem liderando o novo caminho dos investimentos do fundo patrimonial para alcançar uma combinação de retornos financeiros, sociais e ambientais. Em abril de 2017, o conselho diretivo da fundação aprovou a alocação, para investimentos relacionados à missão (MRI)[46], de US$ 1 bilhão do seu capital de dotação de US$ 12 bilhões[47] – que foi o maior comprometimento de capital de dotação feito até hoje[48].

É interessante notar que essa não foi a primeira vez que a Fundação Ford saiu na liderança no campo da filantropia. Em 1968, ela foi a pioneira na introdução dos investimentos relacionados a programas (PRI) – que são qualificados como doações graças à alta contribuição filantrópica e o alto grau de risco financeiro envolvido. Até o momento, a Ford destinou mais de US$ 670 milhões em PRI para complementar as concessões distribuídas por diversas iniciativas[49], e no momento gere US$ 280 milhões alocados em PRIs[50]. A diferença entre PRIs e MRIs está no fato de os primeiros serem considerados doações e contarem para os 5% do valor do capital de dotação que precisa ser doado anualmente para manter o status fiscal favorável da fundação. Os MRIs, por outro lado, são investimentos que buscam retornos sociais e financeiros, mas advêm dos 95% de capital de dotação não distribuídos.

O programa de investimentos relacionados à missão da Fundação Ford representa um valor suplementar de 8% do capital de dotação, empregado para alcançar a missão da fundação. Esse montante visa investimentos capazes de entregar retornos financeiros dentro das taxas de rendimento do mercado, em geral mais altos do que a média de rendimentos alcançada pelos PRIs. Em conjunto, os programas de doação e o capital de dotação contribuem para ajudar a alcançar os objetivos filantrópicos da fundação.

E como a Ford gastou a sua alocação de capital de dotação no valor de US$ 1 bilhão? Bem, US$ 30 milhões foram para MRIs destinados a lidar com a questão da moradia a preços acessíveis nos Estados Unidos – o que incluiu o investimento em obrigações de desenvolvimento voltadas para melhorias nas comunidades da Capital Impact Partners e financiamentos para empreiteiras como a Jonathan Rose and Avanath, que constroem opções acessíveis e ecológicas de moradia[51]. A abordagem fez tanto sentido que, no momento, a Ford vem trabalhando para aplicá-la também aos serviços financeiros voltados para populações mais pobres[52].

Como diz Darren Walker, "se os últimos cinquenta anos da filantropia foram definidos pelos orçamentos destinados a concessões, os próximos cinquenta estarão calcados em direcionar 95% do capital restante para a promoção da justiça". Walker reconhece que será necessário bem mais do que a alocação de US$ 1 bilhão da Ford para solucionar problemas sociais e ambientais sistêmicos, mas vê que o comprometimento da fundação vem encorajando outras a aderirem. E, considerando que as fundações privadas baseadas nos Estados Unidos detêm mais de US$ 850 bilhões[53] em capitais de dotação[54] e que as baseadas fora dos Estados Unidos detêm aproximadamente US$ 650 bilhões, o potencial para que elas passem a entregar um impacto significativamente maior é imenso.

Já há outras fundações americanas começando a seguir o exemplo da Ford. A Fundação Kresge estava comprometida com a meta de destinar

10% do seu capital de doação, um montante de US$ 350 milhões, para investimentos sociais até 2020. A Fundação David and Lucile Packard, com um capital de dotação de US$ 6,9 bilhões, designou um montante de US$ 180 milhões para os investimentos de impacto[55]. E, no Canadá, a Fundação J.W. McConnell Family está determinada a aumentar os seus 10% de alocação para investimentos de impacto[56].

Em Portugal, a Fundação Calouste Gulbenkian está entre as que vêm liderando a tendência na Europa. Recentemente, a Gulbenkian investiu recursos do seu capital de dotação no Fundo de Empreendedorismo Social MAZE Mustard Seed, de € 40 milhões (US$ 44,4 milhões), destinado a aprimorar as tecnologias em fase inicial de desenvolvimento voltadas para solucionar problemas globais prementes. O fundo investe em *startups* que lidam com questões que vão do desperdício alimentar à educação, passando pela integração social de imigrantes e refugiados[57].

No Japão, a Fundação Sasawaka Peace (SPF) está caminhando na mesma direção. Mari Kogiso, diretora do Departamento de Inovação e Investimentos em Igualdade de Gênero da SPF, afirmou que "as concessões nem sempre são a ferramenta mais efetiva" para levar a fundação a alcançar seus objetivos, e que isso a levou a começar a explorar os investimentos de impacto[58]. Nessa mesma direção, a SPF implementou em 2017 o Fundo de Impacto Asian Women's, que mobiliza US$ 100 milhões em prol do empoderamento feminino e da igualdade de gênero. Em 2018, o fundo investiu 1 bilhão de ienes (US$ 9,5 milhões) no Fundo de Microcrédito BlueOrchard's de apoio ao empoderamento feminino[59].

Em um passo ainda mais adiante, já há diversas fundações familiares dedicando 100% do seu capital de dotação aos investimentos de impacto, com destaque para a Fundação Heron, cujo montante corresponde a US$ 300 milhões[60]. A fundação visa assegurar que 100% dos seus ativos estejam em investimentos alinhados à missão da Heron e ao seu dever fiduciário[61].

A Heron modificou a sua estrutura operacional para que ela reflita essa nova maneira de trabalhar. Em vez de manter um braço investidor focado em maximizar os rendimentos financeiros do patrimônio e um braço separado dedicado às doações que distribui 5% do valor desse patrimônio todos os anos, eles fundiram esses dois departamentos num só. O resultado é bem diferente do esquema antigo, que Miller define como "um universo em preto e branco"[62]. Agora, toda a fundação trabalha para "maximizar as missões social e financeira em conjunto, de modo que sejam uma força positiva", explica ela.

A Fundação Nathan Cummings seguiu o exemplo da Heron e alocou todos os seus US$ 500 milhões em capital de dotação para os investimentos ESG e de impacto[63]. A ex-presidente e CEO Sharon Alpert reconhece o poder que vem da utilização do patrimônio e encoraja outras organizações a fazerem o mesmo: "As fundações contam com trilhões em ativos, mas muitas vezes não reconhecem ou não ativam totalmente os seus recursos. Explorando todo o potencial dos nossos ativos, nós podemos ativar nosso poder de investimento para criar o futuro que todos queremos e merecemos"[64].

A Fundação KL Felicitas, dos egressos do Vale do Silício Charly e Lisa Kleissner, demonstrou adesão total ao dedicar seus ativos, de aproximadamente US$ 10 milhões, ao investimento de impacto[65], e vem encorajando seus pares a fazer o mesmo. O casal Kleissner cofundou também o 100 Percent Impact Network, que, sob o guarda-chuva da comunidade global de investidores de impacto Toniic, é um grupo colaborativo formado por mais de cem escritórios familiares, indivíduos com patrimônio elevado e fundações (23% das quais são familiares, de acordo com o relatório deles divulgado em 2018)[66] que se comprometeram a dedicar seus portfólios ao investimento de impacto. Em conjunto, os ativos do grupo somam US$ 6 bilhões, mais de US$ 3 bilhões deles já distribuídos[67], e almeja criar um movimento internacional de investidores de impacto[68].

Gente nova no pedaço

Uma nova leva de fundações lideradas por indivíduos que alcançaram grande sucesso nos negócios e na área tecnológica vem sendo o motor principal de um novo modelo de filantropia. O foco delas está nos financiamentos sustentáveis e de longo prazo, no lugar da distribuição de doações em curto prazo, e em visar cada vez mais os resultados em vez das atividades dos provedores de serviços, encorajando as inovações e o melhor uso possível dos seus recursos filantrópicos, a fim de criar o maior impacto positivo possível.

Quem mais indicado para introduzir as melhores ferramentas do capitalismo no campo da filantropia do que um grupo com alguns dos mais bem-sucedidos empreendedores do mundo que enveredaram para a área da filantropia? A Rede Omidyar, lançada pelo fundador do eBay, Pierre Omidyar, e sua esposa, Pamela, é um dos principais nomes dessa nova geração de filantropos que estão modificando o funcionamento do setor. A organização segue um modelo híbrido, composto por uma fundação e uma firma de investimento de impacto. As doações e PRIs são feitos por meio da primeira, e os investimentos em empresas com propósito, da segunda. Mas não foi assim que as coisas começaram: a frustração de Pierre Omidyar com a filantropia tradicional e suas limitações, junto com a sua experiência sobre o poder dos negócios para criarem impacto em grande escala, o levou a cunhar o novo modelo.

> *Nós criamos uma fundação, e, depois de alguns anos tentando praticar a filantropia tradicional, focada simplesmente em concessões, eu comecei a ficar um pouco frustrado, porque paralelamente constatava o impacto social que o eBay gerava sendo uma empresa privada. A marca estava melhorando as vidas das pessoas por meio de uma plataforma que promovia encontros com base em interesses comuns; as pessoas estavam criando negócios, empregos estavam sendo gerados e vidas melhoradas, e isso me fazia ver o potencial de um negócio para tornar o mundo melhor. Então, por volta de 2003, nós dissemos: 'Muito bem, já chega de apostar só na abordagem tradicional das fundações', e nos reorganizamos para formar a Rede Omidyar*[69].

Autodenominando-se como uma "empresa de investimentos filantrópica", a rede atua tanto por meio das tradicionais concessões quanto na área de investimentos, fazendo com que a filantropia e o setor privado estejam "unidos em prol da mesma missão, de tentar criar oportunidade para pessoas por todo o mundo"[70]. A Refugees United, uma plataforma baseada na Internet que ajuda pessoas deslocadas de seus países a reencontrar familiares perdidos, é uma das organizações beneficentes ajudadas por eles, enquanto a d.light, que fornece iluminação acessível e alimentada por energia solar para comunidades pobres na África, faz parte do catálogo de empresas com fins lucrativos nas quais a Omidyar investe[71], ambos os lados trabalhando em harmonia em prol da missão da fundação.

Até hoje, cerca de metade do montante total de US$ 1,5 bilhão empenhado pela Omidyar foi destinada a doações para organizações beneficentes, e a outra metade foi para investimentos no modelo lucro-com-propósito[72]. Além de direcionar todos os seus dólares filantrópicos para o impacto, a Omidyar também acredita em fazer apostas de risco, motivo pelo qual dedica 10% de todo o dinheiro que despende em experimentos e ações de formação. Pierre Omidyar diz que os filantropos "deveriam estar dispostos a assumir mais riscos do que tradicionalmente fazem". Ao citar o setor de capital de risco, ele afirma que "esses caras são o pináculo de todas as forças que levaram à criação de talento" e que os filantropos deveriam aprender com eles[73].

A Rede Omidyar também se destaca como um dos maiores apoiadores do setor de investimentos de impacto. O seu antigo CEO, Matt Bannick, foi o representante dos Estados Unidos na Força-Tarefa de Investimento de Impacto Social do G8 e também um grande apoiador do Conselho Consultivo para os Estados Unidos vinculado a ela, assim como do Social Finance US, o GSG e o Fundo de Resultados na Educação para África e Oriente Médio. O seu sucessor, Mike Kubzansky, está muito comprometido com esforços para repensar o capitalismo. Juntamente com a Fundação Skoll, estabelecida em 1999 por Jeff Skoll, antigo CEO do eBay, Pierre Omidyar tem sido o nome mais proeminente entre os apoiadores do crescimento do investimento de impacto.

De forma semelhante à Rede Omidyar, a Fundação Skoll visa promover mudanças sistêmicas em escala global por meio do poder da inovação e do empreendedorismo, as marcas registradas do novo modelo da filantropia de impacto. Além de acreditar que "empreendedores sociais são a melhor aposta que há no mundo para resolver alguns dos nossos problemas mais espinhosos", Jeff Skoll garante financiamento em longo prazo para apoiar esses empreendedores, ajudando-os, assim, "a terem ganhos de escala em suas inovações", já que um "fomento sem restrições tem papel importante para o crescimento empresarial e de inovações"[74].

A Skoll aloca o seu montante destinado a doações e PRI segundo um modelo voltado explicitamente para resultados. Além disso, seu capital de dotação é investido em prol da geração de impacto por meio da firma de gestão de investimentos da Skoll, o Capricorn Investment Group, certificado como B Corp[76].

Na intenção de que tanto seu dinheiro doado quanto o investido fizessem diferença real, foi a Fundação Skoll que originalmente pressionou o Capricorn na direção de utilizar o investimento de impacto como uma maneira de alinhar o capital investido à missão da fundação. O diretor-geral do Capricorn, Ion Yadigaroglu, e o seu diretor-executivo, Alan Chang, explicam: "No princípio, quando a fundação inquiria sobre os nossos investimentos, nós dizíamos: 'Nosso trabalho é investir dinheiro, o de vocês é doá-lo'. Mas a fundação não se satisfazia com essa resposta convencional, e foram eles que nos pressionaram a pensar mais sobre os impactos positivos e negativos dos nossos investimentos"[76].

Desde então, o Capricorn investiu na Tesla e em outros empreendimentos voltados para a redução de emissões de carbono, incluindo a QuantumScape, uma empresa de tecnologia que trabalha para desenvolver baterias de lítio, a Joby Aviation, que cria táxis aéreos elétricos, e a Saildrone, que projeta *drones* transoceânicos movidos a energia eólica capazes de realizar coleta autônoma de dados[77].

A Fundação Bill e Melinda Gates, a maior do mundo, com capital de cerca de US$ 45 bilhões, também levou os métodos empresariais para a filantropia e adota uma abordagem orientada para os resultados na distribuição de concessões. Em vez de pedir relatórios das atividades das organizações apoiadas, eles buscam maneiras de mensurar os resultados alcançados[78].

A Gates não se limita a fazer doações. Por meio do seu Fundo de Investimento Estratégico (SIF), estabelecido em 2009, a fundação também concede empréstimos com juros baixos, faz investimentos patrimoniais e provê garantias de volume para empresas com fins lucrativos voltadas para ajudar a resolver problemas significativos[79]. Ela usa essas ferramentas para alavancar o poder das inovações vindas do setor privado, utilizando abordagens diferentes para lidar em grande escala com problemas significativos.

Para ajudar mulheres ao redor do mundo a terem métodos contraceptivos acessíveis, a fundação destinou US$ 120 milhões para aquisição de implantes contraceptivos – uma das opções mais eficazes e fáceis de contraceptivo feminino. A aquisição assegurou um mercado rentável para as fabricantes Bayer e Merck & Co, e em troca elas concordaram em baixar o preço dos implantes[80]. Graças a essa iniciativa, mais de 40 milhões de implantes contraceptivos foram distribuídos em alguns dos países mais pobres do mundo[81].

No que diz respeito a investimentos patrimoniais, a Gates mira em empresas iniciantes da área de biotecnologia. Como investidora dos estágios iniciais, a fundação tem poderes de influenciar as empresas em que investe. Dessa maneira, ela pode assegurar que os avanços tecnológicos e científicos sejam aplicados para aplacar doenças que afetam as populações mais pobres do mundo. Esse esforço inclui assegurar que os produtos e as ferramentas desenvolvidos pelas empresas alvo dos investimentos sejam acessíveis para essas populações. Até o momento, a fundação já realizou cerca de 40 investimentos desse tipo, num montante total de US$ 700 milhões[82], mantendo um portfólio que inclui a CureVac, que desenvolve vacinas contra o câncer e doenças infecciosas, a Vir Biotechnology, que desenvolve tecnologia de programação voltada para a imunologia, e a Intarcia Therapeutics, que vem trabalhando para transformar o manejo de doenças crônicas, como diabetes e HIV, por meio de novas tecnologias de entrega de medicamentos[83].

Uma das novas fundações familiares mais promissoras é a Iniciativa Chan Zuckerberg (CZI). Em 2015, aos 30 anos de idade, Mark Zuckerberg e sua esposa, Priscilla Chan, anunciaram a intenção de direcionar 99% da sua fortuna de US$ 45 bilhões[84] para a CZI. O objetivo é firmar um comprometimento significativo com investimentos de impacto voltados para "métodos de ensino personalizados, cura de doenças, conexão entre pessoas e construção de comunidades fortalecidas"[85].

Chan e Zuckerberg têm uma abordagem filantrópica pouco convencional. Eles implementaram a CZI como uma Sociedade de Responsabilidade Limitada (LLC), em vez de uma fundação tradicional, o que significa que a iniciativa não está submetida às limitações da regulamentação que rege as fundações. A CZI pode criar dinheiro investindo em iniciativas de impacto e reinvestir esse dinheiro em outras organizações de impacto. Fundações mais recentes, como ela, muitas vezes têm mais disponibilidade do que as que já estão estabelecidas há mais tempo para experimentar financiamentos calcados em resultados e abordagens de pagamento em troca de sucesso.

Aos poucos, essa "gente nova no pedaço" vem ganhando a companhia de fundações mais antigas nas experimentações, com novos modelos de filantropia. A Fundação MacArthur, por exemplo, assumiu a liderança de uma nova iniciativa para impulsionar os fomentos a organizações beneficentes por meio da atração de investimentos de impacto do chamado "capital catalítico". Isso significa alocar fomentos da sua verba de concessões em condições favoráveis para atrair capital externo dos investidores. Recentemente, a MacArthur se uniu à Fundação Rockefeller e à Rede Omidyar para fornecer US$ 150 milhões em capital e empréstimos com juros baixos, por meio do Consórcio de Capital Catalítico. O objetivo é ajudar organizações beneficentes a estarem prontas para ingressar nos investimentos de impacto e apoiá-las para que possam aprimorar suas operações atraindo montantes significativos dos investidores[86]. O cenário mais provável é que o avanço da filantropia de impacto seja conduzido por uma combinação entre filantropos há muito estabelecidos, como as fundações aqui citadas, e o pessoal novo, que acabou de chegar ao setor.

Um ajuste de contas

Em uma sessão do Fórum Mundial Skoll de 2019, em Oxford, foi perguntado ao público se eles achavam que a filantropia estava em um momento de ajuste de contas, e quase todos os presentes concordaram que sim[87]. A filantropia de impacto é a cristalização desse ajuste de contas ao afirmar que precisamos ter o foco nos resultados mais do que nas atividades, que é possível haver métricas para esses resultados, que as concessões devem seguir o modelo de pagamento em troca de resultados, e que o capital de dotação de uma fundação deve ser empregado em prol da sua missão filantrópica.

Por sua natureza, as fundações são perfeitas para liderar a Revolução do Impacto. Em razão do *status* como instituições beneficentes e do seu senso de missão, elas podem experimentar atuar em vários papéis – funcionando como concessoras, investidoras, fiadoras ou pagadoras de resultados. Elas podem fomentar iniciativas de apoio ao crescimento do setor do impacto, bem como influenciar organizações, governos e investidores a colaborarem em novas abordagens para enfrentar problemas sociais.

Elas também têm um papel importante a desempenhar no financiamento do avanço do movimento do impacto em si mesmo. Todos os grandes movimentos econômicos, incluindo o recente neoliberalismo, foram financiados pela filantropia, e o mesmo vem se mostrando verdade em relação ao movimento do impacto. A Rede Omidyar e as fundações Ford, Rockefeller, MacArthur, Kresge e Hewlett nos Estados Unidos; as europeias Bertelsmann Stiftung[88] na Alemanha e Calouste Gulbenkian[89] em Portugal; a Yad Hanadiv, fundação familiar do Lorde (Jacob) Rothschild, e a Fundação Edmond de Rothschild em Israel; e as indianas Ratan Tata e Tata Trusts – todas elas já deram seu apoio ao movimento do impacto.

Considerando que a filantropia tem por obrigação distribuir seus recursos da maneira mais eficaz e que possa ajudar o maior número de pessoas, ela precisa aproveitar a oportunidade oferecida pelo investimento de impacto. Fundações precisam correr riscos, fomentar inovações e utilizar tanto as concessões quanto o seu capital de dotação em prol da missão que assumiram. O investimento de impacto e as novas ferramentas criadas por ele, como Títulos de Impacto Social, DIBs e Fundos de Resultados, podem equipar a filantropia para torná-la capaz de enfrentar problemas maiores. Como precursora natural do movimento do impacto, a filantropia tem o poder de inaugurar um novo tempo para organizações beneficentes, investidores, empreendedores, negócios e governos, provendo soluções para os maiores problemas sociais e ambientais do nosso tempo.

CAPÍTULO 6

GOVERNOS: SOLUCIONANDO PROBLEMAS MAIORES MAIS DEPRESSA

Nós precisamos transformar nossas economias a fim de criar resultados positivos

O nosso sistema econômico é autodestrutivo. Se não for refreado, o capitalismo gera imensos problemas sociais e ambientais que os governos tentam solucionar taxando todo mundo, enquanto investidores e empresas estão focados apenas em ganhar dinheiro. Não faz sentido.

O impacto muda tudo isso. Ele transforma o setor privado de agente poluente e motor de desigualdades em uma força poderosa pelo bem. Ao trabalhar para otimizar o trinômio risco-retorno-impacto, empreendedores e companhias criam novos produtos e serviços capazes de melhorar vidas e o nosso planeta. E, considerando a escala dos desafios sociais e ambientais que enfrentamos hoje, os governos precisam de empresas que desempenhem papéis centrais no desenvolvimento de novas soluções. É dessa maneira que faremos a transição para as economias de impacto, nas quais as decisões relativas ao consumo e aos investimentos são baseadas na mentalidade risco-retorno-impacto.

A mudança para uma verdadeira economia de impacto representará uma transformação fundamental no modo como as nossas economias funcionam – negócios e investimentos deixarão de ser vistos unicamente sob a perspectiva do lucro depois que passarem a ser entendidos como elementos necessários para promover as mudanças de que precisamos. Tanto o setor privado quanto os governos precisam fazer o que lhes cabe; o setor privado, por meio de inovação e desenvolvimento de novas soluções, e os governos, adotando novos métodos para lidar com os grandes problemas.

Como o investimento de impacto pode ajudar governos a fazerem o seu trabalho

Governos contam com um poder imenso para desencadear mudanças e direcionar o progresso. Eles já constataram que o crescimento econômico não trouxe as soluções que almejávamos – e que nossas comunidades necessitam mais do que uma simples elevação do seu padrão mediano de vida. Pessoas que foram deixadas para trás pela onda de crescimento da prosperidade com frequência se veem impossibilitadas de escapar de circunstâncias difíceis, as quais muitas vezes as cercam desde que nasceram. Se você nasce em uma família com pais desempregados e usuários de drogas, tem grandes chances de acabar se vendo preso num círculo vicioso muito semelhante.

Pobreza, déficit educacional, desemprego, envelhecimento da população e depredação ambiental são apenas alguns dos desafios que temos enfrentado. Apesar de todos os esforços, os governos não conseguiram chegar às soluções necessárias. A meu ver, isso aconteceu em parte por eles não serem naturalmente preparados para investimentos de risco, aposta em inovação e fracassos ocasionais. O que nos resta fazer, então? É aí que entra o investimento de impacto.

Nos capítulos anteriores, vimos como o impacto abala positivamente os modelos dominantes de empreendedorismo, grandes negócios e filantropia. Ele desencadeia, além disso, diversas forças disruptivas para ajudar os governos a solucionarem problemas maiores mais depressa:

Primeira: introdução de métricas para os resultados sociais obtidos pelos dispêndios governamentais, tornando os governos mais transparentes, responsabilizáveis e eficazes.

Segunda: fazer uso do capital privado e do empreendedorismo, de forma semelhante ao que se viu na revolução tecnológica, para estimular inovação na abordagem de questões sociais e ambientais – unindo dessa maneira investidores, organizações beneficentes, negócios, filantropos e governos no movimento para solucionar grandes problemas.

Terceira: levar a abordagem de pagamento em troca de resultados para a contratação de serviços públicos e atrair filantropos para contribuírem com o processo por meio de Fundos de Resultados, e investidores privados capazes de prover o capital inicial necessário por meio de Títulos de Impacto Social e DIBs. Isso assegura que o dinheiro público seja empregado de maneira eficaz, porque os governos só pagam por resultados efetivamente alcançados.

Quarta: permitir o acesso a dinheiro público não proveniente da receita fiscal, como ativos não reclamados dos bancos, companhias de seguros e fundos de investimento. Esse dinheiro pode ser usado para desenvolver um setor forte de firmas gestoras de investimento de impacto, capazes de prover capital inicial e dinheiro para fomentar o crescimento de organizações beneficentes e empresas com propósito.

A mudança de mentalidade, que desloca o foco dos gastos públicos da prescrição detalhada de serviços para o pagamento por resultados por meio dos Títulos de Impacto Social, impulsionará o uso da abordagem do pagamento em troca de resultados, criando pela primeira vez um mercado florescente para ela. A melhor chance que temos de encontrar soluções prementes é ter governos que estimulem o desenvolvimento do investimento de impacto em todas as suas formas, os modelos de pagamento em troca de resultados e métricas de impacto que sejam adotadas por empresas e investidores.

Dessa maneira, os governos poderão acelerar a transição para economias do trinômio risco-retorno-impacto. Eles são o agente mais bem posicionado para catalisar o crescimento acelerado do setor de investimentos de impacto, da mesma forma como fizeram com o capital de risco no final da década de 1970.

Nos Estados Unidos, em 1979, uma emenda à Lei de Segurança da Aposentadoria dos Empregados (ERISA) levou a um aumento drástico do capital disponível ao permitir que os fundos de pensão passassem a investir em fundos de capital de risco[1]. Anteriormente havia limitações severas às quantias que eles podiam alocar para ativos de alto risco. Depois de 1979, os investimentos em capital de risco feitos pelos fundos de pensão cresceram vertiginosamente como consequência da mudança na legislação, passando da média anual de US$ 100 para US$ 200 milhões registrada ao longo da década de 1970 para mais de US$ 4 bilhões anuais ao final dos anos 1980[2]. A modificação importante na regulamentação, combinada a uma redução do imposto sobre ganhos de capital de 28% em 1978 para 20% em 1981 alavancou os investimentos em capital de risco, que desde essa época cresceu até alcançar o montante global trilionário que vemos hoje.

O papel dos governos na criação de mudanças sistêmicas é crucial. Em seu livro *O Estado Empreendedor,* Mariana Mazzucato afirma acertadamente que governos atuaram ativamente na criação e conformação de mercados. E é justamente isso que eles precisam fazer pelo mercado do impacto no momento atual. Existem maneiras muito definidas pelas quais os governos podem estimular o crescimento – e eu as enumerei em seguida.

Nove pontos de atuação dos governos

Como demonstrou um relatório divulgado pelo Grupo Conselheiro Global de Investimento em Impacto (GSG)[3], diversos governos pelo mundo, incluindo os do Reino Unido, Estados Unidos, França, Japão, Canadá, Itália, Coreia do Sul, Israel, Portugal e Austrália, já iniciaram a implementação de iniciativas que visam estimular o fluxo de investimentos de impacto nos seus países. Se todas as nove medidas listadas a seguir forem amplamente adotadas, isso trará uma transformação mundial completa.

1. Exigir que as empresas adotem métricas de impacto

A crise financeira de 2008, largamente atribuída aos excessos gananciosos dos banqueiros, levou a um descontentamento generalizado com o sistema financeiro como um todo; isso, de muitas maneiras, abriu as portas para o acalorado debate que temos visto hoje sobre a necessidade de reformulação do nosso sistema, da mesma maneira que a quebra de Wall Street fez em 1929. Se as economias de impacto são a resposta para os desafios do século XXI, e se ter métricas padronizadas para o impacto é um passo essencial para que elas possam ser criadas, os governos deveriam tomar as rédeas do processo e começar a exigir que as empresas coletem e façam auditoria dos dados de impacto nas suas atividades.

Muitos governos já tomaram essa iniciativa. O Japão, por exemplo, conta com a SIMI, Iniciativa de Mensuração do Impacto Social, desde 2016. Com mais de 130 membros, entre fundos, empresas, organizações não lucrativas e intermediários, a iniciativa fornece orientação sobre métricas universais na área do impacto. A França desenvolveu uma ferramenta própria para mensurar e monitorar o impacto social, a MESIS, por meio do NovESS, o fundo de investimento para negócios de impacto patrocinado pelo governo do país. Na Itália, o Ministério da Educação, Pesquisa e Universidades já garantiu apoio a dez universidades locais que produzem novos conhecimentos sobre a mensuração do impacto.

Além disso, todos os países-membros da União Europeia tiveram que integrar a Diretiva de Reporte de Informação Não Financeira de

2014 em suas legislações nacionais[4]. A diretiva determina que empresas com mais de 500 funcionários publiquem relatórios de informação não financeira, os NFIS, contendo um retrato abrangente do impacto social e ambiental gerado por elas. Esse tipo de regulamentação cria uma boa base para a adoção da contabilidade financeira ponderada pelo impacto e representa um primeiro passo positivo na direção da criação de uma economia de impacto vigente em toda a União Europeia.

Mais recentemente, ao final de 2019, a União Europeia divulgou novas regulamentações de transparência, que exigem que investidores revelem os procedimentos utilizados para integrar os riscos ESG nos seus processos consultivos e de investimento, com o objetivo de permitir decisões mais bem informadas que conduzam a um sistema financeiro com maior responsabilidade[5].

Quando governos passarem a exigir que todos os negócios e investidores mensurem e divulguem o seu impacto, isso será o marco inaugural de uma nova era na qual as nossas normas relativas a "valor" e "sucesso" estarão alinhadas com as necessidades da sociedade.

2. Nomear um ministro responsável para conduzir as políticas de impacto

O estabelecimento de um departamento governamental liderado por um ministro para as questões do impacto é um passo essencial para assegurar que o impacto se consolide como prioridade ativa de um governo. Esse ministro será o responsável pela criação de uma estratégia nacional para o impacto, desenvolvendo políticas de apoio e fomentando a cooperação de todos os setores governamentais em prol das iniciativas ligadas ao impacto.

Em 2003, o governo trabalhista de Tony Blair, no Reino Unido, montou uma unidade central de apoio ao que na época era chamado de "setor de investimento social". Depois que David Cameron foi eleito pelo Partido Conservador, em 2010, ele vinculou a responsabilidade pelo investimento de impacto ao Gabinete, que se reporta diretamente ao primeiro-ministro, setor de onde Frances Maude, Nick Hurd e Kieron Boyle comandaram, entre muitas outras iniciativas, o movimento para consolidar o Big Society Capital como um banco de investimento social capaz de impulsionar o avanço de um ecossistema do impacto. Um ano mais tarde, em 2013, o mesmo Gabinete apoiou a criação e montou o secretariado para Força-Tarefa de Investimento de Impacto Social do G8. Hoje, a mesma unidade continua seu trabalho ligada ao Gabinete da Sociedade Civil.

Os governos do Brasil, França, Canadá, Portugal e Coreia do Sul estabeleceram departamentos especializados dedicados ao impacto. No Brasil, esse departamento é a Secretaria de Inovação e Novos Negócios, ligada ao Ministério da Indústria, Comércio Exterior e Serviços[6], responsável pela criação da ENIMPACTO, uma estratégia de dez anos para investimentos de impacto que vêm alavancando o setor.

Na França, o Ministério pela Transição Ecológica e Inclusiva se tornou nos últimos anos um impulsionador ativo do investimento de impacto por meio da aprovação de leis e regulamentações e de campanhas na mídia. O Ministério promove também uma agenda internacional para a criação, promoção e fortalecimento de economias de impacto, por meio de uma aliança batizada de Pacto pelo Impacto.

3. Divulgar custos das questões sociais

Calcular os custos representados por questões sociais para o governo é um primeiro passo, fundamental para o desenvolvimento de abordagens baseadas em resultados – a medida é crucial para quantificar e monetizar o impacto social e também para atrelar impactos sociais ao retorno financeiro. Afinal, se não se conhece o custo da reincidência criminal, por exemplo, como será possível calcular um preço justo pela tarefa de reduzi-la? Tornar esse tipo de informação disponível publicamente ajuda a estabelecer as bases para um mercado de investimentos baseados em resultados.

Tendo isso em mente, o Gabinete do primeiro-ministro britânico divulgou em 2014 a Unit Cost Database, que fornece estimativas de custo para mais de 600 itens sociais, numa lista que inclui educação e capacitação, emprego, saúde, criminalidade, moradia e serviços de assistência social[7]. Essa base de dados, a tentativa mais abrangente realizada até hoje para quantificar esses custos, tornou-se uma parte essencial do ecossistema de investimentos de impacto no Reino Unido.

Por enquanto, Portugal foi o único país a seguir esse exemplo, tendo estabelecido a sua própria base de dados sobre custos sociais em 2017. Um portal on-line mantido pelo governo português oferece mais de 90 indicadores[8] – informando, por exemplo, que o custo diário para manter um criminoso condenado em um presídio do país é de € 42 (US$ 47) e que o custo de manutenção diária de um menor infrator nos centros de detenção juvenil é de € 137 (US$ 145)[9].

Há algumas iniciativas não governamentais trabalhando no mesmo sentido das duas bases de dados oficiais de custos. A Global Value Exchange, montada pela ONG britânica Social Value UK, defensora de longa data do estabelecimento das métricas de impacto, é uma plataforma on-line gratuita e alimentada coletivamente com valores, resultados, indicadores e partes envolvidas que reúne mais de 30 mil métricas globais de mensuração de impacto[10].

4. Mudar o foco governamental dos insumos para os resultados

Quando se trata de lidar com os problemas sociais e ambientais que nos atingem hoje, não existe tempo – ou dinheiro – a perder, e por isso é tão importante que os governos mudem o seu foco dos insumos para os resultados. Como vimos anteriormente, focar os resultados é a melhor maneira de identificar as intervenções mais eficazes e implementá-las em larga escala. Nós precisamos que muito mais governos escolham focar os resultados, e, com frequência, o lançamento de Títulos de Impacto Social é a melhor maneira de começar a fazer isso.

O governo francês começou a lançar Títulos de Impacto Social, ou "contratos de impacto social", como são conhecidos no país, em 2016. Hoje existem seis Títulos de Impacto Social franceses confirmados. Entre eles, o liderado pela Adie concede microempréstimos a pessoas sem acesso ao mercado de trabalho, ou ao sistema bancário formal, que querem iniciar seus próprios negócios. O que é comandado pela Passeport Avenir fornece suporte financeiro até a pós-graduação para pessoas vindas de famílias desfavorecidas que desejam continuar seus estudos[11]. Lideranças do setor privado estão começando a se espelhar no exemplo do governo, e o BNP Paribas, o maior banco da França, já é um investidor em todos esses Títulos de Impacto Social.

A Finlândia conta com sete projetos calcados em resultados já ativos ou em fase de desenvolvimento. O país lançou os Títulos de Impacto Social da Europa, o maior título de impacto, no valor de € 14,2 milhões (US$ 15,8 milhões), que apoia a integração social de refugiados e imigrantes, e está se preparando para lançar o primeiro título de impacto ambiental da Europa.

Graças à liderança de Yaron Neudorfer, CEO do Social Finance Israel, o governo israelense participou direta e indiretamente de dois Títulos de Impacto Social até o momento: um voltado para a prevenção do diabetes tipo 2 e outro dedicado a melhorar o rendimento em Matemática de jovens estudantes beduínos[12].

O Portland Trust, "grupo de ação" beneficente do qual fui o cofundador, com Sir Harry Solomon, em 2003, para que trabalhasse os aspectos econômicos do processo de paz entre Israel e Palestina, implementou um DIB também voltado à prevenção do diabetes na Palestina, em 2017. O capital inicial foi fornecido pelo Banco da Palestina, e a Companhia de Telecomunicações do país entrou como a principal pagadora de resultados, juntamente com a Autoridade Palestina. Essa iniciativa, ainda pequena, foi seguida em 2019 pelo World Bank Palestinian Employment DIB, de US$ 5 milhões, que tem o Banco Mundial como pagador de resultados por meio do Ministério das Finanças do país, e uma lista de investidores que inclui o Palestine Investment Fund, o Invest Palestine, o Banco Europeu de Reconstrução e Desenvolvimento e a FMO, instituição holandesa voltada para o desenvolvimento financeiro.

Na Argentina, o primeiro Título de Impacto Social com respaldo governamental foi lançado em Buenos Aires em 2018. Esse título de impacto, que visa fomentar a empregabilidade de jovens em situação vulnerável na região sul da cidade, é financiado por investidores institucionais e do setor privado e é visto pelas autoridades como um piloto para a implantação de Títulos de Impacto Social futuros por toda a região[13].

O governo britânico foi o primeiro a implementar um fundo dedicado à experimentação com o modelo dos Títulos de Impacto Social. Em 2012, o Department for Work and Pensions lançou um fundo de inovações no valor de £ 30 milhões (US$ 39,9 milhões) para pagar pelos resultados de Títulos de Impacto Social voltados para ajudar jovens desfavorecidos. Paralelamente a isso, o governo do país aumentou a visibilidade do impacto por meio do Social Value Act, de 2012, que demanda que os comissionamentos do setor público considerem fatores econômicos, sociais e ambientais juntamente com o preço em todas as licitações[14].

Agora, o Reino Unido já está um passo à frente no processo e passou a destinar uma fatia maior das verbas de contratação para programas calcados em resultados. O governo britânico já vem adotando contratos baseados em resultados nas áreas do emprego, serviços de saúde, reintegração social de presidiários e desenvolvimento internacional. Um exemplo é o programa Troubled Families, que alocou mais de £ 1 bilhão (US$ 1,33 bilhão) para ajudar mais de 500 mil famílias vulneráveis a lidarem com questões como evasão escolar, desemprego, problemas de saúde mental, violência doméstica e criminalidade[15].

Além de tornar mais eficazes os dispêndios governamentais, o comissionamento calcado em resultados ajuda a criar um mercado florescente para os Títulos de Impacto Social ao atrair capital privado para apoiar os esforços oficiais.

5. Criar Fundos de Resultados centrais que estimulem uma entrega de serviços mais eficaz

Os Fundos de Resultados centrais catalisam contratos baseados em resultados, o que inclui Títulos de Impacto Social e DIBs. Quando implementados em ampla escala, a influência deles estimula uma cooperação maior entre governos, filantropos e o setor privado, além da criação de programas que dão suporte às políticas governamentais. Eles criam também evidências capazes de demonstrar o que funciona de fato, quanto custa e a economia gerada para os cofres públicos no processo.

Dados dos britânicos Bridges SIB Funds, mencionados anteriormente, demonstram que os £ 46 milhões (US$ 61,2 milhões) pagos por resultados geraram quase £ 80 milhões (US$ 106,4 milhões) para os departamentos do governo responsáveis por esses pagamentos, isso sem levar em conta a considerável economia em longo prazo com saúde, bem-estar social, processos judiciais e outros serviços públicos[16].

O Reino Unido lançou seu primeiro Fundo de Resultados central em 2016: o Life Chances Fund (LFC), no valor de £ 80 milhões (US$ 106,4 milhões), foi projetado para ajudar pessoas que enfrentam desafios significativos, com foco na dependência de álcool e drogas e nos serviços de atendimento a crianças, jovens e população mais velha. O fundo contribui com cerca de 20% do total dos pagamentos por resultados, enquanto as autoridades locais cobrem o restante dos custos, numa abordagem que reconhece que os resultados e valores economizados dizem respeito também aos governos locais, além do governo central do país. O LCF espera levantar outros £ 320 milhões (US$ 425,6 milhões) das prefeituras locais, criando um *pool* de £ 400 milhões destinados a contratos baseados em resultados.

Nos Estados Unidos, o Social Impact Partnerships to Pay for Results Act (SIPPRA), lei aprovada pelo Congresso em 2018, estabelece um montante de US$ 92 milhões do Departamento do Tesouro para transações financeiras baseadas em resultados. As metas almejadas incluem melhoria na saúde materno-infantil, redução do número de sem-teto, menor reincidência criminal e maior empregabilidade para os jovens, tendo como requisito principal que os resultados "gerem benefícios sociais e economia de recursos em âmbito federal, estadual ou local".

6. Integrar o investimento de impacto à ajuda internacional ao desenvolvimento

Como mencionamos anteriormente, o custo de alcançar os Objetivos de Desenvolvimento Sustentável das Nações Unidas ficará em torno de US$ 3,3 a 4,5 trilhões anuais ao longo da próxima década. O fluxo em prol do desenvolvimento global corresponde a cerca de US$ 1,4 trilhão anual (incluindo investimento estrangeiro direto, fluxos privados de dívida e capital, ajuda oficial e investimentos de instituições financeiras de desenvolvimento), o que deixa um déficit anual de cerca de US$ 2,5 trilhões[17]. Como as restrições orçamentárias dos governos estão cada vez mais fortes e vem aumentando também a pressão pública para que seja comprovada a eficácia dos gastos públicos, o desenvolvimento internacional já não pode contar com as suas ferramentas mais tradicionais – é preciso haver novas abordagens para enfrentar os desafios nessa área.

Os governos reconhecem essa necessidade: na reunião de 2019, os ministros do Desenvolvimento dos países-membros do G7 anunciaram o seu apoio ao investimento de impacto, à criação de títulos de impacto e Fundos de Resultado e ao "crescimento do mercado de investimentos de impacto como uma força financeira significativa e eficiente, capaz de contribuir para a Agenda 2030". Eles também admitiram a necessidade de que os governos criem "ambientes políticos propícios" para o fomento ao investimento de impacto nos países em desenvolvimento[18].

Órgãos oficiais de desenvolvimento, como o Departamento para o Desenvolvimento Internacional (DFID) britânico e a USAID americana, já estão começando a integrar as métricas e o investimento de impacto nas suas atividades. O DFID lançou o seu Impact Programme em 2012, com o plano de prover até £ 160 milhões (US$ 212,8 milhões) nos 23 anos seguintes, com o objetivo de catalisar um mercado de investimentos de impacto na África Subsaariana e no sul da Ásia[19]. O programa realiza investimentos por meio do CDC, a instituição de financiamento do desenvolvimento britânica (DFI) que funciona como braço investidor do DFID. O CDC tem um portfólio de US$ 5,5 bilhões em ações e títulos de dívida na África e no sul da Ásia, e recentemente alocou US$ 1,5 bilhão para uma nova iniciativa, batizada de Catalyst Strategies, voltada para "moldar mercados incipientes e construir economias mais inclusivas e sustentáveis", adotando "uma abordagem flexível das questões de risco em troca de pioneirismo na área do impacto"[20].

Com seus enormes montantes de recursos, DFIs como o CDC britânico e o OPIC nos Estados Unidos são investidores poderosos nos mercados emergentes. É bastante significativo, portanto, que neste momento eles venham se envolvendo cada vez mais em ações para impulsionar o crescimento dos investimentos de impacto, a implementação das métricas e de programas de pagamento em troca de resultados.

As agências governamentais de desenvolvimento podem impulsionar o seu impacto estabelecendo Fundos de Resultados, ao passo que as DFIs podem investir em DIBs. Um exemplo interessante desse novo modelo em ação é o Village Enterprise DIB, no valor de US$ 5,28 milhões, que almeja transformar as vidas de mais de 12 mil famílias nas regiões rurais do Quênia e de Uganda por meio da criação de mais de 4 mil microempreendimentos sustentáveis ao longo de quatro anos[21]. Primeiro DIB do mundo voltado especificamente para redução da pobreza, e o primeiro a ter como alvo a África Subsaariana, ele atraiu contribuições da USAID e do DFID para pagar pelos resultados alcançados[22].

Nesse caso específico, USAID, DFID e outros doadores fazem suas contribuições para um Fundo de Resultados gerido por uma entidade externa. Se o Village Enterprise atingir suas metas de redução da pobreza, os investidores originais serão ressarcidos por meio do Fundo de Resultados. O Village Enterprise é vantajoso por levantar um capital maior do que o que teria sido obtido por meio de doações filantrópicas tradicionais[23], sendo que a USAID e o DFID só pagam pelos resultados efetivamente alcançados pelo programa.

7. Liberar ativos não reclamados para que se criem os "atacadistas do capital de impacto"

Imagine se, em um estalar de dedos, fosse possível criar US$ 2,5 bilhões extras no orçamento de um país, sem a necessidade de aumentar impostos ou cortar recursos de programas essenciais. Governos por todo o mundo estão começando a descobrir que eles podem fazer isso recorrendo aos ativos não reclamados, o que basicamente proporciona a criação de dinheiro a partir do nada.

Os ativos não reclamados, que são contas bancárias, apólices de seguros e investimentos apartados dos seus titulares originais há muitos anos, representam uma fonte atraente de dinheiro público que os governos podem empregar para minimizar problemas sociais. Na verdade, já existem alguns que estão recorrendo a esse "dinheiro grátis" para potencializar o crescimento dos investimentos de impacto por meio da criação dos atacadistas do impacto.

Os atacadistas do capital de impacto fornecem financiamento para firmas de investimento de impacto, estimulam a adesão de novos investidores, promovem a adoção de métricas de impacto e o desenvolvimento do ecossistema do impacto por meio da educação e de ações colaborativas. Eles podem investir tanto nas firmas de investimento de impacto em si quanto nos fundos geridos por elas. E podem também atuar como lideranças pioneiras do setor, popularizando a mentalidade do impacto e criando estímulo para que as políticas governamentais a apoiem. Tudo isso custeado pela liberação dos ativos não reclamados, diretamente pelos governos, pelo setor privado ou pelas três vias ao mesmo tempo.

O Reino Unido foi o primeiro a enxergar o potencial dos ativos não reclamados na promoção de uma transformação social verdadeira. Em 2011, seguindo a recomendação da Comissão sobre Ativos Não Reclamados (2005-2007), presidida por mim, Francis Maude, então líder do Gabinete, pediu que eu e Nick O'Donohoe, do JP Morgan, estabelecêssemos um banco de investimento social dentro dos parâmetros que haviam sido recomendados pela Força-Tarefa para Investimentos Sociais no ano 2000. O governo Cameron, segundo ele me informou, estava disposto a direcionar £ 400 milhões (US$ 532 milhões) em ativos bancários não reclamados para essa empreitada.

Em 2012, esse dinheiro, acrescido de outros £ 200 milhões (US$ 266 milhões) vindos do Barclays, HSBC, Lloyds e do Royal Bank of Scotland, foi destinado ao estabelecimento do Big Society Capital (BSC), eu na presidência e Nick O'Donohoe como CEO. Desde então, mais £ 600 milhões (US$ 798 milhões) foram liberados para o Reclaim Fund[24], que coleta o fluxo de ativos não reclamados e faz a distribuição deles segundo instruções fornecidas pelo governo.

O papel do BSC é disponibilizar financiamento para gestores de investimentos que apoiam organizações beneficentes e empreendimentos sociais. O seu objetivo maior é construir a infraestrutura para um setor de impacto florescente, capaz de atrair investimentos para organizações sociais que antes dependiam exclusivamente de concessões e doações. O banco também impulsiona a popularização dos investimentos de impacto e representa o setor do impacto nos debates com o governo sobre questões sociais e políticas para enfrentá-las.

Desde a sua criação, o BSC foi responsável por investir, diretamente e em colaboração com os coinvestidores que atraiu, £ 1,7 bilhão (US$ 2,3 bilhões), que gerou financiamentos para mais de 40 gestores de investimentos de impacto. Esses gestores vêm usando o financiamento para lidar com uma série de desafios sociais, numa lista que inclui sem-teto, moradias acessíveis, desemprego juvenil, organizações comunitárias, obesidade na infância e saúde mental[25].

E o que isso tudo cria? Nas palavras do atual diretor-presidente do BSC, Sir Harvey McGrath, e do ex-CEO Cliff Prior, está sendo "alimentada uma transformação poderosa – fornecendo a mais de 1.100 empreendimentos e organizações beneficentes inovadoras, esforçadas e dedicadas, o capital necessário para melhorar as vidas de pessoas por todo o território britânico".

Já existem planos para expandir o fluxo de ativos não reclamados (também chamados de contas inativas) no Reino Unido: em 2019, a Dormant Assets Commission, presidida por Nick O'Donohoe, divulgou que havia um montante adicional de até £ 2 bilhões (US$ 2,7 bilhões) em ativos inertes a ser liberado por companhias de seguros, fundos de pensão e de investimentos.

Diversos países seguiram o exemplo britânico e estabeleceram atacadistas do impacto, em alguns casos também usando os ativos não reclamados. O Japão anunciou a liberação de US$ 3,5 bilhões em ativos bancários não reclamados para mitigar problemas sociais nos próximos cinco anos. O parlamento do país aprovou a Lei de Utilização de Contas Inativas em 2016 para direcionar recursos de contas bancárias inativas há mais de dez anos para um novo fundo, o Designated Utilization Foundation[26].

Segundo o Comitê Consultivo Nacional para o GSG no Japão, a lei pode resultar num montante de até US$ 700 milhões anuais fluindo do setor privado por cinco anos, sob a forma de doações, empréstimos e outras formas de financiamento[27].

Portugal estabeleceu o Portugal Inovação Social (PIS), um banco social de atacado fundado com € 150 milhões (US$ 167 milhões) da

União Europeia[28]. A Coreia do Sul anunciou o seu próprio atacadista fundado com um capital de US$ 300 milhões, metade fornecida pelo governo e a outra metade vinda do setor privado. A Itália alocou € 25 milhões (US$ 28 milhões) para a Casa de Depositi e Prestiti (CDP), um prestador de serviços financeiros incumbido de estabelecer um banco de atacado no setor do impacto. Em 2019, a Irlanda lançou o seu Plano de Ação para Contas Dormentes a fim de levantar mais de € 30 milhões (US$ 33,3 milhões) em financiamentos para apoiar grupos sociais desfavorecidos[29]. No Canadá, o Centro MaRS para o Investimento de Impacto propôs que seja destinado US$ 1 bilhão em ativos não reclamados (incluindo contas bancárias dormentes, cauções e indenizações judiciais) para "investimentos de impacto em opções acessíveis de moradia, criação de empregos, redução da pobreza e outras áreas prioritárias"[30].

Enquanto não estabelece o seu próprio banco social de atacado nos mesmos moldes, o governo dos Estados Unidos vem atuando para prover capital para o setor do impacto por meio da Small Business Administration, que destinou US$ 1 bilhão para os investimentos de impacto em 2011. Esse fundo de impacto disponibiliza US$ 200 milhões todos os anos para fundos de participação privada investirem em pequenos negócios, capazes de maximizar os retornos financeiros ao mesmo tempo que gerem impacto social, ambiental e econômico que seja mensurável[31].

Meus sete anos de experiência no Big Society Capital mostraram como os atacadistas do impacto são uma peça essencial para o desenvolvimento do mercado de investimentos de impacto. Da mesma maneira que as Bolsas de Valores não funcionariam sem intermediários, é preciso que alguém ocupe essa mesma posição no mercado do impacto. Esse é o trabalho das empresas de investimento de impacto – e elas podem ser financiadas pelos bancos sociais de atacado. Talvez elas não tenham o mesmo *glamour* dos investidores de capital de risco e não sejam tão icônicas quanto a imagem dos operadores gritando durante um pregão, mas, como qualquer outro mercado, o do impacto não pode funcionar ou crescer sem a intermediação dessas firmas.

8. Alavancar o suprimento de capital para o impacto por meio de mudanças nas regulamentações e incentivos fiscais

As melhores alavancas de que os governos dispõem são capazes de afetar o fluxo de capital vindo dos investidores. Como já vimos, as empresas de gestão de ativos têm sob a sua responsabilidade US$ 85 trilhões no mundo todo, e os fundos de pensão movimentam US$ 38 trilhões[32]. São montantes colossais de dinheiro que, se direcionados para a geração de impacto, podem representar uma ajuda significativa para os governos encararem imensos desafios sociais e ambientais que nós enfrentamos. O *boom* do capital de risco na década de 1980 é um exemplo de como um setor da economia pode ser radicalmente transformado por meio de mudanças na regulamentação e incentivos fiscais.

O Reino Unido foi o primeiro no mundo a criar um incentivo específico para o "investimento social" das organizações beneficentes. O modelo SITR, ou Incentivo Fiscal para o Investimento Social, foi iniciado em 2014 para garantir 30% de redução na carga fiscal para investimentos sociais. Organizações investidas que se beneficiaram dele incluem a Freedom Bakery, de Glasgow, que capacita presidiários para produzirem pães artesanais; a FC United de Manchester, cooperativa que trabalha em prol da empregabilidade juvenil e educação de adultos; e o Clevedon Pier, próximo a Bristol, local que é um patrimônio histórico do país e foi restaurado com dinheiro levantado por meio do SITR[33].

Infelizmente, as regulamentações de "auxílio estatal" da União Europeia impuseram um teto baixo para o montante por investidor que pode ser beneficiado pelo SITR, resultando num fluxo muito pequeno de capital. As regras originais estão sendo revisadas, e minha esperança é que esse teto possa ser significativamente aumentado.

Nos Estados Unidos, créditos fiscais, como os que encorajam empreiteiras a lançarem conjuntos habitacionais com preço acessível em comunidades de baixa e média renda, são usados há muitos anos no fomento ao investimento social. Iniciativas mais recentes no país oferecem redução, prorrogação ou eliminação das obrigações fiscais sobre a mais-valia de investimentos dentro de zonas de oportunidade preestabelecidas[34].

Na França, uma redução fiscal de 18% sobre rendimentos e de 50% nos impostos patrimoniais[35] vem sendo oferecida aos investidores de fundos de solidariedade e negócios de impacto. Portugal é um dos poucos países que já oferecem incentivos nos Títulos de Impacto Social; a Itália tem redução fiscal de 20% a 25% para investimentos de capital próprio em pequenos empreendimentos sociais; a Argentina oferece incentivos fiscais a investimentos em energias renováveis e obrigações ecológicas[36].

Além de incentivos fiscais, o suporte legislativo nas regulamentações pode empoderar grupos de investidores, como fundos de pensão e de dotações filantrópicas, a aderirem aos investimentos de impacto. A França está na liderança quando se fala em fundos de pensão: a sua "legislação 90/10" foi criada em 2001, e mais tarde, em 2008, estendida a todos os esquemas de poupança para aposentadoria no país. Hoje, todo gestor externo desse tipo de investimento é obrigado a oferecer o esquema 90/10, que aloca até 10% dos ativos para empreendimentos sociais não contemplados. Os 90% restantes são investidos em companhias selecionadas, seguindo os preceitos do investimento responsável. Como vimos no capítulo 3, a popularidade crescente desses fundos contribuiu para que o mercado crescesse de € 1 bilhão (US$ 1,1 bilhão) em 2009 para cerca de € 10 bilhões (US$ 11,1 bilhões) hoje, investidos em nome de mais de um milhão de titulares[37].

A regulamentação dos fundos de pensão é prioridade para os governos, em razão do montante que eles detêm globalmente. É coerente que os titulares dos planos de aposentadoria tenham a opção, como acontece na França, de escolher planos de investimento alinhados com seus valores pessoais – como, por exemplo, portfólios voltados para contribuir com os Objetivos de Desenvolvimento Sustentável das Nações Unidas.

Há muito trabalho ainda que precisa ser feito. A estrutura regulamentar vigente, que impõe a busca exclusiva pelo lucro à maior parte dos investidores institucionais, é um inibidor importante do fluxo de capital para os projetos de impacto. Minha experiência pessoal na Apax Partners demonstra o que é possível quando mudanças nas regulamentações abrem um determinado mercado. O nosso primeiro fundo na Europa, que foi levantado em 1981 para investir no Reino Unido, contava com apenas £ 10 milhões (US$ 13,3 milhões)[38]. O último fundo europeu lançado antes de eu deixar os quadros da empresa, iniciado em 2002, tinha um montante de € 5 bilhões (US$ 5,6 bilhões)[39], e depois disso a Apax lançou um outro fundo no valor de € 11 bilhões (US$ 12,2 bilhões).

É dessa maneira que os mercados financeiros funcionam: novos produtos precisam de um tempo para se consolidarem, mas, depois que isso acontece, o seu crescimento é exponencial. O crescimento da Apax se beneficiou das modificações no ambiente regulatório ao redor dos fundos de pensão, do estabelecimento de incentivos para empreendedores e do apoio governamental para empreendedores e ao capital de risco. Atualmente, se o mesmo tipo de apoio for dado ao investimento de impacto, isso deverá criar um fluxo de capital ainda maior para o setor.

9. Alavancar a demanda por investimentos de impacto vinda de organizações beneficentes e empresas com propósito

Os governos podem aumentar os recursos para os investimentos de impacto por meio de mudanças nas regulamentações. Mas eles também podem incentivar a demanda por esse tipo de investimento apoiando o desenvolvimento dos prestadores de serviços beneficentes e das empresas com propósito – afinal, a enxurrada de capital que pretendemos liberar precisa ter um lugar para onde fluir. Está nas mãos dos governos prover suporte financeiro para incubadoras e aceleradoras que cuidem de empresas com propósito, ajudem a prepará-las para o investimento de impacto e ofereçam mentoria para que elas consigam entregar impacto em larga escala.

Foi para isso que o governo britânico estabeleceu em 2015 a Access Foundation, a partir de coinvestimentos do Big Society Capital e do Big Lottery Fund. Essa fundação de £ 100 milhões (US$ 133 milhões) visa ajudar empreendimentos sociais incipientes e organizações beneficentes a terem acesso aos recursos financeiros de que necessitam para crescer. O suporte é oferecido por meio de dois programas principais: um fundo de crescimento que fornece combinações de empréstimos e capital de subvenção de até £ 150 mil (US$ 200 mil) por organização, e programas de capacitação que tornam as organizações de impacto "aptas para o investimento"[40].

O governo francês está empenhado em dar apoio às empresas com propósito: em 2016, ele lançou o NovESS, um fundo de investimentos no valor de € 100 milhões (US$ 111 milhões) para negócios de impacto que é financiado por capital público e privado. E a Pioneers French Impact, uma aceleradora nacional em prol da inovação, deve receber € 1 bilhão (US$ 1,1 bilhão) em recursos ao longo dos próximos cinco anos, o que deve apoiar as empresas com propósito na jornada para alavancar sua atuação.

Na Ásia, a Coreia do Sul introduziu novas iniciativas políticas que incluem a Korea Inclusive Finance Agency, uma instituição financeira pública que garante empréstimos para negócios que se proponham a mitigar questões sociais. A Korea Small and Medium Business Corporation (SBC) vem oferecendo empréstimos em moldes semelhantes desde o começo de 2018[41]. Além disso, a Agência Coreana de Promoção do Empreendimento Social (KoSEA) é uma organização governamental que oferece programas de aceleração e incubação para empreendimentos sociais[42].

O governo da Austrália também criou medidas para catalisar o mercado de investimentos de impacto, embora a maior parte das iniciativas seja em escala limitada. O programa Social Enterprise Development and Investment Funds foi estabelecido em 2011 por meio do Departamento de Educação, Emprego e Relações no Espaço de Trabalho (DEEWR) do país[43]. O subsídio inicial de AU$ 20 milhões (US$ 11,63 milhões) foi acrescido de outros 20 milhões em investimentos privados para impulsionar a sua expansão[44].

Na Argentina, o fundo de capital de risco Fondece, estabelecido em 2017 pelo Ministério da Produção e do Trabalho, deve investir US$ 172 milhões em fundos de capital de risco e incubadoras que trabalhem com negócios de impacto pelos próximos quatro anos. O Ministério do Meio Ambiente também lançou o PROESUS, um programa nacional de apoio a empreendedores, especificamente aqueles que trabalham na área do desenvolvimento sustentável.

A União Europeia também está engajada no apoio ao

empreendedorismo social: o SIA, Acelerador de Impacto Social, dispõe de € 243 milhões (US$ 270 milhões) em recursos para serem investidos em fundos de impacto social de apoio a empreendimentos sociais por toda a Europa[45].

Alguns países vêm fazendo progressos para definir novos formatos legais nos moldes das corporações beneficentes americanas, de modo a facilitar a identificação de empresas apropriadas por parte dos investidores do setor do impacto. Uma recente reforma do setor social na Itália previu a introdução de novas entidades legais semelhantes às corporações beneficentes dos Estados Unidos e a criação da Impresa Sociale, um modelo de empreendimento social que vai permitir que empresas com propósito sejam classificadas dessa maneira, abrindo o terceiro setor para os investimentos privados. Na França, já foi aprovada uma legislação semelhante: a Lei Pacte determinou a criação do novo formato corporativo *société à mission*, que permite que negócios incluam outras missões além da obtenção de lucros nos seus estatutos[46]. Na Argentina, no Brasil e em Israel já existem discussões para a elaboração de leis semelhantes[47].

Nós podemos mudar o rumo desse navio

Os cidadãos se importam com a maneira como os impostos que pagam são empregados e com os investimentos feitos com as suas poupanças de aposentadoria. Eles se importam com a forma como seus governos escolhem lidar com as questões sociais e ambientais que afetam suas comunidades — o que abrange desde a gestão de escolas e hospitais aos financiamentos destinados à assistência social e à preservação ambiental. Em escala planetária, todos nós estamos hoje plenamente cientes da ameaça iminente de uma crise climática, das repercussões sociais e humanas da destruição do meio ambiente e das implicações desastrosas da desigualdade crescente vista nas nossas sociedades.

Os governos vêm sentindo a pressão popular cada vez maior para que mudanças radicais sejam feitas e sabem que precisam tomar atitudes urgentes. Há dez anos, nós não sabíamos o que fazer para melhorar o nosso sistema econômico; hoje, todas as peças estão nos seus lugares. Como um relatório de 2019 da OCDE reconhece, os governos precisam assumir seu papel como facilitadores e fomentadores do mercado do impacto, desenvolvendo para isso métricas e modelos padronizados de relatórios, construindo a infraestrutura do novo mercado e lançando incentivos para os investidores[48]. Mesmo nesta era de polarização política que estamos vivendo, esquerda e direita precisam estar de acordo sobre a necessidade de usarmos o poder das forças do mercado, do empreendedorismo e da inovação para alcançarmos uma maior mobilidade social, uma distribuição mais justa de oportunidades e resultados sociais e econômicos importantes.

Nós não podemos continuar dependendo apenas dos governos e da filantropia para resolver nossos problemas – em vez disso, precisamos aproveitar o poder dos negócios e dos investimentos. Da mesma maneira que as regulamentações do governo americano se adaptaram à nova mentalidade e impulsionaram o crescimento do capital de risco, criando a base financeira para a revolução tecnológica, os governos atuais precisam se adaptar ao novo pensamento calcado em risco-retorno-impacto e usar os seus poderes legislativos para acelerar o seu avanço. Desta vez, a compensação para eles será ainda maior, na medida em que o investimento de impacto nos põe efetivamente a caminho da criação de economias de impacto capazes de gerar soluções para os maiores problemas dos nossos tempos.

Por todo o mundo, temos visto o apoio às iniciativas em prol do impacto vir de ambos os lados do espectro político. No Reino Unido, por exemplo, os esforços de fomento ao investimento social se iniciaram sob os governos trabalhistas de Tony Blair e Gordon Brown, mas tiveram seguimento na gestão conservadora de David Cameron. Nos Estados Unidos, lideranças republicanas, como Paul Ryan e Todd Young, se uniram a democratas como John Delaney, a fim de direcionar a inclusão de US$ 100 milhões do orçamento do país para o pagamento de resultados dos títulos de impacto social[49].

Pagar pelos serviços prestados com base em resultados alcançados soa como uma ideia atraente para alguns políticos, por direcionar o dinheiro público para o alcance de metas definidas com um custo-benefício favorável, ao passo que outros aprovam a ideia de que os mercados financeiros sejam usados para a redução das desigualdades, para melhorar a vida das pessoas e ajudar a preservar os recursos do planeta. Qualquer que seja a motivação ideológica, entretanto, o resultado é uma economia radicalmente transformada, que trará melhorias importantes para as pessoas e para o meio ambiente. Os líderes políticos que estiverem sintonizados com esse momento terão seus nomes imortalizados como precursores de uma transição histórica para um sistema mais justo e efetivo, capaz de enfrentar com sucesso os maiores desafios da nossa época.

Há uma solução poderosa bem ao nosso alcance

Nós vivemos em um mundo atormentado por preocupações e incertezas, o que tem deixado muitos governos paralisados e impedidos de tomar qualquer atitude. Existe, no entanto, uma solução poderosa que está bem ao nosso alcance e pode empoderar os governos para que eles sejam capazes de enfrentar problemas maiores mais rapidamente: o impacto.

Eu acredito que num período entre dez e vinte anos nós veremos uma porção significativa dos gastos governamentais ser orientada pela abordagem de pagamento em troca de resultados, a fim de alcançar metas preestabelecidas. Os governos atrairão capital do setor privado para custear organizações assistenciais empenhadas em solucionar os nossos desafios mais prementes. Programas com pagamento em troca de resultados gerarão entregas mais eficazes, ao passo que as iniciativas que não funcionarem tão bem tenderão a se extinguir naturalmente. Os governos saberão que tipo de abordagem funciona ou não e quanto eles precisarão pagar para alcançar resultados capazes de mitigar problemas sociais.

E, o que é mais importante, os governos constatarão que os investimentos de impacto, que abrirão o caminho para economias de impacto, serão o modelo que atuará a serviço de seus melhores interesses.

Chegou o momento de as autoridades abraçarem a nova mentalidade do risco-retorno-impacto, a fim de avançarem do estímulo a iniciativas pioneiras de investimento de impacto para o fomento da sua aplicação em larga escala. O sucesso da Revolução do Impacto depende de que consigamos alcançar três objetivos num futuro mais próximo: a adoção ampla das métricas de impacto por empresas e investidores; a criação de um ecossistema poderoso que impulsione o fluxo de investimento na direção das empresas voltadas para a geração de impacto; e a transição dos modelos de aplicação do dinheiro público para contratos de pagamento em troca de resultados.

Como dizia Antonio Machado, poeta espanhol do século XIX, "não existe um caminho, o caminho se faz ao andar". Este é o momento de os governos assumirem a liderança para abrir o novo caminho do investimento de impacto, que nos conduzirá às economias de impacto e ao capitalismo de impacto.

CAPÍTULO 7

O CORAÇÃO INVISÍVEL DO CAPITALISMO DE IMPACTO

Existe a vontade, existe um caminho, e agora é o momento de agir

Por todo o planeta, o capitalismo e a democracia têm sido fortemente desafiados. Está cada vez mais claro para todos nós que o nível de desigualdade visto hoje é insustentável, e há muitas pessoas pelo mundo inteiro, tanto nos países desenvolvidos quanto nas nações emergentes, que vêm se rebelando contra os modelos injustos de distribuição dos resultados sociais, econômicos e ambientais.

Ainda assim, não se pode esperar que governos e filantropos consigam – sem ajuda – dar conta de chegar a soluções urgentes para esse problema. E os governos já começaram a se dar conta do fato de que nem sempre estão na melhor posição para gerar o grau de inovação que essas soluções requerem. Isso explica o que levou ao surgimento dos investimentos de impacto: a modalidade incorpora todos os elementos necessários para promover uma mudança para melhor no nosso sistema econômico. São eles que abrirão o caminho para uma economia capaz de redistribuir resultados sociais, econômicos e ambientais de uma forma mais equitativa; uma economia que se utilize do livre mercado e do capital para o seu próprio crescimento, mas que também seja capaz de estender a mão para aqueles que vêm sendo deixados à margem da prosperidade. O investimento de impacto será o arauto da Revolução do Impacto, que promete ser tão inovadora e disruptiva quanto a revolução tecnológica que a precedeu.

A desigualdade que vemos hoje pode ser fruto de algumas razões políticas, mas é causada majoritariamente pelo modo como o nosso sistema econômico funciona. Durante mais de 200 anos, a versão existente do capitalismo impulsionou uma onda de prosperidade e tirou bilhões de pessoas das garras da pobreza, mas ela não tem mais conseguido cumprir sua promessa de entregar melhorias econômicas e progresso social em larga escala. E as consequências negativas geradas para a sociedade e para o meio ambiente se tornaram tão significativas que nós não conseguimos mais solucioná-las.

Nos primórdios do nosso desenvolvimento industrial, os governos eram capazes de lidar com as consequências do processo, mas hoje em dia o ritmo de crescimento em que elas são geradas requer novas soluções que sejam mais poderosas. No meu entender, o que precisamos fazer é inverter a marcha do nosso capitalismo de modo que ele passe a entregar melhorias sociais e ambientais de maneira sistêmica, transformando o "capitalismo egoísta" que temos, impulsionado unicamente pela busca do lucro, em um "capitalismo de impacto", voltado para o lucro e a geração de impacto na mesma medida.

Para que isso seja alcançado, será preciso mobilizar os cinco principais grupos interessados, dos quais tratamos ao longo dos capítulos deste livro, e que têm cada um o seu papel específico para estimular mudanças verdadeiras.

A que conclusões nós chegamos ao longo desta jornada?

1. Nós não vamos conseguir resolver nossos problemas sociais e ambientais simplesmente tentando consertar o sistema existente.
2. É preciso garantir que o impacto ocupe uma posição central no nosso sistema econômico, lado a lado com a lucratividade, de onde ele poderá impulsionar a criação sistêmica de resultados positivos.

3. A adoção de uma contabilidade ponderada pelo impacto das empresas, que seja capaz de refletir de maneira fiável o impacto gerado por elas, será o divisor de águas entre o modelo do risco x retorno e o novo paradigma do risco-retorno-impacto.

4. O retorno financeiro gerado pelo novo modelo será pelo menos equivalente ao que se tinha com a mentalidade de risco x retorno, e é provável que se mostre ainda melhor.

5. O pensamento de risco-retorno-impacto está revolucionando os modelos de empreendedorismo, o meio empresarial, o setor de investimento, a filantropia e os governos de uma maneira tão abrangente quanto a tecnologia revolucionou.

6. A reação em cadeia iniciada pelo pensamento de risco-retorno-impacto já está em curso, impulsionada pelas novas gerações de consumidores, empreendedores e trabalhadores. Todos eles influenciaram o comportamento dos investidores, que se uniram ao movimento para pressionar mudanças de atitude nas empresas, instituições filantrópicas e governos.

7. O investimento de impacto abre caminho para as economias de impacto por meio da adoção de métricas padronizadas para o impacto; pelo uso de novos instrumentos calcados nessas métricas, como os Títulos de Impacto Social e DIBs e os Fundos de Resultados; pelo surgimento de novas organizações, como os atacadistas do capital de impacto; e por meio dos empreendedores do impacto.

8. O capitalismo de impacto e as economias de impacto por trás dele deverão surgir e florescer porque incorporam os valores de uma geração emergente que está entendendo que o nosso futuro depende dessa mudança.

Ideias novas e poderosas já impulsionaram mudanças radicais em outros momentos da história. No final do século XVIII, *O Contrato Social*, de Jean-Jacques Rousseau, questionava a ideia de que os monarcas seriam investidos de poder para governar por forças divinas e lançava o argumento de que a vontade do povo deveria determinar o direcionamento do Estado. Os escritos de Rousseau inspiraram reformas políticas e revoluções na França, nos Estados Unidos e em outras partes do planeta. Sob o novo contrato social que se estabeleceu, a democracia emergiu para proteger os direitos individuais na esfera política. O desafio da nossa geração, agora, é encontrar maneiras de proteger os direitos individuais nas esferas econômica e social.

Na mesma época em que Rousseau lançava as suas ideias políticas para o mundo, Adam Smith introduziu o conceito da "mão invisível do mercado" em seu livro *A Riqueza das Nações*. No seu entender, a tal "mão invisível", uma metáfora que se referia ao poder dos indivíduos agindo em prol de seus interesses pessoais dentro de uma economia de livre mercado, criava um equilíbrio entre a oferta e a demanda por mercadorias que atuaria em prol do bem comum. O pensamento de Smith vem sendo a corrente dominante na narrativa econômica desde então.

Na realidade, entretanto, Adam Smith se orgulhava mais das ideias publicadas em outro livro seu, lançado 17 anos antes de *A Riqueza das Nações*. Era o livro *Teoria dos Sentimentos Morais*, de 1759. A obra busca estabelecer fundamentos éticos e morais para o comportamento humano, postulando que "por mais egoísta que se suponha o homem, evidentemente há alguns princípios em sua natureza que o fazem interessar-se pela sorte de outros e considerar a felicidade deles necessária para si mesmo, embora nada extraia disso senão o prazer de assistir a ela". E é isso que constitui a "mão invisível do mercado".

Como eu escrevi na introdução deste livro, se Smith tivesse imaginado que um dia seria possível mensurar aquilo a que hoje chamamos impacto, é possível que ele escolhesse fundir os seus dois trabalhos para a descrição de um só sistema econômico, no qual o coração invisível do mercado serve de guia para a sua mão invisível.

As novas ideias apresentadas por ele em *A Riqueza das Nações* ajudaram a fazer a transição entre a economia baseada no mercantilismo (baseado na ideia de que os países deveriam usar o comércio e a acumulação de ouro para se tornarem mais poderosos) para o *laissez-faire* (que preconiza contra a intervenção estatal nas atividades econômicas), a mentalidade que prevaleceu no mundo até os anos 1930. Depois da Grande Depressão, ela deu lugar ao novo pensamento de John Maynard Keynes sobre uma "economia controlada", em que o Estado assume a responsabilidade por alterar os gastos públicos, as taxas de juros e o sistema tributário de modo a preservar o pleno emprego.

Em seguida, houve uma retomada do *laissez-faire* com a chegada, na década de 1980, do neoliberalismo de Milton Friedman e o seu foco obsessivo em impedir qualquer interferência governamental sobre os negócios. O pensamento neoliberal prevaleceu desde os anos 1980 até a crise financeira de 2008, depois que vimos emergir uma nova mentalidade, dessa vez voltada para o impacto e a necessidade de os negócios reconhecerem sua gama mais ampla de responsabilidades para com todas as partes interessadas, em vez de atenderem unicamente os interesses dos acionistas.

É nesse ponto que o trinômio risco-retorno-impacto se encaixa historicamente. A economia do impacto, na qual o livre mercado é orientado pelo conceito do impacto por meio de regulamentações, das legislações nacionais e de novas normas, empodera os mercados para que eles ampliem as oportunidades, promovam a redução da desigualdade e ajudem a preservar o planeta. Uma transição em nível mundial para as economias de impacto, nas quais decisões de negócios e investimentos são definidas a partir das considerações sobre risco-retorno-impacto, determinará o nosso novo sistema global: o capitalismo de impacto.

O divisor de águas entre o capitalismo egoísta e o capitalismo de impacto será a chegada de uma contabilidade financeira ponderada pelo impacto capaz de refletir tanto o impacto gerado quanto o desempenho financeiro dos negócios – depois que esse divisor de águas for consolidado, as empresas precisarão demonstrar integridade em termos de impacto se quiserem prosperar.

E o que cada um de nós pode fazer – seja na posição de empreendedor, investidor, liderança empresarial, filantropo, trabalhador do terceiro setor ou agente dos governos – para ajudar a Revolução do Impacto a chegar ao seu ponto de virada? Cientistas do Instituto Politécnico Rensselaer, em Nova York, descobriram que se 10% da população sustenta firmemente a crença na veracidade de alguma coisa, com o tempo a maioria das pessoas acabará adotando essa mesma crença[1]. Aqui está, portanto, o que cada um de nós pode fazer para chegarmos a esse ponto de virada dos 10% e irmos além dele:

Investidores

Nós vimos anteriormente que mudanças nas regulamentações podem ser uma alavanca poderosa de mudanças na arena financeira. Nós precisamos trabalhar para replicar da maneira mais ampla o avanço inicial promovido nos Estados Unidos, onde uma mudança nas regras abriu a porta para os administradores das fundações e fundos de pensão voltarem seus recursos para os investimentos de impacto.

Mudanças na regulamentação que permitam aos fundos de pensão oferecer aos titulares das contas de aposentadoria a chance de participar de investimentos de impacto e ligados à ESG terão efeitos profundos, e elas devem ser o nosso próximo objetivo. Uma alternativa pode ser espelhar as novas regulamentações do mundo todo no modelo "90/10" para os investimentos adotado na França, com 90% do dinheiro destinado à ESG e 10% para os investimentos de impacto.

O ponto de virada para os investidores será alcançado, a meu ver, no momento em que os 100 mais proeminentes fundos de pensão e dotações de fundações tiverem alocado para os investimentos de impacto, entre todas as categorias de ativos, 10% dos seus portfólios. Para chegarmos lá, teremos a ajuda do movimento cada vez mais popular entre os titulares dos planos de aposentadoria, para fazer com que o dinheiro poupado por eles contribua para causas positivas.

Filantropos

Como nós vimos, o investimento de impacto vem provocando uma transformação positiva no modelo de "apenas doações" adotado pelas fundações e inaugurando a era da filantropia de impacto. As lideranças do setor precisarão dar o exemplo criando alocações para o impacto nos portfólios das suas dotações que permitam investir em fundos de impacto pelo mundo todo, e distribuindo uma parcela dos seus programas anuais de subvenções por meio de Fundos de Resultados. O ponto de virada será atingido quando 50 das maiores fundações em escala mundial tiverem estabelecido a alocação de 10% da sua dotação para os investimentos de impacto e tiverem destinado

10% do montante distribuído pelos programas de subvenções por meio de Fundos de Resultados.

As prestadoras de serviços sociais apoiadas pelos filantropos enfrentam desafios no que diz respeito à sua capacidade de crescimento – a grande maioria delas não está aparelhada para entregar serviços em grande escala. A chegada dos investimentos de impacto, entretanto, impulsionou mudanças verdadeiras no setor: lideranças de organizações não lucrativas no mundo todo estão hoje se adaptando ao fato de que já existe a possibilidade de levantar montantes significativos, como capital de investimento – para conseguir fazer isso, entretanto, eles precisam primeiro recrutar pessoas capacitadas para deixarem seus quadros aptos a receber investimentos e, para que possam recrutá-las, precisam do apoio da filantropia.

As organizações assistenciais serão um dos motores empresariais dessa revolução – se os seus líderes conseguirem ajustar seu foco para poder ajudar o máximo de beneficiários possível e para atrair o investimento de impacto necessário para custear essa empreitada, isso provocará uma revolução na mentalidade que orienta a atuação do terceiro setor.

O ponto de virada aqui será alcançado no momento em que 10% dos dispêndios de 100 organizações assistenciais proeminentes forem custeados por meio de contratos baseados em resultados.

Empreendedores

Embora os *millennials* estejam entre os principais impulsionadores da Revolução do Impacto, há muitos locais do mundo em que essa geração ainda não faz parte do novo movimento. Nós precisamos apoiar a disseminação do empreendedorismo de impacto e popularizar a ideia dos "unicórnios do impacto", empresas avaliadas em 1 bilhão de dólares, mas que também ajudem a melhorar 1 bilhão de vidas.

O empreendedorismo de impacto chegará ao seu ponto de virada no momento em que 10% de todas as *startups* tiverem integrado parâmetros mensuráveis de impacto em seus modelos de negócio e aderido à certificação B Corp.

Grandes negócios

Nós não devemos esperar que as grandes corporações em massa estejam na liderança da Revolução do Impacto, da mesma maneira que gigantes como a IBM não tiveram esse papel na revolução tecnológica. Embora fosse uma presença dominante no mercado dos computadores, a IBM não reconheceu a nova oportunidade que estava surgindo no setor, até o ponto em que estava prestes a ser engolida por concorrentes recém-surgidos. O principal motivo que levará a maior parte das grandes empresas a aderir a essa nova revolução será a pressão vinda de diferentes lados: consumidores que darão preferência a produtos geradores de impacto positivo e as demandas de acionistas e funcionários para que seja adotada a mentalidade voltada para o impacto. Com o tempo, à medida que proliferarem no mercado as empresas calcadas em propósito, as grandes corporações terão que seguir a tendência para não serem engolidas por ela. O ponto de virada será alcançado quando 50 companhias que estejam no *ranking* Fortune Global 500 passarem a mensurar o seu desempenho de impacto juntamente com a *performance* financeira e tiverem estabelecido metas de impacto igualmente mensuráveis.

Governos

O ponto de virada para os governos será alcançado quando 10% dos gastos com mão de obra terceirizada e ajuda exterior forem atrelados a contratos baseados em resultados que atraiam investimentos externos e melhorem a eficácia dos dispêndios de dinheiro público.

Como vimos, cada uma dessas partes interessadas já está caminhando para o seu ponto de virada. O fato de o impacto já ter sido incluído como tópico de discussão nos fóruns tradicionais indica uma aceleração no progresso em direção ao ponto de virada comum para a adoção muito em breve da mentalidade de risco-retorno-impacto, talvez já nos próximos cinco anos. Essa visão vem sendo reforçada pelo entendimento cada vez maior de que o investimento de impacto é a única maneira possível de atrair os US$ 30 trilhões que ainda faltam para que se cumpram os ODSs, os Objetivos de Desenvolvimento Sustentável propostos pela ONU, até 2030.

Investimento de impacto para alcançar os ODSs

Como vimos no capítulo 3, já existe um *pool* de US$ 31 trilhões para ESG e investimentos de impacto, que equivale a 15% do total mundial de ativos disponíveis.

A melhor maneira de fazer com que esse *pool* ESG realmente contribua para o cumprimento dos ODSs é convertê-lo em investimentos de impacto. Para tanto, nós precisamos mensurar e comparar quanto diferentes companhias contribuem para a geração de problemas e para a solução deles. Como vimos, uma contabilidade ponderada pelo impacto que seja capaz de relacionar os impactos gerados por uma empresa aos ODSs relacionados está prestes a ser implementada. Se houver uma sinalização clara por parte dos governos de que em breve as empresas serão instadas a mensurar e divulgar seus dados de impacto nos balancetes financeiros, isso será o empurrão definitivo para que elas prestem mais atenção ao impacto que estão gerando e aos dados coletados para mensurá-lo, e para que destinem maiores esforços para a geração de impacto positivo.

Como também foi visto no capítulo 3, o valor das empresas cotadas nas Bolsas de Valores ao redor do mundo é de US$ 75 trilhões[2]. Se até 2030 um terço dessas empresas tiver passado a divulgar balancetes financeiros ponderados pelo impacto, o que catalisará seus esforços para a entrega de mais impacto positivo, isso significará que um grupo de empresas avaliadas em US$ 25 trilhões estará contribuindo ativamente para o cumprimento dos ODSs.

Levar as métricas de impacto para o mercado de títulos financeiros, que, como vimos anteriormente, movimenta um total de US$ 100 trilhões, também terá efeitos significativos. Um bom ponto de partida, nesse caso, são as obrigações ecológicas (ligadas às mudanças climáticas), que já vêm sendo seguidas por outros títulos temáticos, como os *blue bonds* (preservação dos oceanos), títulos voltados para a educação, questões sociais e os *gender bonds*, voltados para a promoção da igualdade de gênero. O príncipe Charles, fundador do British Asia Trust, e seu CEO, Richard Hawkes, anunciaram o lançamento de um *gender bond* no valor de US$ 100 milhões para garantir acesso a uma melhor educação, emprego e oportunidades de empreendimento para meio milhão de mulheres e meninas no sul da Ásia[3].

O mercado para as obrigações verdes, hoje, gira em torno de US$ 750 bilhões; se elas e outros títulos financeiros calcados em propósito e que adotem métricas para o impacto gerado por eles chegarem a corresponder a 10% dos US$ 100 trilhões alocados no setor ao longo dos próximos dez anos, isso significaria mais US$ 10 trilhões destinados a financiar empresas com projetos que contribuam para os ODSs.

Se os títulos sociais e de desenvolvimento de impacto corresponderem a 1% que seja do total do setor até 2030, isso já representará um adicional de US$ 1 trilhão em prol do impacto. E, para encerrar, se conseguirmos que um terço do *pool* de US$ 5 trilhões, que reúne o capital de risco, *private equity*, fundos imobiliários e de infraestrutura, passe a mensurar e gerenciar o seu impacto, isso representaria mais US$ 1,65 trilhão. Juntas, essas categorias de ativos privados destinariam uma contribuição adicional de US$ 2,65 trilhões para o cumprimento dos ODSs.

A soma de todos esses números nos dá um total de mais de US$ 40 trilhões em investimentos de impacto, montante que representaria uma mudança de paradigma no funcionamento do capitalismo em si, direcionando-o efetivamente para contribuir na solução de problemas sociais e ambientais. À medida que o fluxo de investimentos de impacto for crescendo nessa proporção, eles farão com que a mentalidade de risco-retorno-impacto fique profundamente enraizada em todo pensamento ligado a negócios e investimento, modificando as normas comportamentais do setor, transformando o nosso sistema econômico e nos deixando mais perto do estabelecimento das economias de impacto.

Uma ideia que viu seu momento chegar

Será preciso pelo menos uma década para que essa transformação do sistema aconteça, e ela se dará em etapas. Inicialmente, teremos os investimentos de impacto e a implementação das métricas padronizadas; daí, passaremos ao desenvolvimento das economias de impacto e delas para o novo sistema global do capitalismo de impacto.

Como primeiro passo nessa jornada, o mundo reconhecerá o poder da mentalidade de risco-retorno-impacto para ajudar investidores e empresas a gerar soluções para os nossos problemas mais urgentes. Nós teremos de admitir que, enquanto ignorarmos os efeitos nocivos provocados pelo setor privado, continuaremos a gastar recursos preciosos para consertar os estragos. Por outro lado, se direcionarmos o seu poder para o bem, isso deverá acelerar os progressos sociais e evitar que estragos semelhantes voltem a acontecer no futuro.

Então, como passo seguinte, para guiar os esforços do setor privado a entregarem impacto positivo maciçamente, os governos deverão redefinir o propósito das corporações de modo a incluir o impacto social e ambiental. Em paralelo, também serão implementadas abordagens de pagamento em troca de resultados para os contratos públicos.

No terceiro passo, os governos lançarão políticas para determinar que empresas e investidores passem a operar dentro da lógica do risco-retorno-impacto. A redução das desigualdades, inevitavelmente, terá que envolver redistribuição de renda e riqueza pelo governo, mas essa medida isoladamente não será suficiente – a redistribuição real dos resultados econômicos e sociais só poderá acontecer por meio do nosso sistema econômico. O impacto deve impulsionar nossas economias a promoverem uma distribuição mais ampla de oportunidades e resultados positivos, bem como oferecer ajuda às pessoas deixadas para trás.

O fato é que o nosso contrato social existente está vencido, e nós agora estamos no processo de elaborar um novo, baseado no capitalismo de impacto. O poder combinado dos mercados financeiros, empreendedores e grandes corporações para criar soluções urgentemente necessárias é muitíssimo maior até mesmo do que o poder dos governos. Nós precisamos fazer uso desse poder. Precisamos reformular o capitalismo de modo que ele entregue de fato a sua promessa de aumentar a prosperidade e o progresso social para todos, distribuindo oportunidades econômicas significativas para bilhões de pessoas, abrandando a desigualdade e preservando o nosso planeta para as gerações futuras.

O investimento de impacto inicia a reação em cadeia, necessária para remodelar o nosso sistema capitalista, construindo um mundo que valorize o impacto social e ambiental tanto quanto a lucratividade. Ele produz evidências de que a busca por impacto positivo não implica necessariamente sacrificar os lucros – ao contrário, o impacto ajuda a aumentar a receita financeira; de que empresas conscientes sobre o impacto são mais atraentes para os consumidores, para os melhores talentos do mercado e os investidores, e são também as que têm mais chances de ser bem-sucedidas.

O sentimento de realização vem de um equilíbrio entre aquilo que fazemos por nós mesmos e o que fazemos pelas outras pessoas. A nossa motivação para criar impacto positivo como consumidores, funcionários, empreendedores e investidores nasce da sensação de fazermos parte de um movimento inspirador e muito maior do que o nosso universo particular, voltado para ajudar as pessoas que precisam e para preservar o nosso planeta.

Imagine um mundo que progride sempre, onde as desigualdades sejam cada vez menores. Um mundo onde os recursos naturais tenham se regenerado, onde as pessoas possam desenvolver ao máximo o seu potencial e se beneficiar da prosperidade partilhada para todos. Um mundo focado não apenas em minimizar os danos, mas em fazer o bem. O impacto já começou a criar mudanças: investidores e empresas estão mais conscientes sobre as questões sociais e ambientais; empreendedores do impacto estão tendo acesso ao capital de que necessitam para implementar suas ideias para a melhoria da vida das pessoas em larga escala; os governos começaram a enxergar a vantagem de aproveitar inovações criadas pelo setor privado; e os filantropos estão provendo recursos para a entrega de resultados tangíveis.

Chegou o momento de erguermos as nossas vozes e criarmos impacto por meio de nossas escolhas – desde a maneira como trabalhamos, compramos e investimos, até as demandas que fazemos aos nossos governos. Intervenções esporádicas não serão suficientes; o mundo precisa de uma mudança sistêmica. Chegou o momento de acelerar as transformações e demandar mais mudança.

O impacto é uma ideia que viu chegar seu momento propício. Vamos mirar para além do capitalismo egoísta que temos hoje, derrubar a ditadura do lucro, firmando a posição do impacto bem ao seu lado para que ele seja mantido sob controle e inaugurar uma nova era do capitalismo de impacto. Acabar com o sofrimento de bilhões de pessoas e com a destruição do nosso planeta depende da nossa ação urgente. A vontade já existe. E existe um caminho. E nunca houve necessidade maior ou um momento melhor do que agora.

GLOSSÁRIO

Aceleradora

As aceleradoras de *startups* dão apoio a empresas em fase embrionária e orientadas para o crescimento por meio de programas de capacitação, mentoria e fomento financeiro.

Aquisições governamentais

Aquisições abrangem os contratos fechados pelos governos para a compra de produtos e serviços oferecidos por empresas e organizações beneficentes.

Atacadistas do investimento de impacto

Um atacadista do investimento de impacto atua para criar impacto positivo mensurável para as pessoas e para o planeta. Trata-se de um *pool* financeiro de grande porte, às vezes baseado em ativos não reclamados, que financia os fundos de impacto, as partes intermediárias e os empreendimentos sociais. Ele impulsiona o desenvolvimento do mercado de investimentos de impacto, injetando recursos em áreas nas quais os negócios beneficiados têm dificuldades para levantar dinheiro.

Ativos não reclamados

Ativos não reclamados são quantias em dinheiro, investimentos ou apólices de seguros que estejam apartados de seus titulares há muitos anos. Os ativos não reclamados são chamados também de contas inativas.

Capital de risco

Capital de risco é dinheiro investido em empresas jovens e de crescimento acelerado, destinado a custear a sua fase embrionária e sua expansão.

Capitalismo de impacto

É um sistema econômico movido não exclusivamente pela busca de lucro, mas por uma combinação de busca por lucro e por impacto, de modo a entregar melhorias sociais e ambientais sistêmicas. O capitalismo de impacto compreende economias de impacto, nas quais o livre mercado é conduzido para gerar impacto positivo por meio de regulamentação e legislação em prol disso e pela ampla disseminação das métricas de impacto. Ao contrário do "capitalismo egoísta" vigente na atualidade, o capitalismo de impacto empodera os mercados para que eles distribuam oportunidades, reduzam a desigualdade e ajudem a preservar o planeta.

Comissionamento público

É a contratação de serviços sociais feita pelo governo, que é parte das aquisições governamentais.

Contabilidade ponderada pelo impacto

Trata-se da contabilidade financeira (demonstrações de resultados e balancetes) que inclui tanto os dados do desempenho financeiro das empresas quanto os relativos ao impacto gerado por elas sobre pessoas e para o planeta por meio de seus produtos, dos empregos que geram e das suas operações.

Contas inativas

É a conta em um banco ou em outra instituição que esteja apartada do seu titular há muitos anos. Contas inativas também são chamadas de ativos não reclamados.

Contratos baseados em resultados

Um contrato baseado em resultados é um contrato de pagamento em troca de sucesso no qual os provedores de serviços públicos ou filantrópicos são recompensados de acordo com os resultados que obtêm. Os contratos baseados em resultados buscam melhorar a produtividade das entregas ao atrelar o pagamento ao cumprimento de metas específicas.

Corporação beneficente

A corporação beneficente é um formato legal instituído nos Estados Unidos que libera as empresas da obrigação de priorizarem a maximização dos lucros acima de tudo, permitindo que elas invistam paralelamente na ampliação do impacto sem temerem sanções legais da parte dos acionistas. Sem o desígnio tradicional de buscar a maximização do retorno financeiro acima de tudo, as corporações beneficentes podem tomar decisões que reflitam os interesses do seu corpo de funcionários, da comunidade e do meio ambiente, além de buscar o lucro.

Dever fiduciário

Dever fiduciário é o termo legal que descreve a relação entre duas partes, estabelecendo que uma delas deverá agir unicamente no interesse da outra. A parte designada como fiduciária tem um dever legal para com a principal, e há medidas rígidas que devem ser tomadas para que não surjam conflitos de interesse entre a parte fiduciária e a principal.

Economia de impacto

Uma economia de impacto é aquela na qual a mensuração de impactos sociais e ambientais é parte inerente de toda a atividade econômica, e em que os dados revelados por ela são um componente fundamental de todas as decisões governamentais, de negócios, de investimento e de consumo.

Ecossistema do investimento de impacto

O ecossistema do investimento de impacto é composto por cinco elementos: provedores de capital de impacto, intermediários, demanda por capital de impacto vinda das organizações do terceiro setor e empresas com propósito, políticas e regulamentações e fomentadores do mercado de impacto, como atacadistas do impacto, bancos de investimento social e firmas de consultoria e contabilidade. Esse ecossistema impulsiona a interação entre todas as forças relacionadas ao impacto de modo a criar resultados positivos nas áreas ambiental e social.

ESG

ESG é a sigla em inglês para os parâmetros "ambientais, sociais e de governança" que investidores socialmente conscientes utilizam para abalizar seus investimentos. Os critérios ambientais avaliam o desempenho da empresa na gestão dos recursos naturais. Os critérios sociais tratam do relacionamento com colaboradores, fornecedores, consumidores e com a comunidade onde a empresa opera. Os critérios de governança abrangem o modelo administrativo, a remuneração dos executivos, auditorias e controles internos e direitos dos acionistas. Investidores interessados em adquirir títulos de empresas avaliadas segundo os parâmetros ESG podem fazer isso por meio de fundos socialmente ou ambientalmente responsáveis.

Financiamento combinado

O financiamento combinado é o uso complementar de doações (ou instrumentos equivalentes) e outras formas de subsídio vindo de fontes do setor privado e/ou público para criar recursos que viabilizem um projeto ou o tornem financeiramente sustentável.

Fintech

É a tecnologia utilizada no setor financeiro para projetar novas maneiras de entregar produtos e serviços financeiros.

Fundo de Resultados

Fundo de Resultados é um fundo filantrópico que faz o pagamento dos resultados alcançados por Títulos de Impacto Social/DIBs e por meio de outras formas de contratos baseados em resultados. Eles podem ser lançados e geridos por governos ou por firmas administradoras independentes. Os contribuintes dos Fundos de Resultados podem ser os próprios governos, organizações beneficentes, fundações filantrópicas ou uma combinação desses três.

Fundos de Solidariedade (França)

Empresas com mais de 50 funcionários são instadas por lei a oferecer aos seus colaboradores a opção de um fundo de aposentadoria solidário além das modalidades tradicionais, num esquema que aloca 5% a 10% de seus ativos para empreendimentos sociais qualificados (não contemplados) e o restante em investimentos ESG.

Incubadora

Incubadora é um programa colaborativo projetado para ajudar novas *startups* a fazerem seus negócios crescerem. As incubadoras oferecem ajuda para solucionar problemas comumente associados à gestão de *startups*, fornecendo espaços de trabalho, financiamento inicial, mentoria e capacitação.

Indivíduos com Patrimônio Líquido Elevado (HNWIs)

Indivíduos com Patrimônio Líquido Elevado é uma classificação utilizada pela indústria dos serviços financeiros para designar indivíduos ou famílias detentoras de ativos acima de um determinado montante.

Instituições de Financiamento do Desenvolvimento (DFIs)

As Instituições de Financiamento do Desenvolvimento são bancos especializados na área do desenvolvimento, em geral administrados majoritariamente pelos governos nacionais. As DFIs investem em projetos do setor privado em países de baixa e média renda, a fim de promover a criação de empregos e o crescimento econômico sustentável.

Intermediário

É uma entidade (como um fundo, por exemplo) que levanta dinheiro de investidores de impacto e investe esse dinheiro em empresas com propósito e organizações beneficentes. Uma parte intermediária pode também fazer a organização de investimentos ou prestar consultoria sem gerir de fato o dinheiro (como uma consultoria de investimentos de impacto ou corretora).

Investidor-anjo

Os investidores-anjos fornecem recursos para *startups* de pequeno porte ou empreendedores individuais. O capital injetado pelos investidores-anjos pode ser um investimento único para ajudar a alavancar o negócio ou vir na forma de aportes regulares que deem sustento à empresa nos percalços comuns à fase inicial do negócio.

Investidores de varejo

Um investidor de varejo, ou investidor individual, é o investidor não profissional que compra e vende obrigações financeiras ou fundos por meio de corretoras tradicionais ou das que funcionam on-line.

Investidores institucionais

Um investidor institucional é uma organização que investe em nome dos seus membros, como, por exemplo, um fundo de pensão ou companhia seguradora.

Investimento de impacto

É a modalidade de investimento que tem a firme intenção de gerar resultados positivos na área social e ambiental, e na qual os resultados alcançados são mensurados juntamente com o retorno financeiro. O investimento de impacto vai um passo além do investimento ESG em dois aspectos: primeiro, por almejar não apenas a mitigação dos impactos negativos, mas também a criação de resultados que sejam positivos; segundo, por incluir a mensuração dos impactos que consegue gerar.

Investimentos Relacionados à Missão (MRIs)

MRIs, diferentemente dos PRIs, são investimentos feitos a partir dos 95% da dotação que sustenta e administra os ativos da fundação em vez de sobre os 5% dela que são distribuídos como doações e concessões anualmente. Esses investimentos visam ao mesmo tempo retornos sociais/ambientais e financeiros.

Investimentos Relacionados a Programas (PRIs)

São investimentos feitos por fundações para apoiar atividades beneficentes que envolvam potencial de retorno de capital. Os Investimentos Relacionados a Programas incluem empréstimos, garantias de crédito, depósitos vinculados, Títulos de Impacto Social/DIBs e mesmo investimentos de capital próprio em organizações beneficentes ou empresas com propósito. Por causa de sua grande contribuição filantrópica e alto grau de risco envolvido, as regulamentações dos Estados Unidos os tornam equivalentes a doações e ficam incluídos nos 5% da dotação que precisam ser distribuídos anualmente.

Métricas de impacto

São parâmetros que permitem a mensuração de resultados sociais e ambientais de modo que eles possam ser maximizados.

Objetivos de Desenvolvimento Sustentável (ODSs)

Em 2015, a ONU anunciou os Objetivos de Desenvolvimento Sustentável ou ODSs, uma iniciativa para melhorar nosso mundo por meio da construção de um futuro mais justo e sustentável. Até 2030, os objetivos pretendem cumprir uma série de quesitos em 17 áreas diferentes, numa lista que inclui zerar a miséria e a fome, garantir água e energia para todos, educação inclusiva e equânime, responsabilidade ambiental e proteção dos direitos humanos.

Obrigação de Impacto ao Desenvolvimento (DIB)

O DIB é um Título de Impacto Social implementado em um país emergente, onde fundações e organizações beneficentes entram como pagadores de resultados no lugar dos governos ou juntamente com eles.

Obrigações ecológicas

Green bonds ou obrigações ecológicas são títulos financeiros tradicionais – basicamente um empréstimo feito por um grande número de credores, incluindo indivíduos, para uma empresa com o objetivo de custear um ou mais projetos com foco na preservação ambiental. Na mesma tendência de títulos temáticos, já estão no mercado os *blue bonds* (preservação dos oceanos), títulos voltados para a educação, para questões sociais, e os *gender bonds*, voltados para a promoção da igualdade de gênero.

Pagamento em troca de resultados

É a prática de atrelar o pagamento a metas alcançadas pelos provedores que entregam serviços públicos ou filantrópicos. O pagamento em troca de resultados também pode ser chamado de pagamento pelo sucesso, e com frequência é o termo usado para descrever instrumentos financeiros, como os títulos de impacto social e de desenvolvimento.

Parcerias público-privadas

As parcerias público-privadas entre agências governamentais e empresas do setor privado podem ser usadas para financiar, estruturar e garantir a operação de projetos, como redes de transporte público, parques e centros de convenções. Títulos sociais e de desenvolvimento de impacto podem ser exemplos de parcerias público-privadas quando é o governo que fica incumbido de pagar pelos resultados alcançados, e investidores do setor privado tratam de prover o capital de implementação.

Princípios para o Investimento Responsável (PRIs)

Os Princípios para o Investimento Responsável, endossados pela ONU, são seis diretrizes que estabelecem parâmetros globais para o investimento responsável relacionados a quesitos ambientais, sociais e de governança (fatores ESG). As organizações seguem esses princípios a fim de cumprirem os compromissos estabelecidos com os beneficiários, ao mesmo tempo que mantêm suas atividades de investimento alinhadas aos interesses mais amplos da sociedade.

Títulos de Impacto Social (SIBs)

Os Títulos de Impacto Social, chamados nos Estados Unidos de PFS ou Pague pelo Sucesso, de SBB ou Bonds de Benefício Social (na Austrália) e Contratos de Impacto Social (na França), não são "bonds" no sentido mais tradicional do termo. Trata-se de um contrato de prestação de serviços baseado em resultados entre um "pagador de resultados" e uma organização de entrega, visando alcançar metas ambientais ou sociais. Um investidor entra na transação para prover o capital necessário, para que os serviços sejam entregues. Caso os resultados não correspondam às metas estabelecidas nos termos do contrato, o investidor perde o seu dinheiro, que para todos os efeitos será considerado como uma doação filantrópica. Se, por outro lado, os resultados forem alcançados, o investidor recebe de volta o montante investido acrescido de rendimentos que aumentam proporcionalmente a dimensão dos resultados.

Fonte

Baseado no glossário do relatório do GSG: *Catalysing an Impact Investment Ecosystem: A Policymaker's Toolkit* (janeiro de 2019)

https://gsgii.org/reports/catalysing-an-impact-investment-ecosystem-a-policymakers-toolkit/

NOTAS

Introdução

[1] https://www.ubs.com/global/en/wealth-management/uhnw/philanthropy/shaping-philanthropy.html e https://cpl. hks.harvard.edu/global-philanthropy-report-perspectives-global-financial-sector

[2] https://www.academia.edu/32113970/IMPACT_INVESTMENT_ THE_INVISIBLE_HEART_OF_MARKETS_Harnessing_the_power_of_entrepreneurship_innovation_and_capital_for_public_good

[3] https://ssir.org/articles/entry/should_you_agitate_innovate_ or_orchestrate

Capítulo 1: A REVOLUÇÃO DO IMPACTO: RISCO-RETORNO-IMPACTO

[1] http://www.socialvalueuk.org/what-is-social-value/

[2] https://www.forbes.com/top-public-companies/list/

[3] http://www.bridgesfundmanagement.com/wp-content/ uploads/2017/12/Bridges-Annual-Impact-Report-2017-v1-web.pdf e http://www.bridgesfundmanagement.com/bridges-annual-impact-report-2017/

[4] Contas bancárias que não estão mais vinculadas a seus titulares há um determinado período de tempo, e, como resultado, tornam-se inativas.

[5] http://www.telegraph.co.uk/news/uknews/law-and-order/8110458/Three-in-four-offenders-stick-to-a-life-of-crime. html

[6] https://data.ncvo.org.uk/a/almanac15/assets/

[7] http://data.foundationcenter.org/

[8] https://www.fnlondon.com/articles/why-sir-ronald-cohen-deserves-the-nobel-peace-prize 20170801

[9] https://www.brookings.edu/research/impact-bonds-in-developing-countries-early-learnings-from-the-field/ e https://www.gov.uk/guidance/social-impact-bonds#uk-government-outcomes-funds-for-sibs

[10] https://www.wired.com/2015/03/opinion-us-embassy-beijing-tweeted-clear-air/

[11] http://eprints.lse.ac.uk/65393/1/Assessing%20social%20 impact%20assessment%20methods%20report%20-%20 final.pdf

[12] https://www.gov.uk/guidance/social-impact-bonds

[13] http://www.globalvaluexchange.org/

[14] http://www.globalvaluexchange.org/valuations/8279e41d9e5e0bd8499f2da3

[15] https://www.unpri.org/signatories/signatory-directory

[16] https://www.blackrock.com/hk/en/insights/larry-fink-ceo-letter

Capítulo 2: A ERA DO EMPREENDEDORISMO DE IMPACTO

[1] Essa primeira história foi tirada do artigo de Aryn Baker de 31 de maio de 2018 "Zipline's Drones Are Saving Lives" – http://time.com/ longform/ziplines-drones-are-saving-lives/
[2] https://pando.com/2016/11/10/zipline/
[3] Idem.
[4] Idem.
[5] Idem.
[6] https://www.modernghana.com/news/899872/from-muhanga-to-the-rest-of-rwanda-how-zipline-is-providing.html
[7] https://dronelife.com/2018/04/04/zipline-announces-new-drones/
[8] Idem.
[9] https://techcrunch.com/2019/05/17/ziplines-new-190-million-funding-means-its-the-newest-billion-dollar-contender-in-the-game-of-drones/
[10] Idem.
[11] Idem.
[12] https://www.mirror.co.uk/tech/hi-tech-specs-allow-blind-7756188
[13] https://www.orcam.com/en/media/blind-veteran-reads-to-his-sons-using-orcams-technology/
[14] https://www.devdiscourse.com/article/international/ 473713-blind-and-visually-impaired-cast-their-ballots-unassisted-in-israel-election
[15] https://www.ft.com/content/3d091920-0970-11e7-ac5a-903b21361b43
[16] https://www.ft.com/content/b93ab27a-07e4-11e7-97d1-5e720a26771b
[17] https://www.irishtimes.com/business/innovation/myeye-a-glimpse-of-the-future-for-visually-impaired-1.3380963
[18] https://pressreleases.responsesource.com/news/96779/ visually-impaired-student-is-achieving-independence-with-cutting-edge-artificial-vision/
[19] https://www.reuters.com/article/us-tech-orcam-valuation/ israeli-visual-aid-company-orcam-valued-at-1-billion-idUSKCN1G326E
[20] Idem.
[21] https://www.news.com.au/technology/gadgets/wearables/ the-breakthrough-of-the-21st-century-how-this-product-changed-a-blind-womans-life/news-story/74f9881ed0f6f87a8797842bd982d1da
[22] https://www.eastersealstech.com/2019/01/04/atu397-carlos-pereira-founder-and-ceo-of-livox/
[23] https://solve.mit.edu/challenges/teachers-and-educators/ solutions/4677
[24] https://www.weforum.org/agenda/2018/01/this-man-made-an-app-so-he-could-give-his-daughter-a-voice/
[25] Idem.
[26] https://www.youtube.com/watch?v=MrpL6SrfgA8
[27] https://solve.mit.edu/challenges/teachers-and-educators/ solutions/4677
[28] https://www.schwabfound.org/awardees/carlos-edmar-pereira
[29] https://www.forbes.com/companies/tala/?list=fintech/#64ca4ec84c4d
[30] https://www.fastcompany.com/40528750/these-entrepreneurs-are-taking-back-your-credit-score-from-the-big-credit-bureaus
[31] Idem.
[32] https://techcrunch.com/2018/04/18/with-loans-of-just-10-this-startup-has-built-a-financial-services-powerhouse-in-emerging-markets/
[33] https://www.forbes.com/companies/tala/?list=fintech/#64ca4ec84c4d
[34] https://www.forbes.com/sites/forbestreptalks/2016/08/29/ how-tala-mobile-is-using-phone-data-to-revolutionize-microfinance/#1f8f38f82a9f

35 https://www.fastcompany.com/40528750/these-entre preneurs-are-taking-back-your-credit-score-from-the-big-credit-bureaus and https://www.forbes.com/sites/forbest reptalks/2016/08/29/how-tala-mobile-is-using-phone-data-to-revolutionize-microfinance/#1f8f38f82a9f
36 https://static1.squarespace.com/static/57687604579fb3ab71469c8f/t/5bdc851b21c67c47f9f9a802/1541178690584/ Tala+Impact+Report+-+11.18.pdf
37 https://www.forbes.com/sites/forbestreptalks/2016/08/29/ how-tala-mobile-is-using-phone-data-to-revolutionize-micro finance/#1f8f38f82a9f
38 https://www.devex.com/news/a-look-at-digital-credit-in-kenya-and-why-access-alone-is-not-enough-93748
39 https://static1.squarespace.com/static/57687604579fb3ab71469c8f/t/5bdc851b21c67c47f9f9a802/1541178690584/ Tala+Impact+Report+-+11.18.pdf
40 https://tala-mobile.squarespace.com/series-c-release
41 https://www.reuters.com/article/us-paypal-tala/paypal-backs-emerging-markets-lender-tala-idUSKCN1MW1MT
42 https://medium.com/tala/with-65m-tala-goes-global-q-a-with-shivani-siroya-founder-ceo-and-female-founders-fund-5c4d0699f350
43 https://academic.oup.com/bioscience/article/67/4/386/3016049
44 https://www.theguardian.com/news/2018/mar/26/the-human-microbiome-why-our-microbes-could-be-key-to-our-health
45 https://www.youtube.com/watch?v=f_P1uoV8R6Q
46 https://www.indigoag.com/product-performance-data
47 https://agfundernews.com/breaking-indigo-raises-250m-series-e-adding-grain-marketplace-to-farm-services-platform. html
48 https://www.youtube.com/watch?v=f_P1uoV8R6Q
49 Idem.
50 https://www.reuters.com/article/nigeria-unemployment-idUSL5N10T29Q20150902
51 https://www.techcityng.com/tolu-komolafe-andela-superwoman/
52 https://africacheck.org/reports/nigerias-unemployment-rate-18-8-widely-tweeted/
53 https://www.nytimes.com/2017/10/10/business/andela-start-up-coding-africa.html
54 https://www.cnn.com/videos/tv/2016/11/01/exp-gps-1030-andela-interview.cnn
55 https://medium.com/the-andela-way/hello-world-class-completing-the-andela-fellowship-ace88447d27e
56 https://borgenproject.org/tag/tolulope-komolafe/
57 https://venturebeat.com/2019/02/11/andela-will-use-ai-to-pair-african-developers-with-high-growth-startups/
58 https://www.bloomberg.com/news/articles/2019-01-23/al-gore-s-firm-leads-100-million-round in african startup andela
59 https://www.newyorker.com/magazine/2015/07/20/ new-guys
60 https://www.ozy.com/rising-stars/if-she-has-her-way-the-next-bill-gates-will-come-from-lagos/71949
61 https://techcrunch.com/video/andelas-christina-sass-on-growing-tech-talent-in-africa/
62 https://techcrunch.com/video/andelas-christina-sass-on-growing-tech-talent-in-africa/
63 https://www.forbes.com/sites/forbestreptalks/2018/01/12/ andela-aims-to-solve-the-developer-shortage-with-tech-workers-from-africa/#45b9af91764e
64 https://techcrunch.com/video/andelas-christina-sass-on-growing-tech-talent-in-africa/
65 https://techmoran.com/2015/06/25/spark-capital-makes-first-african-investmentleads-series-a-funding-for-andela/
66 https://techcrunch.com/video/andelas-christina-sass-on-growing-tech-talent-in-africa/

[67] https://www.prnewswire.com/news-releases/andela-raises-40m-to-connect-africas-engineering-talent-with-global-technology-companies-300533747.html
[68] https://www.economist.com/special-report/2017/11/09/technology-may-help-compensate-for-africas-lack-of-manufacturing
[69] https://www.bloomberg.com/news/articles/2019-01-23/al-gore-s-firm-leads-100-million-round-in-african-startup-andela
[70] https://lifestyle.thecable.ng/tolu-komolafe-andela-programming/
[71] https://www.washingtonpost.com/news/parenting/wp/2017/03/09/reading-writing-and-hunger-more-than-13-million-kids-in-this-country-go-to-school-hungry/
[72] https://www.nytimes.com/2010/01/24/us/24sfpolitics.html?_r=0
[73] https://www.washingtonpost.com/news/parenting/wp/2017/03/09/reading-writing-and-hunger-more-than-13-million-kids-in-this-country-go-to-school-hungry/
[74] https://www.cdc.gov/features/school-lunch-week/index.html
[75] https://www.nytimes.com/2012/09/30/jobs/revolution-foods-chief-on-healthier-school-meals.html
[76] https://www.bostonglobe.com/metro/2017/07/23/fresh-start-for-boston-school-lunches/zt6N1DO2yFC5UwH2x0H1lM/story.html
[77] https://www.fastcompany.com/3039619/revolution-foods
[78] https://www.nytimes.com/2012/09/30/jobs/revolution-foods-chief-on-healthier-school-meals.html
[79] http://time.com/2822774/revolution-foods-steve-case/
[80] https://medium.com/kid-tech-by-collab-sesame/how-revolution-foods-is-democratizing-healthy-living-to-set-kids-up-for-success-b5184973e3e4
[81] http://time.com/2822774/revolution-foods-steve-case/
[82] Idem.
[83] https://www.fastcompany.com/3039619/revolution-foods
[84] https://www.crunchbase.com/organization/revolution-foods
[85] https://www.bizjournals.com/sanfrancisco/news/2019/01/10/can-healthy-school-lunches-be-a-1-billion-idea.html
[86] https://www.revolutionfoods.com/blog/being-a-b-corp-qa-with-co-founder-kirsten-tobey/
[87] https://medium.com/kid-tech-by-collab-sesame/how-revolution-foods-is-democratizing-healthy-living-to-set-kids-up-for-success-b5184973e3e4
[88] https://medium.com/kid-tech-by-collab-sesame/how-revolution-foods-is-democratizing-healthy-living-to-set-kids-up-for-success-b5184973e3e4
[89] https://bridgesisrael.com/nazid-impact-food/
[90] https://www.marketwatch.com/story/this-startup-seeks-to-identify-water-problems-before-they-become-crises-2019-03-22
[91] Idem.
[92] https://www.environmentalleader.com/2019/03/179490/
[93] https://bombas.com/pages/about-us
[94] https://www.elvisandkresse.com/pages/about-us-2
[95] https://www.businessinsider.com/london-handbag-fire-hoses-recycled-fashion-accessories-sustainability-2019-5
[96] Idem.
[97] Idem.
[98] https://www.bloomberg.com/news/articles/2019–04-17/tesla-s-first-impact-report-puts-hard-number-on-co2-emissions
[99] https://thenextweb.com/cars/2018/06/05/this-indian-startup-is-taking-a-shot-at-becoming-the-tesla-of-electric-two-wheelers/

[100] https://www.wsj.com/articles/the-fast-and-the-financed-chinas-well-funded-auto-startups-race-to-overtake-tesla-1513498338
[101] https://www.bcorporation.net/what-are-b-corps
[102] Ver mais exemplos listados em http://benefitcorp.net/faq
[103] https://www.triplepundit.com/2014/03/emerging-legal-forms-allow-social-entrepreneurs-blend-mission-profits/
[104] http://benefitcorp.net/policymakers/state-by-state-status
[105] https://assets.publishing.service.gov.uk/government/uploads/system/uploads/attachment_data/file/727053/cic-18-6-community-interest-companies-annual-report-2017-2018.pdf and https://www.gov.uk/government/publications/cic-regulator-annual-report-2017-to-2018
[106] https://www.ashoka.org/en-IL/about-ashoka
[107] http://www.echoinggreen.org/about/
[108] https://endeavor.org/global-board/linda-rottenberg/

Capítulo 3: O INVESTIMENTO DE IMPACTO FUNDAMENTA O NOVO NORMAL

[1] http://www.gsi-alliance.org/wp-content/uploads/2019/03/GSIR_Review2018.3.28.pdf
[2] https://www.climatebonds.net/2019/10/green-bond-issuance-tops-200bn-milestone-new-global-record-green-finance-latest-climate
[3] https://www.climatebonds.net/files/reports/2019_annual_ highlights-final.pdf
[4] https://thegiin.org/assets/Sizing%20the%20Impact%20 Investing%20Market_webfile.pdf
[5] https://www.investopedia.com/advisor-network/articles/social-returns-just-important-millennial-investors/ and https:// onwallstreet.financial-planning.com/news/millennials-want-their-investing-to-make-a-difference. Study from 2016
[6] http://www.businessinsider.com/meet-blackrocks-impact-investing-team-2016–6
[7] https://www.theatlantic.com/business/archive/2017/11/resource-generation-philanthropy/546350/
[8] https://www.theguardian.com/business/2019/dec/02/ directors-climate-disclosures-tci-hedge-fund
[9] http://people.stern.nyu.edu/adamodar/pdfiles/valrisk/ch4. pdf (pág. 8–12)
[10] https://www.ifc.org/wps/wcm/connect/76e6607a-11a4-4ae8-a36c-7116b3d9dab3/Impactprinciples_booklet_FINAL_ web_4-12-19.pdf?MOD=AJPERES
[11] https://www.impactprinciples.org/signatories-reporting em novembro de 2019
[12] https://www.forbes.com/sites/bhaktimirchandani/2019/04/12/what-you-need-to-know-about-the-ifcs-operating-principles-for-impact-management/#7da3fd3126b7
[13] https://www.ubs.com/global/en/wealth-management/uhnw/philanthropy/shaping-philanthropy.html e https://cpl.hks. harvard.edu/global-philanthropy-report-perspectives-global-financial-sector
[14] https://www.willistowerswatson.com/en-CA/insights/ 2019/02/global-pension-assets study-2019
[15] https://bigsocietycapital.fra1.cdn.digitaloceanspaces.com/ media/documents/Pensions_with_Purpose_Final.pdf e https://bigsocietycapital.com/latest/pensions-purpose/
[16] https://www.top1000funds.com/analysis/2017/02/01/pggm-apg-lead-dutch-sustainability-push/
[17] https://www.apg.nl/en/who-is-apg (em abril de 2019)
[18] https://www.odsi-nl.org
[19] https://news.impactalpha.com/dutch-pension-fund-moves-from-impact-alignment-to-impact-management-da2cab1c91c5
[20] https://www.top1000funds.com/analysis/2017/02/01/pggm-apg-lead-dutch-sustainability-push/ e https://www. top1000funds.com/analysis/2017/08/17/dutch-pension-funds-embrace-un-goals/

[21] https://news.impactalpha.com/dutch-pension-fund-moves-from-impact-alignment-to-impact-management-da2cab1c91c5
[22] https://www.ipe.com/countries/netherlands/engineering-scheme-introduces-real-assets-portfolio-targeting-25bn 10031069.fullarticle
[23] http://impactalpha.com/global-goals-european-pension-funds/
[24] https://www.ipe.com/countries/netherlands/europes-biggest-pension-fund-to-cut-33bn-of-tobacco-nuclear-assets/10022647.article e https://www.ipe.com/countries/netherlands/pgb-to-ditch-tobacco-from-its-investment-universe/10021218.article
[25] https://www.ipe.com/news/esg/uks-nest-adopts-climate-aware-fund-for-default-strategy/10017699.article
[26] https://www.top1000funds.com/2016/12/hsbc-pensions-innovative-dc-offering/
[27] https://www.ipe.com/pensions/investors/how-we-run-our-money-hsbc-uk-pension-scheme/10020454.article
[28] https://pressroom.vanguard.com/nonindexed/HAS18_ 062018.pdf
[29] https://evpa.eu.com/uploads/documents/FR-Nugget-90-10-Funds.pdf
[30] https://thephilanthropist.ca/2018/07/more-than-a-million-french-using-their-savings-for-social-good-a-novel-approach-to-impact-investing-in-france/
[31] http://www.smf.co.uk/wp-content/uploads/2015/09/Social-Market-FoundationSMF-BSC-030915-Good-Pensions-Introducing-social-pension-funds-to-the-UK-FINAL.pdf
[32] https://www.calpers.ca.gov/docs/forms-publications/facts-about.pdf
[33] https://www.calpers.ca.gov/page/investments
[34] https://www.prnewswire.com/news-releases/assets-of-the-1000-largest-us-retirement-plans-hit-record-level-300402401. html
[35] https://www.businessinsider.co.za/climate-action-100-gets-energy-giants-to-commit-to-sustainbility-2019-5
[36] https://www.calstrs.com/investments-overview
[37] https://www.calstrs.com/sites/main/files/file-attachments/ calstrs_21_risk_factors.pdf
[38] https://hbr.org/2018/01/why-an-activist-hedge-fund-cares-whether-apples-devices-are-bad-for-kids
[39] https://www.ai-cio.com/news/japans-government-pension-fund-returns-4-61--fiscal-q3
[40] https://www.youtube.com/watch?v=lz26q6fZ6dk (maio de 2019)
[41] https://www.reuters.com/article/us-japan-gpif-esg/japans-gpif-expects-to-raise-esg-allocations-to-10-percent-ftse-russell-ceo-idUSKBN19Z11Y
[42] http://www.ftserussell.com/files/press-releases/worlds-largest-pension-fund-selects-new-ftse-russell-index-integrate-esg
[43] https://www.msci.com/documents/10199/60420eeb-5c4e-4293-b378-feab6a2bf77f
[44] https://www.verdict.co.uk/private-banker-international/news/exclusive-ubs-tops-2016-global-private-wealth-managers-aum-ranking/
[45] https://www.businessinsider.com/ubs-impact-fund-investing-in-bono-2017-7
[46] https://citywireamericas.com/news/ubs-wm-americas-appoints-head-of-sustainable-investing/a1005975
[47] https://www.ubs.com/global/en/investor-relations/financial-information/annual-reporting/2018.html
[48] https://www.ubs.com/global/en/wealth-management/chief-investment-office/investment-opportunities/sustainable-investing/2017/breaking-down-barriers-private-wealth-fund-odss.html
[49] https://align17.com/
[50] https://www.devex.com/news/usaid-announces-a-new-development-impact-bond-91621

IMPACTO

[51] https://www.thirdsector.co.uk/british-asian-trust-announces-worlds-largest-impact-bond-education/finance/ article/1492576
[52] https://www.frbsf.org/community-development/files/rikers-island-first-social-impact-bond-united-states.pdf
[53] https://www.goldmansachs.com/media-relations/press-releases/current/gsam-announcement-7-13-15.html
[54] https://www.fa-mag.com/news/goldman-says-esg-investing-has-gone-mainstream-35138.html?mod=article_inline
[55] https://www.bloomberg.com/news/articles/2020-02-26/carlyle-breaks-from-pack-promising-impact-investing-across-firm
[56] http://www.campdenfb.com/article/growth-millennial-driven-impact-investing-new-global-family-office-report-2017
[57] https://www.morganstanley.com/articles/investing-with-impact
[58] https://www.businesswire.com/news/home/20170613 005829/en/Morgan-Stanley-Launches-Sustainable-Investing-Education-Financial
[59] https://www.ft.com/content/f66b2a9e-d53d-11e8-a854-33d6f82e62f8
[60] https://www.generationim.com/generation-philosophy/#vision
[61] https://www.triodos-im.com/
[62] https://www.crunchbase.com/organization/triodos-investment-management
[63] https://www.triodos-im.com/articles/2018/credo-bank-in-georgia
[64] https://www.triodos-im.com/articles/projects/do-it
[65] Anteriorment chamado de "Bridges Ventures"
[66] https://www.bridgesfundmanagement.com/wp-content/ uploads/2019/07/Bridges-Impact-Report-2019-web-print-3.pdf
[67] https://www.linkedin.com/company/bridgesfundmanagement/?originalSubdomain=il
[68] https://www.bridgesfundmanagement.com/our-story/
[69] http://www.leapfroginvest.com/
[70] http://www.dblpartners.vc/about/
[71] https://www.crunchbase.com/organization/social-capital
[72] http://www.aavishkaar.in/about-us.php#our-company

Capítulo 4: INCORPORANDO O IMPACTO NOS NEGÓCIOS

[1] https://www.reuters.com/article/us-danone-outlook-ceo/danone- looks-to-ride-healthy-food-revolution-wave-idUSKBN19D1GA
[2] https://www.just-food.com/interview/danone-ceo-emmanuelfaber-on-why-industry-mindset-on-health-and-sustainabilityneeds-to-change-just-food-interview-part-one_id137124.aspx
[3] https://www.youtube.com/watch?v=PhuEtyH63K4
[4] Idem.
[5] Idem.
[6] https://www.economist.com/business/2018/08/09/danone-rethinks-the-idea-of-the-firm
[7] https://www.businessroundtable.org/business-roundtable-redefines-the-purpose-of-a-corporation-to-promote-an-economy-that-serves-all-americans
[8] https://www.businessroundtable.org/about-us
[9] https://www.oecd.org/inclusive-growth/businessforinclusive growth/
[10] https://www.oecd.org/newsroom/top-global-firms-commit-to-tackling-inequality-by-joining-business-for-inclusive-growth-coalition.htm
[11] https://www.unilever.com/sustainable-living/reducing environmental-impact/greenhouse-gases/innovating-to-reducegreenhouse-gases/#244-

[12] http://www.buycott.com/
[13] https://www.globalcitizen.org/en/content/buycott-conscious consumer-app-of-the-week/
[14] http://www.buycott.com/faq
[15] http://www.mtv.com/news/2682766/buycott-app-where groceries-come-from/
[16] https://www.accenture.com/t20181205T121039Z__w__/us-en/_acnmedia/Thought-Leadership-Assets/PDF/Accenture-CompetitiveAgility-GCPR-POV.pdf#zoom=50
[17] https://www.theguardian.com/society/2017/may/17/coca-cola-says-sugar-cuts-have-not-harmedsales
[18] https://www.confectionerynews.com/Article/2018/05/18/Nestle-to-cut-more-sugar-and-salt-in-packaged-foods
[19] https://www.just-food.com/news/mars-launches-healthy snacks-goodnessknows_id130089.aspx
[20] https://www.foodbev.com/news/mars-buys-minoritystake-kind-response-healthier-snacking/
[21] Disponíveis desde 2018 no Reino Unido, Irlanda, Alemanha, França, Países Baixos, Suíça, Brasil, Argentina e Uruguai.
[22] Idem.
[23] https://www.nestle.com/csv/impact/environment
[24] https://www.environmentalleader.com/2009/05/new-dasani-bottle-made-partially-of-plant-material/
[25] https://www.environmentalleader.com/2015/06/coca-colaproduces-worlds-first-100-plant-basedpet-bottle/
[26] https://globenewswire.com/news-release/2016/05/31/ 844530/0/en/Bio-Based-Polyethylene-Terephthalate-PET-Market-size-over-13-Billion-by-2023-Global-Market-Insights-Inc.html
[27] https://www.accenture.com/t20181205T121039Z__w__/us-en/_acnmedia/Thought-Leadership-Assets/PDF/Accenture-CompetitiveAgility-GCPR-POV.pdf#zoom=50
[28] https://www.forbes.com/sites/andersonantunes/2014/ 12/16/brazils-natura-the-largest-cosmetics-maker-in-latin-america-becomes-a-b-corp/#7d0114c125a2
[29] http://www.conecomm.com/research-blog/2016-millennial-employee-engagement-study
[30] Idem, e http://millennialemployeeengagement.com/Metodologia: o Estudo Sobre Engajamento de Funcionários Millennials da Cone Communications de 2016 apresenta os resultados de uma pesquisa online feita entre 11 e 20 de abril de 2016 pela Toluna com uma amostra randomizada de 1.020 adultos empregados em empresas com mil ou mais funcionários, 510 homens e 510 mulheres, com idade de 20 anos ou mais. A margem de erro associada a uma amostra dessa dimensão é de cerca de 3%, com um grau de fiabilidade de 95%.
[31] https://hbr.org/2011/01/the-big-idea-creating-shared-value
[32] https://www.sharedvalue.org/about-shared-value
[33] https://www.huffpost.com/entry/the-big-idea-creating-sha_b_815696
[34] https://money.cnn.com/magazines/fortune/fortune_archive/2007/02/19/8400261/index.htm
[35] Idem.
[36] Laura Michelini, "Social Innovation and New Business Models: Creating Shared Value in Low-Income Markets", Print, 2012, pág.71
[37] https://www.bloomberg.com/news/articles/2008–04-28/danone-innovates-to-help-feed-the-poorbusinessweek-business-news-stock-market-and-financial-advice
[38] http://content.time.com/time/magazine/article/0,9171, 2010077,00.html
[39] Idem.
[40] Carol Matlack, "Danone Innovates to Help Feed the Poor", BusinessWeek Online, 23 de abril de 2008, http://search.ebscohost.com.ezp-prod1.hul.harvard.edu/login.aspx?direct=true&db=heh&AN=31863578&site=ehost-live&scope=site
[41] http://content.time.com/time/magazine/article/0,9171, 2010077,00.html

IMPACTO

42 http://www.danonecommunities.com/index.php/portfolio_page/grameen-damone-food-limited/
43 https://www.ncbi.nlm.nih.gov/pmc/articles/PMC3671231/ –segundo estudo da Johns Hopkins Bloomberg School of Public Health, conduzido entre 2008 e 2011.
44 http://content.time.com/time/magazine/article/0,9171, 2010077,00.html
45 http://www.danonecommunities.com/
46 http://www.danonecommunities.com/index.php/alleviate-poverty-fr/
47 http://www.livelihoods.eu/es/about-us/
48 Idem.
49 Idem.
50 https://vimeo.com/36737411
51 Idem.
52 Idem.
53 https://www.fastcompany.com/40557647/this-food-giant-is-now-the-largest-b-corp-in-the-world
54 http://www.wealthandgiving.org/perspectives/2019/2/27/ seeking-impact-five-years-on
55 http://www.danone.com/en/for-all/our-mission-in-action/ our-unique-company/alimentation-revolution/
56 https://www.fooddive.com/news/danone-completes-acquisition-of-organic-foods-producer-whitewave/ 440356/
57 https://www.reuters.com/article/us-danone-outlook-ceo/ danone-looks-to-ride-healthy-food-revolution-wave-idUSKB N19D1GA
58 Idem.
59 https://www.mckinsey.com/~/media/McKinsey/Business%20Functions/Sustainability/Our%20Insights/Toward%20a%20circular%20economy%20in%20food/Toward%20a%20circular%20economy%20in%20food.ashx
60 http://iar2017.danone.com/vision-and-ambition/contribution-to-the-uns-odss/
61 https://www.danone.com/impact/planet/towards-carbon-neutrality.html
62 https://www.mckinsey.com/~/media/McKinsey/Business%20Functions/Sustainability/Our%20Insights/Toward%20a%20circular%20economy%20in%20food/Toward%20a%20circular%20economy%20in%20food.ashx
63 https://www.wsj.com/articles/danones-deputy-ceo-faber-to-become-chief-executive-1409677620
64 https://www.youtube.com/watch?v=PhuEtyH6SK4
65 https://www.fastcompany.com/3068681/how-chobani-founder-hamdi-ulukaya-is-winning-americas culture war
66 Idem.
67 Idem.
68 Idem.
69 Idem.
70 https://www.ted.com/talks/hamdi_ulukaya_the_anti_ceo_playbook/ transcript?language=en
71 Idem.
72 https://money.cnn.com/2016/01/20/news/refugees-business-davos-opinion/index.html
73 https://www.fastcompany.com/3068681/how-chobani-founder-hamdi-ulukaya-is-winning-americas-culture-war
74 https://www.nytimes.com/2018/08/24/business/hamdi-ulukaya-chobani-corner-office.html
75 https://www.nytimes.com/2011/02/17/business/media/17adco.html
76 https://www.nytimes.com/2018/08/24/business/hamdi-ulukaya-chobani-corner-office.html
77 Idem.

[78] https://assets.ctfassets.net/3s6ohrza3ily/5Bry9RmMqnd4dF0Yxr8Vy/ bbc8cc7867a831c569b355169325354e/COMP_2019_Sustainability_Project_v17.pdf
[79] Idem.
[80] Idem.
[81] https://www.evesun.com/progress_folder/2019/pdf/ progress9.pdf
[82] Idem.
[83] htps://www.nytimes.com/2016/04/27/business/a-windfall-for-chobani-employees-stakes-in-the-company.html
[84] https://www.forbes.com/sites/simonmainwaring/2018/08/27/how-chobani-builds-apurposeful-culture-around-social-impact/#19e09b6e20f7
[85] https://www.inc.com/christine-lagorio/chobani-founder-hamdi-ulukaya-founders-project.html
[86] https://www.nationalgeographic.com/news/2017/07/plastic-produced-recycling-wasteocean-trash-debris-environment/
[87] Idem.
[88] http://www3.weforum.org/docs/WEF_The_New_Plastics_ Economy.pdf
[89] https://www.adidas-group.com/media/filer_public/8e/f1/8ef142c7-ac01-4cb3-b375-875106168555/2019_adidas_x_ parley_qa_en.pdf
[90] https://www.cnbc.com/2018/03/14/adidas-sold-1-million-shoes-made-out-of-ocean-plastic-in-2017.html
[91] https://www.racked.com/2018/3/15/17124138/adidas-recycled-plastic-parley
[92] https://qz.com/quartzy/1598089/adidass-futurecraft-loop-is-a-zero-waste-sustainable-sneaker
[93] https://www.engadget.com/2019/04/17/adidas-futurecraft-loop-recycled-running-shoes-sustainability-speedfactory/
[94] https://www.fastcompany.com/90335038/exclusive-adidass-radical-new-shoe-could-change-how-the-world-buys-sneakers
[95] Idem.
[96] Idem.
[97] Idem.
[98] Idem.
[99] https://www.engadget.com/2019/04/17/adidas-futurecraft-loop-recycled-running-shoes-sustainability-speedfactory/
[100] http://highlights.ikea.com/2018/facts-and-figures/home/ index.html
[101] https://www.ikea.com/us/en/about_ikea/newsitem/022615_pr_making-solid-wood
[102] https://www.reuters.com/article/us-ikea-sustainability/ ikea-to-use-only-renewable-and-recycled-materials-by-2030-idUSKCN1J31CD
[103] https://www.youtube.com/watch?v=rRXNRq5P9O0
[104] https://www.ikea.com/ms/en_US/pdf/people_planet_positive/IKEA_Sustainability_Strategy_People_Planet_ Positive_v3.pdf
[105] https://news.theceomagazine.com/news/ikea-new-benchmark-renewable-furniture/
[106] https://www.ikea.com/ms/en_US/pdf/people_planet_positive/IKEA_Sustainability_ Strategy_People_Planet_ Positive_v3.pdf
[107] https://ftalphaville.ft.com/2019/02/20/1550638802000/Dis-assembling-IKEA-/
[108] https://www.epa.gov/facts-and-figures-about-materials-waste-and-recycling/durable-goods-product-specific-data#FurnitureandFurnishings
[109] https://www.bluebulbprojects.com/measureofthings/results.9690000&comp=weight&unit =tns&searchTerm=9690000+tons
[110] https://news.globallandscapesforum.org/32098/ikea-assembles-plan-to-reduce-emissions-in-the-atmosphere-by-2030/

[111] Idem.
[112] https://www.ft.com/content/da461f24-261c-11e9-8ce6-5db 4543da632
[113] Idem.
[114] https://www.ft.com/content/da461f24-261c-11e9-8ce6-5db 4543da632
[115] Idem.
[116] https://www.dwell.com/article/ikea-gunrid-air-purifying-curtains-81cf8714
[117] https://www.ikea.com/ms/en_AU/this-is-ikea/people-and-planet/sustainable-life-at-home/index.html
[118] http://highlights.ikea.com/2017/circular-economy/index.html
[119] https://www.fastcompany.com/90236539/ikea-is-quickly-shifting-to-a-zero-emissions-delivery-fleet
[120] https://www.consciouscapitalism.org/heroes/b-lab-founders
[121] http://b-analytics.net/content/company-ratings
[122] George Serafeim, DG Park, David Freiberg, T. Robert Zochowski. "Corporate Environmental Impact: Measurement, Data and Insights". Documento de Trabalho da Harvard Business School disponibilizado em março de 2020. Todos os dados sobre emissões vêm de informações da Bloomberg e/ou Thomson Reuters, e no caso de dados faltantes em uma base de dados (ou em ambas), os valores foram imputados a partir de dados da Exiobase. Esses dados sobre emissões (em volumes) são multiplicados usando estimativas monetárias EPS (Steen, "Monetary Valuation of Environmental Impacts" CRC Press, 2019), também disponibilizadas publicamente.
[123] Para o cálculo dos custos ambientais: "Corporate Environmental Impact: Measurement, Data and Insights", de George Serafeim, DG Park, David Freiberg e T. Robert Zochowski, Documento de Trabalho da Harvard Business School a ser disponibilizado em março de 2020. Para o uso de água pela PepsiCo: bases de dados da Bloomberg e Thomson Reuters. Os preços da água são do Waterfund LLC. Para o uso de água pela Coca-Cola: pág. 62 do Relatório Coca-Cola de Sustentabilidade de 2018. Na Internet: https://www.coca-colacompany.com/content/dam/journey/us/en/policies/pdf/safety-health/coca-cola-business-and-sustainability-report-2018.pdf
[124] Para o cálculo dos custos ambientais: "Corporate Environmental Impact: Measurement, Data and Insights", de George Serafeim, DG Park, David Freiberg e T. Robert Zochowski, Documento de Trabalho da Harvard Business School disponibilizado em março de 2020. Para números das emissões de GHG e uso de água pela Exxon: base de dados da Bloomberg. Para números das emissões de GHG e uso de água pela Royal Dutch Shell e BP: bases de dados da Bloomberg e Thomson Reuters.
[125] Para o cálculo dos custos ambientais: "Corporate Environmental Impact: Measurement, Data and Insights", de George Serafeim, DG Park, David Freiberg e T. Robert Zochowski, Documento de Trabalho da Harvard Business School disponibilizado em março de 2020. Para as emissões de GHG da Daimler: Thomson Reuters. Para emissões de GHG da General Motors: tanto Bloomberg quanto Thomson Reuters. Para emissões de GHG da Ford: tanto Bloomberg quanto Thomson Reuters. Para dados de vendas divulgados da Daimler, General Motors e Ford: Worldscope.
[126] Para o cálculo dos custos ambientais: "Corporate Environmental Impact: Measurement, Data and Insights", de George Serafeim, DG Park, David Freiberg e T. Robert Zochowski, Documento de Trabalho da Harvard Business School disponibilizado em março de 2020. Para dados de economia de combustível na frota de passageiros, emissões dos canos de descarga e volume de vendas da Ford: "SASB Index 2018/19". Ford. Na Internet: https://corporate.ford.com/microsites/sustainability-report-2018-19/assets/files/sr18-sasb.pdf. Para quilometragem anual: baseada em estimativas da Administração de Estradas Federais. do Departamento de Transportes dos Estados Unidos. https://https:// www.fhwa.dot.gov/ohim/onh00/bar8.htm

127 "General Mills marks 10 years of health improvements". General Mills News Releases. 19 de fevereiro de 2015. Na Internet: https://www.generalmills.com/en/News/NewsReleases/Library/2015/February/health-metric
128 General Mills, Formulário 10-K para 2018
129 Diretrizes Alimentares Para Americanos (Estados Unidos)
130 Dariush Mozaffarian et al. "Trans Fatty Acids and Cardiovascular Disease". The New England Journal of Medicine. 13 de abril de 2006. Na Internet: https://www-nejm-org.ezp-prod1.hul.harvard.edu/doi/full/10.1056/NEJMra054035?rl_ver=Z39.88-2003&rfr_id=ori%3Arid%3Acrossref.org&rfr_dat=cr_pub%3Dpubmed
131 https://www.ft.com/content/3f1d44d9-094f-4700-989f-616e27c89599
132 https://www.goodreads.com/quotes/43237-it-s-only-whenthe-tide-goes-out-that-you-learn

Capítulo 5: O DESPONTAR DA FILANTROPIA DE IMPACTO

1 https://www.bridgespan.org/bridgespan/images/articles/ how-nonprofits-get-really-big/How-Nonprofits-Get-Really-Big.pdf?ext=.pdf
2 http://www.nonprofitfinancefund.org/sites/default/files/nff/ docs/2015-survey-brochure.pdf
3 http://www.urban.org/sites/default/files/publication/ 43036/411404-Building-a-Common-Outcome-Framework-To-Measure-Nonprofit-Performance.PDF
4 https://www.gov.uk/government/uploads/system/uploads/ attachment_data/file/486512/social-impact-bond-pilot-peter borough-report.pdf
5 https://metro.co.uk/2017/08/10/what-happens-when-you-finally-get-released-from-jail-one-former-prisoner-explains-6831114/ and https://www.nacro.org.uk/resettlement-advice-service/support-for-individuals/advice-prisoners-people-licence-sex-offenders-mappa/advice-for-prisoners/
6 Em última instância, o título vai pagar 7,5%. Depois de cinco anos de programa e duas levas com mil ex-presidiários cada uma, o governo britânico decidiu reformular o seu Departamento de Condicionais de modo a reduzir a reincidência criminal e diminuir os custos para o sistema prisional, e transformou os Títulos de Impacto Social em um modelo de comissão em troca de serviços.
7 https://www.brookings.edu/wp-content/uploads/2019/01/ Global-Impact-Bonds-Snapshot-March-2020.pdf
8 https://www.brookings.edu/wp-content/uploads/2019/01/ Global-Impact-Bonds-Snapshot-March-2020.pdf
9 https://www.brookings.edu/wp-content/uploads/2019/01/ Global-Impact-Bonds-Snapshot-March-2020.pdf
10 https://www.bridgesfundmanagement.com/uks-first-social-impact-bond-fund-achieves-final-close-25m/ e https:// www.bridgesfundmanagement.com/bridges-closes-second-social-outcomes-fund-at-extended-hard-cap-of-35m/
11 https://www.bridgesfundmanagement.com/outcomes-contracts/
12 https://www.bridgesfundmanagement.com/outcomes-contracts/
13 Uma avaliação da Newcastle University publicada no British Medical Journal atestou melhora no bem-estar, e uma publicação do Newcastle and Gateshead Clinical Commissioning Group demonstrou a redução de custos.
14 https://golab.bsg.ox.ac.uk/knowledge-bank/project-data base/fair-chance-fund-west-yorkshire-fusion-housing/
15 https://www.youtube.com/watch?v=sJ-OfYW0hs&feature= youtu.be
16 https://www.kirkleesbetteroutcomespartnership.org/
17 https://impactalpha.com/prudential-kresge-and-steve-ballmer-back-maycomb-capitals-pay-for-success-fund/

18 https://www.livingcities.org/blog/1203-how-massachusetts-s-new-pfs-project-will-help-make-the-american-dream-a-reality

19 https://www.nytimes.com/2007/02/27/education/27esl.html and https://socialfinance.org/wp-content/uploads/MAPath ways_FactSheet.pdf

20 https://thewell.worlded.org/the-massachusetts-pathways-to-economic-advancement-pay-for-success-project/

21 Social Finance US.

22 https://thewell.worlded.org/the-massachusetts-pathways-to-economic-advancement-pay-for-success-project/

23 Idem.

24 Base de dados global sobre títulos de impacto do Instituto Brookings, 16 de janeiro de 2020.

25 http://govinnovator.com/emily_gustaffson_wright/

26 https://www.un.org/press/en/2019/dsgsm1340.doc.htm

27 http://instiglio.org/educategirlsdib/wp-content/uploads/ 2015/09/Educate-Girls-DIB-Sept-2015.pdf

28 http://www.instiglio.org/en/girls-education-india/

29 https://www.brookings.edu/blog/education-plus-development/2018/07/13/worlds-first-development-impact-bond-for-education-shows-successful-achievement-of-outcomes-in-its-final-year/

30 http://instiglio.org/educategirlsdib/wp-content/uploads/ 2018/07/Educate-Girls-DIB_results_brochure_final-2.pdf

31 Idem.

32 https://www.brookings.edu/wp-content/uploads/2019/01/ Global-Impact-Bonds-Snapshot-March-2020.pdf

33 https://www.brookings.edu/research/impact-bonds-in-developing-countries-early-learnings-from-the-field/

34 https://www.devex.com/news/icrc-launches-world-s-first-humanitarian-impact-bond-90981

35 Learning Generation: Investing in education for a changing world, The Education Commission, 2017.

36 https://www.livemint.com/Education/XRdJDgsAbwnSAH8USzyCWM/11-million-development-impact-bonds-launched-to-improve-edu.html, https://www.brookings.edu/blog/education-plus-development/2018/09/25/a-landmark-month-for-impact-bonds-in-education/, https://indiaincgroup.com/prince-charles-backs-new-education-bond-india/ e https://www.britishasiantrust.org/our-impact/innovative-finance

37 https://www.socialfinance.org.uk/projects/liberia

38 Idem.

39 No seu livro Getting Beyond Better: How Social Entrepreneurship Works, não lançado no Brasil.

40 https://www.fordfoundation.org/ideas/equals-change-blog/ posts/unleashing-the-power-of-endowments-the-next-great-challenge-for-philanthropy/

41 https://www.rockefellerfoundation.org/our-work/initiatives/ innovative-finance/

42 https://obamawhitehouse.archives.gov/blog/2016/04/21/ steps-catalyze-private-foundation-impact-investing

43 http://www.legislation.gov.uk/ukpga/2016/4/section/15/ enacted

44 https://www.appositecapital.com/mission/

45 https://www.gsttcharity.org.uk/who-we-are/our-finances/ how-we-are-financed/our-endowment e https://www. gsttcharity.org.uk/what-we-do/our-strategy/other-assets/property-and-estates

46 Investimentos Relacionados à Missão tem a ver com o uso de investimentos pelas fundações como instrumentos para alcançar suas metas filantrópicas.

47 http://www.fordfoundation.org/ideas/equals-change-blog/ posts/unleashing-the-power-of-endowments-the-next-great-challenge-for-philanthropy/
48 https://nonprofitquarterly.org/can-ford-foundations-1-billion-impact-investing-commitment-alter-field/
49 https://www.fordfoundation.org/ideas/equals-change-blog/ posts/unleashing-the-power-of-endowments-the-next-great-challenge-for-philanthropy/
50 https://efc.umd.edu/assets/m2e/pri_final_report_8-05-13.pdf
51 https://www.fastcompany.com/40525515/how-the-ford-foundation-is-investing-in-change
52 Idem.
53 https://ssir.org/articles/entry/eight_myths_of_us_philan thropy e http://data.foundationcenter.org/#/foundations/ all/nationwide/top:assets/list/2015
54 https://www.fastcompany.com/40525515/how-the-ford-foundation-is-investing-in-change
55 https://www.packard.org/wp-content/uploads/2015/10/ Packard_MIR_2015OCT51.pdf
56 https://mcconnellfoundation.ca/impact-investing/
57 https://mustardseedmaze.vc/
58 https://knowledge.wharton.upenn.edu/article/from-backstreet-to-wall-st-ep-09/
59 http://www.blueorchard.com/sasakawa-peace-foundation-invest-blueorchards-flagship-fund/
60 https://www.forbes.com/sites/annefield/2015/02/26/f-b-heron-foundation-is-going-all-in/#6d2f79386d2f
61 https://www.forbes.com/sites/annefield/2017/03/30/ mission-accomplished-how-the-heron-foundation-went-all-in/#405717a04d17
62 Idem.
63 https://nonprofitquarterly.org/nathan-cummings-no-longer-just-experimenting-impact-investing/
64 https://www.top1000funds.com/2019/05/foundations-should-invest-for-impact/
65 https://www.forbes.com/sites/laurengensler/2015/11/06/lisa-charly-kleissner-kl-felicitas-impact-investing/#3fa5c38138e7
66 https://toniic.com/t100-powered-ascent-report/
67 Idem.
68 http://www.toniic.com/100-impact-network/
69 https://www.bridgespan.org/insights/library/remarkable-givers/profiles/pierre-omidyar/don%e2%80%99t-start-a-foundation-pierre-omidyar-ignores-e
70 Idem.
71 Idem.
72 https://www.omidyar.com/financials - O montante total empenhado desde o seu início é de mais de US$ 1,53 bilhão. Investimentos com fins lucrativos desde a implementação: US$ 713 milhões. Subsídios sem fins lucrativos desde a implementação: US$ 822 milhões.
73 https://www.bridgespan.org/insights/blog/give-smart/ impact-investing-ebay-founder-pierre-omidyar
74 http://skoll.org/about/about-skoll/
75 Idem.
76 https://thegiin.org/research/spotlight/investor-spotlight-capricorn-investment-group
77 https://www.saildrone.com/
78 https://www.gatesfoundation.org/How-We-Work
79 https://sif.gatesfoundation.org/what-we-do/ Note que os investimentos do fundo estão estruturados como "investimentos relacionados a programa", termo estabelecido no Código da Receita Interna dos Estados Unidos que regulamenta investimentos beneficentes feitos por fundações privadas.
80 http://www.investwithimpact.co/principal-venture-capital-bill-melinda-gates-foundation/
81 https://sif.gatesfoundation.org/impact-stories/ empowering-women-strengthening-families/

IMPACTO 213

82 https://beyondtradeoffs.economist.com/improving-lives-innovative-investments
83 http://www.investwithimpact.co/principal-venture-capital-bill-melinda-gates-foundation/
84 Nota: patrimônio avaliado em US$ 45 bilhões na época da implementação. https://www.businessinsider.com/mark-zuckerberg-giving-away-99-of-his-facebook-shares-2015-12
85 https://www.facebook.com/notes/mark-zuckerberg/a-letter-to-our-daughter/10153375081581634/
86 https://www.macfound.org/press/press-releases/150-million-catalytic-capital-help-address-critical-social-challenges/
87 https://www.forbes.com/sites/kerryadolan/2019/04/16/ questioning-big-philanthropy-at-the-skoll-world-forum-is-it-too-powerful-and-out-of-touch/#375764b76253
88 https://www.bertelsmannstiftung.de/fileadmin/files/user_ upload/Market_Report_SII_in_Germany_2016.pdf
89 https://www.socialfinance-org-uk/resources/publications/ portuguese-social-investment-taskforce-blueprint-portugal %22%80%99s-emerging-social

Capítulo 6: GOVERNOS: SOLUCIONANDO PROBLEMAS MAIORES MAIS DEPRESSA

1 https://digitalcommons.pepperdine.edu/cgi/viewcontent.cgi?article=2448&context=plr
2 https://www.thebhc.org/sites/default/files/beh/BEHprint/ v023n2/p0001-p0026.pdf
3 "Catalysing an Impact Investment Ecosystem"
4 https://www.equalityhumanrights.com/en/advice-and-guidance/reporting-requirements-uk,https://www.theguardian.com/sustainable-business/eu-reform-listed-companies-report-environmental-social-impact e https://carboncredentials.com/the-uk-transposition-of-the-non-financial-reporting-directive/
5 https://www.globalelr.com/2019/04/eu-issues-new-sustainable-investment-disclosure-rules/
6 Idem.
7 https://www.gov.uk/government/publications/social-impact-bonds-unit-cost-data
8 http://gsgii.org/wp-content/uploads/2018/10/GSG-Paper-2018-Policy.pdf
9 https://onevalue.gov.pt/?parent_id=25
10 http://www.globalvaluexchange.org/news/b07bcb501c
11 https://group.bnpparibas/en/news/social-impact-contracts-bnp-paribas-invests-social-innovation
12 http://gsgii.org/wp-content/uploads/2018/10/GSG-Paper-2018-Policy.pdf
13 Idem.
14 https://www.socialventures.com.au/sva-quarterly/how-government-can-grow-social-impact-investing/
15 https://commonslibrary.parliament.uk/research-briefings/ cbp-7505/
16 "Bridges Fund Management – Social Outcomes Contracts: An Overview", 2019
17 https://www.csis.org/analysis/leveraging-impact-investment-global-development
18 https://www.gouvernement.fr/sites/default/files/locale/ piece-jointe/2019/07/g7_financing_for_sustainable_ development_declaration_cle0973b7.pdf
19 http://www.theimpactprogramme.org.uk/
20 https://www.cdcgroup.com/en/catalyst/
21 http://villageenterprise.org/our-impact/development-impact-bond/
22 https://www.devex.com/news/new-dib-brings-in-big-donors-provides-biggest-test-of-model-to-date-91137
23 https://www.bridgesfundmanagement.com/village-enterprise-closes-investment-for-first-development-impact-bond-for-poverty-alleviation-in-sub-saharan-africa/

[24] https://www.civilsociety.co.uk/news/government-takes-next-steps-in-releasing-billions-of-pounds-in-dormant-assets.html
[25] https://bigsocietycapital.com/impact-stories/
[26] http://gsgii.org/wp-content/uploads/2018/10/GSG-Paper-2018-Wholesalers.pdf
[27] https://www.reuters.com/article/us-japan-economy-impact-investment/japan-urged-to-tap-dormant-bank-accounts-to-promote-impact-investment-idUSKCN1G316H
[28] http://gsgii.org/wp-content/uploads/2018/10/GSG-Paper-2018-Policy.pdf
[29] https://www.gov.ie/en/publication/f24ad0-dormant-accounts-action-plan-2019/
[30] https://impactinvesting.marsdd.com/unclaimed-assets/
[31] https://nextcity.org/daily/entry/sba-program-seeks-to-change-venture-capital and https://independentsector.org/ news-post/the-federal-government-and-impact-investing/
[32] https://www.willistowerswatson.com/en-CA/insights/2019/ 02/global-pension-assets-study-2019
[33] https://www.bigsocietycapital.com/what-we-do/current-projects/social-investment-tax-relief/get-sitr#SITR-case-studies
[34] A depender do tipo/duração do investimento: https://www.tax policycenter.org/briefing-book/what-are-opportunity-zones-and-how-do-they-work
[35] Desde que você não venda as suas ações por cinco anos. https://finansol.org/en/how-to-become-a-solidarity-based-saver-or-investor.php
[36] http://gsgii.org/wp-content/uploads/2018/10/GSG-Paper-2018-Policy.pdf
[37] https://www.finansol.org/_dwl/social-finance.pdf
[38] Aproximação (https://www.poundsterlinglive.com/bank-of-england-spot/historical-spot-exchange-rates/gbp/GBP-to-USD-1981)
[39] Aproximação (https://fxtop.com/en/historical-currency- converter.php?)
[40] https://access-socialinvestment.org.uk/us/the-story-so-far/ e https://www.socialventures.com.au/sva-quarterly/how-government-can-grow-social-impact-investing/
[41] http://koreabizwire.com/govt-to-boost-policy-support-for-social-impact-investments/116052
[42] http://gsgii.org/wp-content/uploads/2018/10/GSG-Paper- 2018-Policy.pdf
[43] https://docs.jobs.gov.au/system/files/doc/other/sedifevaluation.pdf
[44] http://impactstrategist.com/case-studies/social-enterprise-development-investment-funds/
[45] http://gsgii.org/wp-content/uploads/2018/10/GSG-Paper-2018-Policy.pdf
[46] https://ssir.org/articles/entry/french_law_revisits_ corporate_purpose
[47] http://gsgii.org/wp-content/uploads/2018/10/GSG-Paper-2018-Policy.pdf
[48] https://www.devex.com/news/opinion-the-impact-imperative-for-sustainable-development-finance-94142
[49] https://www.responsible-investor.com/home/article/pay_ for_success_the_latest_thinking_on_social_impact_bonds/

Capítulo 7: O CORAÇÃO INVISÍVEL DO CAPITALISMO DE IMPACTO

[1] https://news.rpi.edu/luwakkey/2902
[2] De acordo com a SIFMA, Securities Industry and Financial Markets Association.
[3] https://www.bloomberg.com/news/articles/2019-02-05/ british-prince-meets-bond-markets-for-women-empowerment-in-asia

ÍNDICE REMISSIVO

100 Percent Impact Network, 144

A

Aboyeji, Iyinoluwa "E", 53-54
ABP (fundo de pensão dos servidores públicos holandeses), 78
Acelerador de Impacto Social da UE (SIA), 171
Aceleradoras de startups, 170, 189
Accenture, 92
Access Foundation, 169
Acumen, 86
Adidas, 95, 102-104, 107
Adidas Parley, 103
Adie, 158
África, 11 (no miolo está continente africano), 35, 45-46, 54, 55, 86, 136, 146, 162, 163
Agência Coreana de Promoção do Empreendimento Social (KoSEA), 170
Agenda de Investimentos Holandesa para os ODSs, 77
Agricultores, 43 (aparece mercado agrícola), 51, 81, 86 (aparece agricultura), 97
Ahrens, Andreas, 106
Ailman, Christopher, 81
Aliança Mundial de Benchmarking, 109
Align17, 83
Alimentos orgânicos, 57, 98
Alpert, Sharon, 144
Amazon (e-commerce), 24
Andela, 52, 54-55
AOL, 54
Apax Partners, 11, 12, 24, 27, 42, 168
AP Funds (fundo de pensão), 78
APG (fundo de pensão), 76
Apple, 24, 80
Apposite Capital, 141

Área de biotecnologia, 148
Argentina, 159, 168, 170, 171
Ashoka, 63, 64
Atacadistas do capital de impacto, 163-166, 177, 192
Ather Energy, 61
"Ativismo de acionistas", 39, 70, 80, 90, 94, 179, 182
Ativos não reclamados, 5, 28, 153, 163-166, 189, 190, 195
Austrália, 16, 30, 47 (no miolo está australiana), 125, 155, 170, 197
Autoridade Palestina, 159
Avanath, 142
Aviram, Ziv, 46
Avishkaar, 86

B

Banco da Palestina, 159
Banco Europeu de Reconstrução e Desenvolvimento, 159
Banco Lloyds, 164
Banco Mundial, 69, 73, 81, 159
Bain Capital, 83
Baldinger, Michael, 83
Ballmer, Steve, 128
Bangladesh, 96
Bank of America, 84, 115
Bannick, Matt, 146
Barby, Clara, 37
Barclays, 164
Bassa, Naim, 46
Bayer, 148
B Corp (Corporação Beneficente), 62, 94, 98, 147, 171, 181, 191
Beduínos, grupo étnico em Israel, 58, 159
Ben & Jerry's, 62

Bertelsmann Stiftung, 150
Bhatia, Amit, 16
Big Lottery Fund, 169
Big Society Capital (BSC), 5, 28, 76, 79, 156, 164, 166, 169
Big Win, The, 136
Biodiversidade, destruição, 26
Biotecnologia, 51
BlackRock, 40, 67, 85
Blair, Tony, 156, 172
B Lab, 61-62, 108
Blood, David, 28, 34, 55, 85
Blue Orchard Finance, 83, 143
BNP Paribas, 158
Bolton, Emily, 28
Bombas, 59
Bonds de Benefício Social (SBB), 30, 196
Bono, 82
BP, 111
Branson, Richard, 91
Brasil, 16, 48, 96, 157, 171
Bridges Fund Management, 5, 27, 37, 58, 86, 125, 126, 128, 160
Bridges Ways to Wellness SIB, 126
British Asian Trust, 35, 136-137, 184
Brodin, Jesper, 105, 107
Brown, Gordon, 33-34, 35, 136, 172
B Team, 91
Buffet, Warren, 116
Burberry, 60
Buycott, 92

C

California Public Employees' Retirement System (CalPERS), 79
California State Teachers' Retirement System (CalSTRS), 80
Cameron, David, 15, 28, 156, 164, 172
Camfed, 136
Canadá, 16, 125, 143, 155, 157, 166
Capital catalítico, 149
Capital Impact Partners, 142
Capital de risco, 11, 12, 15, 17, 23, 24, 27, 29, 39, 42, 45, 55, 71, 75, 86, 137-138, 146, 154, 166, 169, 170, 172, 184

Capitalismo, 13, 14, 15, 85, 116, 145, 146, 151, 175, 176, 179, 184, 185, 187, 190
de impacto, 14, 174, 175, 190, ver também Investimento de impacto
Capricorn Investment Group, 147
Carlyle Group, 83-84
Carney, Mark, 107
Carros autônomos, 46
Cartigny, Gerald, 77
Casa de Depositi e Prestiti (CDP), 166
Case, Steve, 54, 57
Catalyst Strategies, iniciativa, 162
Categorias de ativos, 17, 23, 35, 71, 180, 184
CDC (Instituição de Financiamento do Desenvolvimento Britânica (DFI), 162
Censo do Terceiro Setor (Estados Unidos), 121
Chang, Alan, 147
Chan, Priscilla, 54, 148
Charities Act (2016), 140
Charles, príncipe, 30, 183-184
Chiang, John, 81
Chobani, 95, 99-102, 10
Clevedon Pier, 167
Climate Action 100+, 80
Coca-Cola, 92, 93, 110, 111
Comissão de Educação, 35 (no miolo comitê para a educação), 133-134, 136
Comissão de Valores Mobiliários dos Estados Unidos (SEC), 116
Comissão sobre Ativos Não Reclamados (2005–2007), 28, 164
Comitê Consultivo Nacional para o GSG (Japão), 165
Comitê Internacional do Programa da Cruz Vermelha para Investimento Humanitário de Impacto (PHII), 133
Community Interest Companies (CIC), 62
Companhia de Telecomunicações da Palestina, 159
Companhias de seguros, 75, 153, 163, 165, 189
Cone Communications, Estudo sobre Engajamento de Funcionários Millennials (2016), 94
Conselho de Padrões Contábeis de Sustentabilidade (SASB), 108
Consórcio de Capital Catalítico, 149
Contabilidade ponderada pelo impacto, 87, 108-117

Contas financeiras ponderadas pelo impacto, 72
Contas inativas, 165, 189, 190
Contrato baseado em resultados, 30, 127, 191, ver também por tipo específico de contrato
Contratos de Impacto Social (França), 30, 157-158, 197
Coreia do Sul, 155, 157, 165-166, 170
Corporação, redefinindo o propósito da, 62, 90-91, 95, ver também B Corp (Corporação Beneficente)
Couro, descarte de, 60
Crédito, 49-50, 83 (no miolo está microcrédito), 85, 96 (no miolo está microcrédito), 143
CRE Venture Capital, 54
Crise financeira (2008), 155, 179
Crédit Agricole, 97
Cruz Vermelha, 133
CSR, responsabilidade social corporativa, 94-95, 97-98
CureVac, 148

D

Daimler AG, 111
Danone, 62, 89, 90, 93, 95, 96, 99, 107
DBL Partners, 86
Delaney, John, 172
Departamento de Educação, Emprego e Relações no Espaço de Trabalho (DEEWR), 170
Departamento do Tesouro (Estados Unidos), 140, 161
Departamento para o Desenvolvimento Internacional Americano (USAID), 162-163
Departamento para o Desenvolvimento Internacional (DFID), 136, 162, 163
Desafios ambientais, 13, 15, 17, 26, 30, 35, 40, 176, 184, 185, 186, 190, 191, 192, 194, 195
B Lab e, 61-62
filantropia de impacto e, 122, 131, 139, 141, 142, 144, 150
fundos de pensão e, 75-76, 81
gestão de ativos e, 85
governos e, 155, 157, 158, 159, 160, 161, 164, 166, 169, 170, 172
mensuração do impacto na, 36

mudanças climáticas, 25-26, 36, 51, 70, 78, 80, 84, 97, 106, 107, 138, 183
negócio e, 90, 91, 95, 99, 102, 105, 107, 109, 116
SDGs ver Nações Unidas: Objetivos de Desenvolvimento Sustentável das (ODSs)
SIBs (Títulos de Impacto Social) e, 72
título de crédito ecológico, 68, 167, 183, 192
Desemprego, 12, 38, 58, 102, 125, 152, 160, 165
Desenvolvimento, apoio ao, 134, 136, 162, 193
Designated Utilization Foundation, 165
Desigualdades, 7, 11, 13, 23, 25, 63, 91, 115, 139, 151, 171, 171-173, 175, 176, 179, 185, 186, 190
Dever fiduciário, 78-79, 143, 191
DIBs (Obrigações de Impacto ao Desenvolvimento), 17, 35, 72, 83, 125, 130-134, 136, 137, 150, 153, 160, 163, 177, 190, 195
Dimon, Jamie, 90
Doenças coronarianas, 113
Dormant Assets Commission, Reino Unido, 165
Dotação, capital de, 138-144, 147, 150, 180, 195
Dove, 92, 93-94
Drayton, Bill, 63
Drones, 44-46, 147
Dyson, Tasha, 127

E

Eccles, Toby, 28-29
Echoing Green, 63-64
Educação, Fundos de Resultados voltados para a, 35, 136, 146
Educate Girls DIB, 83, 132-133, 136
Efeitos externos, 36
ELMA, 136
Elvis & Kresse, 59-60
Emissões de carbono, 27, 43, 60, 67, 70, 78, 80, 86, 92-93, 99, 106, 107, 111, 112, 113, 139, 147
Empreendedorismo, 13, 14, 15, 18, 24, 25, 26, 40, 41, 85, 131, 146, 153, 154, 168, 169, 170-171, 172, 177, 178, 179, 183, 185, 187, 189
apoio governamental ao, 64, 75, 169, 170, 171, 172
empreendedorismo de impacto, era do, 41-63, 181-182
empreendedorismo social, 18, 28, 30, 85, 143, 146
microempreendedores, 85

tecnologia e, 14, 26, 60, 65, 137-138
Empreendedorismo social, 18, 28, 30, 85, 143, 146
Endeavor, 63
EOF, Fundo de Resultados na Educação para África e Oriente Médio, 136, 146
Escritório de Inovação Social e Participação Cívica, Estados Unidos, 140
Escritórios familiares, 75, 84, 144
Estados Unidos
corporação beneficente e, 62
filantropia nos, 119, 120-121, 128, 129, 139-140, 142, 146, 147, 150
governo dos, 154, 155, 161-162, 163, 166, 171, 172
Pague pelo Sucesso (PFS) nos, 30, 83, 124, 196
Social Finance US, 34, 128, 146
Esmée Fairbairn Foundation, 32
Estratégia de investimentos de "base dupla", 86
Everplans, 53
Exxon Mobil, 111

F

Faber, Emmanuel, 89-90, 96-97, 98
Facebook, 24, 54, 86
Fawcett, Mark, 78
FC United de Manchester, 167
Ferrari, Sara, 84
Filantropia de impacto, 18, 74, 119-150, 180
DIBs (Obrigações de Impacto ao Desenvolvimento) e, 131
dotação e, 138-144, 167
Fundos de Resultados, 134-137, 193
futuro do investimento de impacto e, 150
métricas de impacto e, 119-122
nova leva de fundações, 144
SIBs (Títulos de Impacto Social) e, 122-130, 196
Financiamento combinado, 192
Fink, Larry, 40, 67, 85
Fink, Lord (Stanley), 28
Finlândia, 125, 159
Fintech, 49, 192
Flint, Michigan, crise hídrica de, 59
FMO (instituição holandesa voltada para o desenvolvimento financeiro), 159
Fondece, 170
Fontes de Capital de Investimentos (2016), 74

Força-Tarefa de Investimento de Impacto Social do G8 (G8T), 5, 15, 16, 146, 156-157
Força-Tarefa do Investimento Social (SITF), 5, 15, 16, 28, 164
Força-Tarefa para Divulgações Financeiras Relacionadas a Mudanças Climáticas (TCFD), 107
Ford, 111-112, 136, 139, 141, 142, 150
Fundação, 139, 141-142, 150
Fórum de Bens de Consumo de Berlim (2017), 89, 99
Fórum Econômico Mundial: Conselho de Negócios, 108-109
Fórum Mundial Skoll em Oxford (2019), 149
França, 11, 16, 30, 62, 68, 125, 155, 157, 158, 168, 171, 177, 178, 180, 197
Francisco, Papa, 16
Freedom Bakery, Glasgow, 167
Friedman, Milton, 179
FTSE Blossom Japan, índice, 82
Fundação Aliko Dangote, 136
Fundação Bill e Melinda Gates, 147
Fundo de Investimento Estratégico (SIF), 147
Fundação Calouste Gulbenkian, 143, 150
Fundação Children's Investment Fund, 132
Fundação David and Lucile Packard, 142-143
Fundação Edmond de Rothschild, 150
Fundação Heron, 138, 144
Fundação Hewlett, 136, 150
Fundação J. W. McConnell Family, 143
Fundação KL Felicitas, 144
Fundação Kresge, 128, 142, 150
Fundação MacArthur, 149, 150
Fundação Nathan Cummings, 144
Fundação Rockefeller, 21, 32, 149, 150
Fundação Sasakawa Peace (SPF), 143
Fundação Skoll, 146-147
Fundo de Impacto Asian Women's, 143
Fundo de Investimentos de Pensões, Japão (GPIF), 81
Fundo de Resultados, 163
Fundo Mustard Seed de Empreendedorismo Social, MAZE, 143
Fundo Revolution Growth, 57
Fundo Rise, 82
Fundos
de cobertura, 23

de pensão sociais, 80
de pensão/poupanças, 67, 69, 74, 76-82, 154, 165, 167-169, 180
de resultados centrais, 160
de resultados de grande porte, 137
de Riqueza Soberana, 74
de solidariedade (França), 90/10, 79-80
(aparece fundos solidários), 168, 180-181, 193
mutualistas, 97
Fusion Housing SIB, The, 127

G

Gabinete da Sociedade Civil, 157
Gabinete do primeiro-ministro, 157, 162
Gates, Bill, 60, 147
Gaudio, Paul, 104
Gender bond, 183-184
General Mills, 1
General Motors, 111
Generation Investment Management, 55, 85
Georgieva, Kristalina, 73
Geracional, legado, 68-69
Gestão de ativos, 82, 85
Ghislane, 44
Giddens, Michele, 27
Gilbert, Jay Coen, 108
Glencore, 80
Global Family Office Report (2017), 84
Globalização, 23, 25
Global Value Exchange, 38, 158
Goldberg, Randy, 59
Goldman Sachs, 83, 128
Goldstein, John, 83
Google, 24, 54
Gorduras trans, 113
Gore, Al, 36, 55, 85
Governança Ambientalmente Sustentável (ESG), 68, 74, 79-80, 82-83, 84, 115, 144, 156, 180, 183, 192, 193, 194
Governo, 13, 36, 38, 74, 152-176, 182-183
  como investimentos de impacto podem ajudar os governos a fazerem seu trabalho, 154-155
  governos locais mensuração do impacto, 36-37
  governos locais, 34, 126
  nove pontos de atuação dos, 155-174

ver também por nome da iniciativa específica
Grameen Danone Alimentos, 96-97
Grande Depressão, 7, 178-179
Grupo Conselheiro Global de Investimento em Impacto (GSG), 16, 37, 109, 136, 146, 155, 165
Grupo Ingka, 105
Guy's and St Thomas' Charity, 141
GV (a antiga Google Ventures), 54
G7, 162

H

Haas School of Business da Universidade da Califórnia em Berkeley, 56
Hanadiv, Yad, 150
Harrison, Peter, 68-69
Harvard Business School, 12, 34, 37, 94, 109
Hawkes, Richard, 183
Hayes, Lisa, 47
Heath, David, 59
Hines, Luke, 46
Hiro Mizuno, 81
Hohn, Sir Christopher, 70
Horn, Bernard, 28
Houlahan, Bart, 108
HSBC, 78, 164
Hulme, Philip, 28
Husain, Safeena, 132
Hutchison, David, 28

I

IBM, 53, 182
IKEA, 95, 104-106, 107
Imigrantes, 11, 26 (no miolo está migração), 100, 128, 143, 159
"Impact Investment: The Invisible Heart of Markets", relatório (2014), 16
"Impact washing", 37 (aparece lavagem de impacto), 69
Implantes contraceptivos, 148
Impresa Sociale, 171
Imprint Capital, 83
Incentivo Fiscal para o Investimento Social (SITR), 167

Incubadora (programa colaborativo projetado para ajudar novas startups a fazerem seus negócios crescerem), 170, 193
Índia, 16, 35, 49, 53, 59, 61, 83, 86, 96, 125, 131, 133, 150 (no miolo está indianas)
Índice de Lideranças ODSs Japonesas Selecionadas do MSCI, 82
Índice Japonês de Empoderamento Feminino do MSCI (WIN), 82
Indigo Agriculture, 51-52
Indivíduos com patrimônio líquido elevado (HNWIs), 70, 71, 81, 200, 144
Iniciativa Chan Zuckerberg (CZI), 54, 148
Iniciativa de Mensuração do Impacto Social no Japão (SIMI), 155
Iniciativa de Relatórios Global (GRI): Parâmetros para o Relatório de Sustentabilidade, 108
Iniciativa por uma Contabilidade Ponderada pelo Impacto (IWAI), 37, 109-117, 190
Instiglio, 132
Instituições de Financiamento do Desenvolvimento (DFIs), 162, 163, 193
Intarcia Therapeutics, 148
Intel, 46
Inteligência artificial (IA), 46
Intermediário, 31, 194
Investidores de varejo, 194
Investidores institucionais, 68, 80, 84, 87, 97, 125-126, 168, 194
Investimento de impacto
atacadistas do, 163-166, 177, 192
capitalismo de impacto, transição do capitalismo egoísta para, 176-187
crescimento do mercado para, 64
definição, 11-13
empreendedores, geração, 41-65
empresas especializadas em, 85
filantropia e, 18, 119-153, 180-181
futuro do, 9-10, 18-19, 41, 179-187
governo, ver Governo
mensuração/valoração do, 22-23, 36-38, 69, 71, 75, 108-118, 119, 120, 121, 155, 177, 179, 183, 191
nascimento/origens do, 26- 36
negócios, incorporando nos, 89-118
risco e ver Risco

surgimento do termo "investimento de impacto", 21
ver também por área específica do investimento de impacto
Investimento ESG ver Governança Ambientalmente Sustentável (ESG)
Investimento Responsável (RI), 68
Investimento social, 17, 28, 29, 85, 142-143, 146
Investimentos
de alta sustentabilidade, 78
relacionados à missão (MRI), 141-142, 195
relacionados a programas (PRI), 141, 195
Invest Palestine, 159
International Finance Corporation (IFC) "A Promessa do Impacto", 73
"Princípios Operacionais para a Gestão de Impacto", relatório, 73
iPhone, 80
Irlanda, 166
Israel, 16, 46, 55, 58, 86, 125, 150, 155, 159, 171
Itália, 16, 21, 62, 133, 155, 166, 168, 171

J

Jana Partners, 80
Japão, 16, 68, 81 (aparece governo japonês), 125, 143, 155, 165
Jewish Vocational Services (JVS), 128
Jobs, Steve, 60
Joby Aviation, 147
Johnson, Jeremy, 53-54
Jonathan Rose, 142
JP Morgan, 90, 164

K

Karboul, dr. Amel, 136
Kassoy, Andrew, 108
KETOS, 59
Keynes, John Maynard, 113, 178-179
Kickstarter, 62
Kind, 92
Kirklees, autoridades distritais de, 127
KKR, 83-84
Kleissner, Charly, 144

Kleissner, Lisa, 44
Klop, Piet, 77
KLP (fundo de pensão), 78
Knorr, 93-94
Kogiso, Mari, 143
Komolafe, Tolulope, 53, 55
Kopp, Wendy, 63
Korea Inclusive Finance Agency, 170
Korea Small and Medium Business Corporation (SBC), 170
KoSEA - Agência Coreana de Promoção do Empreendimento Social, 170
Kubzansky, Mike, 146
Kuper, Andy, 86

L

Laissez-faire, 178
Lâmpadas LED, 107
LeapFrog Investments, 86
Learn Capital, 54
Lego, 92
Le Houérou, Philippe, 73
Lei de Segurança da Aposentadoria dos Empregados (ERISA), 154
Lei de Utilização de Contas Inativas (Estados Unidos, 2016), 165
Lei Pacte (França), 171
Liberian Educational Advancement Program (LEAP), 137
Liedtke, Eric, 104
Life Chances Fund (LCF), 34, 161
Lipton, 93-94
Livelihoods Fund for Family Farming, 97
Livox, 48-49
Londres, Bolsa de Valores de, 28
Loop, 103-104
Lööf, Torbjörn, 105
Lucro-com-propósito, modelo, 42 (aparece sem hífen), 146

M

Machado, Antonio, 174
Macron, Emmanuel, 90-91

Maersk, 80
Malária, 44
Malha hídrica, gestão inteligente da Maltzahn, Geoffrey von Mars, 51
"mão invisível do mercado", 19, 99, 178
MaRS, Centro para o Investimento de Impacto, 166
Martin, Roger, 137
Massachusetts Pathways to Economic Advancement SIB, 128
Maude, Frances, 156, 164
Maurer, Peter, 133
Maycomb Capital, 128
MAZE, Fundo Mustard Seed de Empreendedorismo Social, 143
Mazzucato, Mariana: O Estado Empreendedor, 154
McGrath, Sir Harvey, 165
McKinsey, 69-70, 75
Mercado de títulos, 75, 183
Mercados
emergentes, 17, 23, 131, 162
financeiros, tamanho dos, 75
Mercedes, 111
Merck & Co, 148
Merrill Lynch, 84
Mesa Redonda Empresarial, 90
MESIS, 155
Microbiologia, 51
Microbioma do aparelho digestivo humano, 51
Microcrédito, 50, 83, 96, 143, 158 (aparece microempréstimos)
Millennials, 69-70, 84, 94, 181
Miller, Clara, 138, 143-144
Minett, Helen, 127
Ministério da Justiça (Reino Unido), 29, 34
Ministério das Finanças (Palestina), 159
MN (fundo de pensão), 78
Mobileye, 46
Morgan Stanley, 84
Mudanças climáticas, 25-26, 36, 51, 70, 78, 80, 84, 97, 106, 107, 138, 183
Musk, Elon, 60
MyEye 2, 47

N

Nações Unidas, 40
Objetivos de Desenvolvimento Sustentável das (ODSs), 73, 75, 77, 82, 105, 109, 161, 168, 182-183, 195
Nadosy, Peter, 141
Nassara, Ibrahim, 58
National Employment Savings Trust (NEST), 78
NaturALL Bottle, Aliança, 93
Nazid Impact Foods, 55, 58
Negócios Pelo Crescimento Inclusivo, 91
Neoliberalismo, 150, 179
Nestlé, 92, 93
Neudorfer, Yaron, 159
Newborough, Philip, 27
Nike, 92
Ninomiya Sontoku, 81
Non-Profit Finance Fund, 121
NovESS, 155, 170
Novogratz, Jacqueline, 86

O

O'Donohoe, Nick, 164, 165
Omidyar, Pierre, 145-146
OPIC (DFI dos Estados Unidos), 162
OrCam, 47
Organização para a Cooperação e Desenvolvimento (OCDE), 13, 74, 172
Origin Materials, 93
Osberg, Sally, 137

P

Pagadores de resultados, 30, 35, 123, 133, 196
Pagamento por/em troca de resultados, modelo, 129, 134, 149-150, 153-154, 162, 185
Page, Larry, 60
Palandjian, Tracy, 34
Palestina, 159
Palestine Investment Fund, 159
Palihapitiya, Chamath, 86
Parcerias público-privadas, 137, 196
Pardo, Ivan, 92

Parley Pelos Oceanos, 103
Partido Conservador, 156, 172
Partido Trabalhista, 28, 156, 172
Partners Group, 83
Passeport Avenir, 158
Patagônia, 43, 62
PayPal, 51
Pension Danmark, 78
PepsiCo, 110-111
Pequim, Embaixada dos Estados Unidos em, 36
Pereira, Carlos Edmar, 48
PET, garrafas, 107
Peterborough SIB, 17, 30, 32, 33-34, 124
PFS (Pay for Success) SIB (Estados Unidos), 30, 197
Pfund, Nancy, 86
PGGM (fundo de pensão), 77
Phillips, Andi, 128
Pioneers French Impact, 170
PlantBottle, 93
Plástico, 92, 93, 98, 103, 105
Plataforma Investing with Impact, 84
PME (fundo de pensão holandês), 78
Pobreza, 25, 73-74, 86, 97, 139, 152, 163, 166, 176
Poluição, 15 (companhias que não poluem), 36, 70 (empresas poluentes), 138 (poluentes), 151 (agente poluente)
Polman, Paul, 91, 92
Poluiretano termoplástico (TPU), 103
Porter, Professor Michael, 34, 94
Portfólio, diversificação de, 23, 71
Portland Trust, The, 159
Portugal, 16, 38, 143, 150, 154, 157-158, 165-166, 168
Portugal Inovação Social (PIS), 165
PPL Therapeutics, 24
"Prescrições sociais", 126
Prestadores de serviços de assistência social, 30-31, 126, 130
Princípios contábeis geralmente aceitos (GAAP), 110, 114, 116
Princípios de impacto geralmente aceitos (GAIP), 110, 114
Princípios para o Investimento Responsável (PRIs), 39, 197
Prior, Cliff, 165

Pripp-Kovac, Lena, 106
Private equity, 11, 13, 23, 58 (capital privado), 71, 75, 83, 166 (participação privada), 184
Produção agrícola, 51
PROESUS, 170
Projeto de Gestão de Impacto (IMP), 37, 109
Prudential Financial, 128

Q

QuantumScape, 147

R

Rajastão, Índia, 131
Ratan Tata, 150
Rausing, Sigrid, 28
Reaproveitamento de itens, 59-60
Reciclagem, 92 (materiais recicláveis), 93, 98, 103, 106 (partes recicláveis), 112 (reciclabilidade)
Reclaim Fund, 164
Rede Global de Investimento de Impacto (GIIN), 108
Rede Omidyar, 54, 145, 146, 149, 150
Refeições escolares, 56-58
Refugees United, 145
Regulamentação
aumentar o suprimento de capital de impacto por meio de mudanças na, 167-169
risco de futuras, 70, 94, 155
Reincidência criminal de ex-presidiários, taxas de, 17, 28-29, 31-32, 38, 83, 124-125, 157-161
Reino Unido, governo do, 15, 28, 32, 38, 155, 156, 157, 160, 161, 164, 165, 167, 169, 172
Relatórios de informação não financeira (NFIS), 155-156
Revolução tecnológica, 14, 17, 18, 23, 24-25, 42, 138, 153, 172, 176, 182
Revolution Foods, 55, 56-57, 62
Riboud, Franck, 96
Richmond, Kristin Groos, 56, 57
Risco
definição, 23
menor grau de, no investimento de impacto, 69-70, 94
mensuração de, 17, 23, 71, 72
risco x retorno, modelo de, 16, 23, 71, 86-87, 95, 114-115
risco-retorno-impacto, hélice tripla/trinômio, 18, 22-23, 40, 42, 64, 70, 72, 76, 82, 86, 87, 95, 109, 114-115, 151, 152, 154, 172, 173-174, 177, 179, 182, 184
Robótica, 44-45
Root Capital, 86
Rothschild, Lorde (Jacob), 150
Rottenberg, Linda, 63
Rousseau, Jean-Jacques: O Contrato Social, 177
Royal Bank of Scotland, 164
Royal Dutch Shell, 80, 111
Rubin, Jerry, 129
Ryan, Paul, 172

S

Saildrone, 147
Sankaran, Meena, 59
Sass, Christina, 53, 54
Schroders, 68-69, 83
Segundo Quique da Bola, O (Cohen), 17
Seguro de vida, 75
Sem-teto, problema dos, 38, 59, 126, 161, 165
Serafeim, George, 37, 109, 114
Serviço Nacional de Saúde (Reino Unido), 126
Serviço One, 124
Serviços de produtos por assinatura, 106
Shashua, professor Amnon, 46
Siroya, Shivani, 49
Sistema de Avaliação de Impacto Global (GIIRS), 108
Small Business Administration, Estados Unidos, 166
Smiley, Scotty, 46
Smith, Adam
A Riqueza das Nações, 19, 178
Teoria dos Sentimentos Morais, 19, 178
Social Capital, 86
Social Finance, 28, 30, 32, 34
Social Finance Israel, 159
Social Finance US, 34, 128, 146
Social Impact Partnerships to Pay for Results

Act, Estados Unidos (SIPPRA) (2018), 161
Social Value Act (2012), 160
Social Value UK, 158
Solomon, Sir Harry, 159
Spark Capital, 54
Starr, Megan, 83-84
Straw, Jack, 29
Subramanian, Savita, 115
Summers, Larry, 16, 34
Sure, 92
Swensen, David, 70

T

Tala, 49-51
Tata Trusts, 150
Taxação, 35, 43, 70, 94, 140, 142, 151, 171 (impostos), 179
Teach For America, 63
Terceiro setor, 33
Tesla, 60-61, 86, 147
Tesouro, Reino Unido,15
Thompson, Mark, 78-79
Título de Impacto Social (SIB), 16, 17, 30, 72, 83, 197
definição, 30-35
disseminação global do, 35-38, 126-130
filantropia e, 121-125, 132, 134, 138, 149-150, 180-181
governos e, 123-124, 125, 126, 131, 133, 154, 158-160, 161, 167
origens do, 16, 30-35, 123-124
Tobey, Kirsten Saenz, 56, 57
TOMS Calçados, 43, 59
Toniic, 144
TPG, 82, 83
Triodos Investment Management, 855
Troubled Families, programa, 160

U

UBS, 44, 82, 83
Fundo Optimus/Fundação Optimus, 83, 132, 136
Ulukaya, Hamdi, 100
União Europeia, EU, 11, 16, 155, 156, 165, 167, 170-171
Unicórnio, 42, 181
Unicórnios do impacto, 42, 181
Unilever, 91, 92-93
Universidade de Yale, 70
Unit Cost Database, 38 (no miolo Base de dados unificados), 157
US Trust, 69
Uso da água, 59, 73-74, 86, 93, 97, 100, 102, 111, 116, 195

V

Veículos elétricos, 60, 61
Village Enterprise DIB, 163

W

Walker, Darren, 139, 141, 142
Wall Street, Quebra de (1929), 116, 155
Warby Parker, 43, 62
Wesling, Kresse, 60
WhiteWave, 98

Y

Yates, Shannon, 50
Young, Todd, 172
Yunus, Muhammad, 96

Z

Zipline, 44-46, 49
Zuckerberg, Mark, 54, 60, 148